本书出版获得中国社会科学院大学中央高校基本科研业务费资助支持

中国社会科学院大学文库

老年人犯罪防治研究

——以大样本数据视角

李卫红等 著

社会科学文献出版社
SOCIAL SCIENCES ACADEMIC PRESS (CHINA)

中国社会科学院大学文库学术研究系列
编辑委员会

“中国社会科学院大学文库”
总　序

恩格斯说：“一个民族要想站在科学的最高峰，就一刻也不能没有理论思维。”人类社会每一次重大跃进，人类文明每一次重大发展，都离不开哲学社会科学的知识变革和思想先导。中国特色社会主义进入新时代，党中央提出“加快构建中国特色哲学社会科学学科体系、学术体系、话语体系”的重大论断与战略任务。可以说，新时代对哲学社会科学知识和优秀人才的需要比以往任何时候都更为迫切，建设中国特色社会主义一流文科大学的愿望也比以往任何时候都更为强烈。身处这样一个伟大时代，因应这样一种战略机遇，2017 年 5 月，中国社会科学院大学以中国社会科学院研究生院为基础正式创建。学校依托中国社会科学院建设发展，基础雄厚、实力斐然。中国社会科学院是党中央直接领导、国务院直属的中国哲学社会科学研究的最高学术机构和综合研究中心，新时期党中央对其定位是马克思主义的坚强阵地、党中央国务院重要的思想库和智囊团、中国哲学社会科学研究的最高殿堂。使命召唤担当，方向引领未来。建校以来，中国社会科学院大学聚焦“为党育人、为国育才”这一党之大计、国之大计，坚持党对高校的全面领导，坚持社会主义办学方向，坚持扎根中国大地办大学，依托社科院强大的学科优势和学术队伍优势，以大院制改革为抓手，实施研究所全面支持大学建设发展的融合战略，优进优出、一池活水，优势互补、使命共担，形成中国社会科学院办学优势与特色。学校始终把立德树人作为立身之本，把思想政治工作摆在突出位置，坚持科教融合、强化内涵发展，在人才培养、科学研究、社会服务、文化传承创新、国际交流合作等方面不断开拓创新，为争创“双一流”大学打下坚实基础，积淀了先进的发展经验，呈现出蓬勃的发展态势，成就了今天享誉国内的“社科大”品牌。“中国社会科学院大学文库”就是学校倾力打造的学术品牌，如果将学校之前的学术研究、学术出版比作一道道清澈的溪流，“中国社会科学院大学文库”的推出可谓厚积薄发、百川归海，恰逢其时、意义深远。为其作序，我深感荣幸和骄傲。

高校处于科技第一生产力、人才第一资源、创新第一动力的结合点，是新时代繁荣发展哲学社会科学，建设中国特色哲学社会科学创新体系的重要组成部分。我校建校基础中国社会科学院研究生院是我国第一所人文社会科学研究生院，是我国最高层次的哲学社会科学人才培养基地。周扬、温济泽、胡绳、江流、浦山、方克立、李铁映等一大批曾经在研究生院任职任教的名家大师，坚持运用马克思主义开展哲学社会科学的教学与研究，产出了一大批对文化积累和学科建设具有重大意义、在国内外产生重大影响、能够代表国家水准的重大研究成果，培养了一大批政治可靠、作风过硬、理论深厚、学术精湛的哲学社会科学高端人才，为我国哲学社会科学发展进行了开拓性努力。秉承这一传统，依托中国社会科学院哲学社会科学人才资源丰富、学科门类齐全、基础研究优势明显、国际学术交流活跃的优势，我校把积极推进哲学社会科学基础理论研究和创新，努力建设既体现时代精神又具有鲜明中国特色的哲学社会科学学科体系、学术体系、话语体系作为矢志不渝的追求和义不容辞的责任。以“双一流”和“新文科”建设为抓手，启动实施重大学术创新平台支持计划、创新研究项目支持计划、教育管理科学研究支持计划、科研奖励支持计划等一系列教学科研战略支持计划，全力抓好“大平台、大团队、大项目、大成果”等“四大”建设，坚持正确的政治方向、学术导向和价值取向，把政治要求、意识形态纪律作为首要标准，贯穿选题设计、科研立项、项目研究、成果运用全过程，以高度的文化自觉和坚定的文化自信，围绕重大理论和实践问题展开深入研究，不断推进知识创新、理论创新、方法创新，不断推出有思想含量、理论分量和话语质量的学术、教材和思政研究成果。“中国社会科学院大学文库”正是对这种历史底蕴和学术精神的传承与发展，更是新时代我校“双一流”建设、科学研究、教育教学改革和思政工作创新发展的集中展示与推介，是学校打造学术精品、彰显中国气派的生动实践。

“中国社会科学院大学文库”按照成果性质分为“学术研究系列”、“教材系列”“思政研究系列”三大系列，并在此分类下根据学科建设和人才培养的需求建立相应的引导主题。“学术研究系列”旨在以理论研究创新为基础，在学术命题、学术思想、学术观点、学术话语上聚焦聚力，推出集大成的引领性、时代性和原创性的高层次成果。“教材系列”旨在服务国家教材建设重大战略，推出适应中国特色社会主义发展要求、立足学术和教学前沿、体现社科院和社科大优势与特色、辐射本硕博各个层次，涵盖纸质和数字化等多种载体的系列课程教材。“思政研究系列”旨在聚焦重大理论问题、工作探索、实践经验等领域，推出一批思想政治教育领域具有影响力的理论和实践研究成果。文库将借助与社会科学文献出版社的战略合作，加大高层次成果的产出与传播。既突出学术研究的理论性、学术性和创新性，推出新时代哲学社会科学研究、教材编写和思政研究的最新理论成果；又注重引导围绕国家重大战略需求开展前瞻性、针对性、储备性政策研究，推出既通“天线”、又接“地气”，能有效发挥思想库、智囊团作用的智库研究成果。文库坚持“方向性、开放式、高水平”的建设理念，以马克思主义为领航，严把学术出版的政治方向关、价值取向关、学术安全关和学术质量关。入选文库的作者，既有德高望重的学部委员、著名学者，又有成果丰硕、担当中坚的学术带头人，更有崭露头角的“青椒”新秀；既以我校专职教师为主体，也包括受聘学校特聘教授、岗位教师的社科院研究人员。我们力争通过文库的分批、分类持续推出，打通全方位、全领域、全要素的高水平哲学社会科学创新成果的转化与输出渠道，集中展示、持续推广、广泛传播学校科学研究、教材建设和思政工作创新发展的最新成果与精品力作，力争高原之上起高峰，以高水平的科研成果支撑高质量人才培养，服务新时代中国特色哲学社会科学“三大体系”建设。

历史表明，社会大变革的时代，一定是哲学社会科学大发展的时代。当代中国正经历着我国历史上最为广泛而深刻的社会变革，也正在进行着人类历史上最为宏大而独特的实践创新。这种前无古人的伟大实践，必将给理论创造、学术繁荣提供强大动力和广阔空间。我们深知，科学研究是永无止境的事业，学科建设与发展、理论探索和创新、人才培养及教育绝非朝夕之事，需要在接续奋斗中担当新作为、创造新辉煌。未来已来，将至已至。我校将以“中国社会科学院大学文库”建设为契机，充分发挥中国特色社会主义教育的育人优势，实施以育人育才为中心的哲学社会科学教学与研究整体发展战略，传承中国社会科学院深厚的哲学社会科学研究底蕴和40多年的研究生高端人才培养经验，秉承“笃学慎思明辨尚行”的校训精神，积极推动社科大教育与社科院科研深度融合，坚持以马克思主义为指导，坚持把论文写在大地上，坚持不忘本来、吸收外来、面向未来，深入研究和回答新时代面临的重大理论问题、重大现实问题和重大实践问题，立志做大学问、做真学问，以清醒的理论自觉、坚定的学术自信、科学的思维方法，积极为党和人民述学立论、育人育才，致力于产出高显示度、集大成的引领性、标志性原创成果，倾心于培养又红又专、德才兼备、全面发展的哲学社会科学高精尖人才，自觉担负起历史赋予的光荣使命，为推进新时代哲学社会科学教学与研究，创新中国特色、中国风骨、中国气派的哲学社会科学学科体系、学术体系、话语体系贡献社科大的一份力量。

（张政文　中国社会科学院大学党委常务副书记、校长、中国社会科学院研究生院副院长、教授、博士生导师）

目 录

引　言

老年人犯罪问题一直摆在我们面前，就刑事领域而言，比如，如何控制、预防老年人犯罪？是否规定老年人犯罪的刑事责任年龄？死刑或无期徒刑是否适用犯罪的老年人？对老年犯罪嫌疑人适用的刑事诉讼程序应否做些特殊规定？减刑、假释是否需要放宽条件？等等。我们面对无常的未来，在许多情况下不知所措，几乎所有学者都面临这样的挑战。“当历史正在进行时，它对我们来说就不是历史。它带领我们进入未知的领域，而我们又难能瞥见前途是什么样子。”① 随着我国老龄化的到来，理论上，我们面临着一些治理老年人犯罪新的挑战，以及如何应对这些挑战以平息理想与现实的冲突，从而更幸福地生活。实践中，通过调研，我们确实发现存在需要改革的刑事政策、社会政策及立法规范、司法实践。

人们常说：人生后半场才有趣，人生 70 岁才开始，最美不过夕阳红，等等。这仅仅是文学作品的描绘，不是随便说一说就可以实现的美梦，于国家、社会、个人而言，从某种意义上说，我们还面临着许多需要尽快解决的现实问题。在秩序价值与个人自由②之间，国家对此的平

---

① 〔英〕弗里德里希·奥古斯特·冯·哈耶克：《通往奴役之路》，王明毅、冯兴元等译，中国社会科学出版社，1997，第 30 页。

② 参见〔英〕弗里德里希·奥古斯特·冯·哈耶克《自由宪章》，杨玉生、冯兴元、陈茅等译，中国社会科学出版社，2012，第 28～31 页。归纳为“自由不受他人武断意志的支配”。

衡至关重要，如果出现任何的倾斜，都会导致立法与司法的相对失衡，人们的生活也会从某种意义上陷入混乱。未来已来，老年潮汹涌而至，随之老年人犯罪问题无可逃避，全社会必将全方位迎战。刑法本身的谦抑气质决定了其不可扩张性，刑法的触角不可伸之过长、扩之过宽，但同时亦要法网恢恢、疏而不漏，罪与非罪、重刑与轻刑这样的冲突难题在老年人犯罪问题上尤其突出地横亘在我们面前。国家必须制定相关的社会政策，对惩治老年人犯罪的立法进行完善，人道司法，以寻找秩序价值与老年人自由之间的平衡点。“保护社会的目的只有以公正的方式才能实现。”[①] 虽然人们对公正的内容从未停止过争议，但它一定有最大公约数。

2011 年的《中华人民共和国刑法修正案（八）》第 1 条规定：“在刑法第十七条后增加一条，作为第十七条之一：‘已满七十五周岁的人故意犯罪的，可以从轻或者减轻处罚；过失犯罪的，应当从轻或者减轻处罚。’”第 3 条规定：“在刑法第四十九条中增加一款作为第二款：‘审判的时候已满七十五周岁的人，不适用死刑，但以特别残忍手段致人死亡的除外。’”75 周岁是犯罪老年人从宽处罚的法定年龄界限，根据笔者调研的结果，司法实践中也往往以该年龄为标准决定对犯罪老年人是否从宽处罚。因此，本书的大样本数据基础是以 75 周岁及以上为主的老年人实施的犯罪数据。

立法规定了老年人的年龄起点、老年人犯罪的刑事责任及行政处罚程序上的要求，但在社会生活及司法实践中，人们对此类问题尚存争议。为了弥合理论与实践的断层，在对老年人犯罪治理的研究过程中，仅仅依靠理论与逻辑推理远远不够，不能完全解决实践中存在的问题。因此，我们借助大样本数据这一工具，架上一座桥梁，通过大数据反映出的问题，在理论层面进行逻辑分析，在实践层面进行实证研究，在理

① 参见〔德〕汉斯·海因里希·耶赛克、〔德〕托马斯·魏根特《德国刑法教科书》，徐久生译，中国法制出版社，2017，第 35 页。

论与实践的两条线路上可以有理有据地行进并贯通。在我国数据公开尚存诸多问题的情况下，我们选取大量的个案，希望通过对于个案的比较研究，得出相对正确的结论，分析原因，从而提出对策，以供修订立法及司法实践时参考。

从逻辑上推论，我国老年人的比例不断上升，相应的老年人犯罪的数量也会上升，现实是否如此，尚需要实证研究。不管怎样，都必须重视对控制老年人犯罪的一体化研究。由于老年人生理、心理的特殊性，他们所实施的犯罪也有特殊性，而相应的社会政策、立法及司法应针对这种特殊性做出反应，以有效地控制老年人犯罪。如针对老年人犯罪，《刑法》是否应当做出相对轻缓化处理以调整刑事古典学派的僵硬，《刑法》关于老年人犯罪及其刑事责任的规定是否需要完善以合乎发展趋势，在对老年人犯罪的处理程序上是否也应当有一些特别的规定，等等。另外，有必要研究老年人这个特殊群体犯罪在犯罪学层面的维度与形式，犯罪原因及对其如何矫治、如何预防，以在更宏大的视野内控制老年人犯罪的发生。

老年人犯罪也是犯罪，必须依法定性量刑，任何人不能有超越法律的特权。但法理毕竟是法理，在对老年犯罪嫌疑人进行定罪量刑时，还需要考虑历史沿革、社会民情、文化传承等情况进行统筹，使得社会发展更和谐，同时，满足人们对于公平、正义的本能追求。我国《刑法》第 17 条之一规定了对老年人犯罪从宽处罚；第 49 条第 2 款规定对犯罪老年人免除死刑（但以特别残忍手段致人死亡的除外）；第 72 条将老年人作为应当宣告缓刑的主体之一：这些都体现了对老年人犯罪的轻缓化处理。但是，《刑法》对犯罪老年人这个特殊群体的规定仍有不足，比如，我国《刑法》将已满 75 周岁作为老年人刑事责任轻缓化处理年龄的起点，那就意味着对于 60 ~ 74 周岁的大部分老年人无法适用。相比于其他国家的立法规定，我国《刑法》关于老年人犯罪应当轻缓化处理的规定还存在相对简单、笼统、模糊、粗糙等问题，亟须从全方位、多角度进行完善。

而且司法认定的不统一也影响立法的规范化。根据目前公布的地方量刑指导意见实施细则，以 75 周岁为标准认定的地区有 9 个，以 70 周岁为标准认定的有 1 个，以 65 周岁为标准认定的有 16 个，以 60 周岁为标准认定的有 1 个。而且即使出台了本地区量刑指导意见实施细则，地方法院认定标准还存在差异，如重庆市黔江区法院认定标准是 65 周岁，重庆市二中院则以 75 周岁为标准。司法认定的不一致是立法与社会现状有所脱节的表征，有损立法的规范化。本书列明的各地量刑指导意见实施细则中对于老年人犯罪的从宽标准，也表明修改立法、规定 65 周岁以上是老年人犯罪法定从宽量刑情节、统一司法实践认定标准具有现实合理性。同时，对如何控制老年人犯罪，需要做刑事一体化的研究，既要有静态的描述，也要有动态的拓展。在对老年人犯罪案件进行刑事诉讼过程当中，是否因其主体的特殊性而有必要考虑到刑事诉讼活动相关问题的区别对待，比如，老年人犯罪案件刑事诉讼活动中非法证据排除的情况如何、强制措施适用情况、被害人谅解、当事人和解等问题，到目前为止，国内欠缺对上述方面的相关研究。

英美法系与大陆法系的很多国家，对于老年人犯罪的刑事责任都规定得相对轻缓，主要有以下几种。一是对老年人犯罪从宽或者免除处罚。如《墨西哥刑法》第 34 条规定，70 岁以上老年人犯罪的，免除刑罚。二是刑罚执行轻缓规定。如《日本刑事诉讼法》第 482 条规定，被判刑人年龄在 70 岁以上时，可经一定程序批准而停止执行剥夺自由刑。三是放宽适用缓刑的条件。如《巴西刑法典》第 30 条规定："对被判处监禁刑的犯罪人不得适用缓刑，但犯罪人超过 70 岁，且所监禁不超过 2 年的，可以宣告缓刑。"

关于对老年人犯罪治理的犯罪学研究，日本走在前面。日本拥有世界上最高的老龄人口比例，27.3% 的市民是 65 岁及以上的老人，这个比例差不多是同为老龄化国家的美国的 2 倍。日本老年人犯罪成为一个严重的社会问题。日本 2015 年度《犯罪白皮书》显示，近 20 年来，日本老年人服刑人数一直在增加。2014 年与 1995 年相比，老年人犯罪总数增长约4.6倍。根据日本警视厅的数据，2015年被捕或接受警方盘问的犯罪嫌疑人中，有近20%为65岁以上的老人。除了生活贫困导致犯罪，老年人犯罪的另外一个原因，是孤独感。因为常年在监狱里，很多老年罪犯逐渐丧失了与社会的联系，这也是很多老年人出狱后再次犯罪的主要原因。犯罪—入狱—出狱后再次犯罪，一个恶性循环由此形成。

老年人犯罪增多，监狱关押的老年犯数量逐步上升。但是关于老年犯的犯罪特点、集中关押后的群体特征以及在监狱里的改造需求等诸多问题的研究却不多。有学者提出疑问，监狱这一机构存在的目的是什么？监狱的作用到底是什么？监狱的意义何在？[①] 当下，我们无法明确地回答这些问题，但还是别无他法地将犯人监禁在监狱中。对犯罪老年人的刑罚在监狱执行，多数监狱为了息事宁人，尽量从各个方面满足他们的要求。但是对他们的管理、生活照顾、医疗服务、教化处遇、生产劳动，乃至出监的安置保护问题，大多缺乏针对性、有效性、人道性。国外资料显示，进入21世纪以来，日本老年犯数量激增，监狱内的老年罪犯平均年龄高达74岁，还有88岁的服刑人。在德国监狱中，平均每10名罪犯中就有1名超过60岁的老年人。为此，德国政府提出，建立一所专门接收老年罪犯的监狱。这些都与刑法对老年犯罪人的减刑、假释规定有关，因为决定监狱人口数量的因素，一是犯罪人被判监禁的数量，二是在行刑过程中这些人被减刑、假释的数量。对犯罪老年人更多地适用减刑、假释，可大幅度减少监狱人口的数量，同时，减轻监狱的负担。

老年人犯罪是全球性的问题，其他国家的有些做法可以为我们所借鉴。这一严重的社会问题将不断地成为聚焦点，我们通过科学手段全方位地展现这一社会问题，并做出相应的改变，使已经实施犯罪行为或将

---

① 参见〔法〕米歇尔·福柯《监狱的“替代方案”》，柏颖婷、吴樾译，上海三联书店，2021，第18页。

来有可能实施犯罪行为的老年人尽可能安享晚年，解除他们的隐忧，度过人生的最后时光。课题立项之时，我们试图通过大数据抓取老年人犯罪的全部案件，但由于裁判文书公开程度、书写规范，以及数据抓取方法等限制，所得数据难以完全做到客观真实，因此本书仅以抓取到的现有大样本数据为基础进行论证。即便如此，大样本数据在数据量、丰富性方面远超小样本数据，经过清洗后具有一定的代表性，在求全不得的条件下，具有不可替代的学术研究价值。①

最初，我们先从 B 城 H 区检察院着手，收集一些实证资料。

2014～2020 年，该院共受理老年人犯罪案件 26 件，共涉及 26 名老年犯罪嫌疑人，6 人被批准逮捕、2 人因不构成犯罪不捕、1 人因证据不足不捕、1 人被存疑不起诉、2 人被相对不起诉、14 人被判处刑罚。仔细分析这些案件，发现以下特点。一是犯罪主体以男性为主，平均年龄不足 65 周岁，学历偏低，初中及以下占 70%；务农及无业者居多；绝大多数无犯罪前科，均非累犯。二是所涉罪名集中在故意伤害，过失致人重伤、死亡，交通肇事等常见罪名。三是从犯罪主观方面来看，人身危险性不大，多为初犯、偶犯，犯罪原因以邻里纠纷、日常琐事居多；认罪悔罪态度好，多积极退赔并取得被害人谅解。四是从诉讼程序来看，认罪认罚者居多，绝大多数适用简易程序、速裁程序。五是从处理结果来看，呈现轻刑化特点，均为 3 年有期徒刑以下刑罚，多被判处缓刑。

这一基层检察院的数据足以说明当下老年人犯罪的一些基本情况，如发案数量，犯罪主体的性别、年龄、受教育程度，适用的诉讼程序，所判的刑罚种类及年限，等等，但是否还有许多程序、实体等问题及答案没有反映出来？当下，大数据技术因其能够高效、准确地分析海量数据而被各个行业所运用，尤其在进行实证数据研究时，选择大数据技术作为研究的工具，虽依然受到种种局限，但仍不失为一种明智的选择。

---

① 参见左卫民《迈向大数据法律研究》，《法学研究》2018 年第 4 期，第 142 页。

在老年人犯罪研究中，如果借助大数据技术，能够从海量的司法判例中挖掘出许多人工很难获取的信息，这将有助于我们准确地认识老年人犯罪，并予以积极地治理，以符合人类解决犯罪问题“更少的残忍，更少的痛苦，更多的仁爱，更多的尊重，更多的人道”① 初衷。

本书数据基础来源于“元典智库”搜索引擎中能够抓取到的判决文书。以“定罪：已满七十五周岁的人犯罪（总则）；文书种类：判决书；结案年度：满足以下任一条件：2020、2019、2018”为检索条件，共检索案例 5107 份。书中资料来源于已公开的刑事判决书，即所提取的案件均进入了国家司法程序，并已做出实体裁决，精神障碍者的老年人犯罪案件或者在审查起诉阶段没有被提起公诉的案件等不在本书的数据提取范围。

本书以大数据技术为工具，分析 5107 份司法判例，将理论与实践结合，对老年人的犯罪现状及趋势、刑事立法及司法，运用刑事政策学、犯罪学、刑法学、刑事诉讼法学等学科的相关知识，做全方位、立体式的研究，以期提供理论架构，服务立法与司法，在刑事领域内保障老年人的合法权益，有效控制老年人犯罪。本书是对老年人犯罪的刑事一体化研究，“刑事指治理犯罪的相关事项，外延宽泛，涵盖犯罪、刑法（实体与程序）、刑罚制度与执行等。一体化是指相关事项深度融通。”② “刑事一体化不是刑事法治内部各个学科之间的简单相加和拼盘，而是各个刑事学科之间的有机融合。”“学科间的独立当然乃一体化之前提。”③ 我们试图在老年人犯罪治理的研究中努力做到刑事学科之间的有机融合。

学术既要批判也要建构，两者缺一不可，否则，其价值性将大打折扣。但“所有的思想都是社会的，其目的都是目前或未来的行动。我们

---

① 参见〔法〕米歇尔·福柯《规训与惩罚》，刘北成、杨远婴译，生活·读书·新知三联书店，2019，第 17 页。

② 参见储槐植《刑事一体化论要》，北京大学出版社，2007，第 22 页。

③ 参见白建军《罪刑均衡实证研究》，法律出版社，2004，第 1 页，储槐植《序：刑事一体化思想的一次实验》。

并非自身的历史、传统和先驱者的奴隶；相反，它们是我们的工具”[①]。我们尽一切可能去挑战，目的是超越自己及前人。针对老年人触犯刑事法律问题，我们努力寻找解决方案。在具备完整的逻辑与结构的常态下，我们试图由真实、可信、翔实的论据推导出论点，以提升本书的学术含金量。

① 参见〔美〕理查德·A. 波斯纳《超越法律》，苏力译，中国政法大学出版社，2001，第 18 页。

第一章　方法论——大数据技术的引入

一　什么是大数据?

“大数据”（big data）一词，最早在 *Nature* 杂志 2008 年 9 月第 4 期“Big Data：Science in the Petabyte Era”一文中被提出，该文以“如何处理现代信息社会中源源不断的海量数据”为切入点、以维基百科的成功为案例、以存储数据技术的不断发展为基础。随着互联网的蓬勃发展，其不断地向社会各行各业渗透，“大数据”这一信息时代的新兴产物已经成为当下最为时尚的名词。

本书在两个层面上使用大数据：一是大数据本身，即与老年人犯罪相关领域的大样本数据；二是对此的收集与运用，挖掘数据背后反映出的问题及解决问题的路径与方法，还有据此对未来的预测。预测未来，有时候是为了改变未来。[①] 或许这种预测可以改变老年人犯罪的走向，从而真正实现预防的功能并达到预防的真实效果。

---

① 参见〔以色列〕尤瓦尔·赫拉利《未来简史》，林俊宏译，中信出版集团，2017，第 10 页。

二　法学研究需要运用大数据

我们将大数据引入法学研究领域，作为一项工具研究老年人犯罪问题具有必要性和可行性。一方面，在法学理论研究中，大数据必然会成为法学研究无法绕开与回避的时代性的关键命题，进一步影响到法学整个学科体系的建设与发展的维度；另一方面，在法学实践中，大数据在司法实践中的地位也不断攀升，并在社会综合治理的发展中，作为技术手段起到关键作用。

构建现代化的国家治理体系，对大数据的合理合规应用，是关键一环。2014 年，在第一期政法领导干部学习贯彻习近平总书记重要讲话精神专题培训班开班式讲话中，时任中央政法委书记孟建柱就提到大数据的运用问题。2015 年 9 月 5 日《国务院关于印发促进大数据发展行动纲要的通知》（国发〔2015〕50 号）的公布，意味着法律大数据时代的大幕已经拉开，大数据时代已经徐徐到来。法律大数据时代，对数量巨大的具有高度差异性的特色案件背后的司法实务数据、行业数据的分析，在建设现代化司法体系、促进公平正义的实现、提高司法资源的利用效率、提高人民群众对于司法的满意度参与度等方面都起着重大的促进作用，为司法系统的体系化建设提供关键的技术支持。

科学技术的应用，一直是我国司法系统建设中的重点，大数据技术在其中起到的就是关键一环的作用。最高人民法院提出要“建设立足于时代发展前沿的‘智慧法院’”。最高人民检察院发布《“十二五”时期科技强检规划纲要》。时任中央政法委书记孟建柱重点说明“大数据表示的是过去，但表达的是未来，其意义就在于，通过对海量数据的整合、挖掘，揭示传统技术方式难以展现的关联关系，让人们更清楚地理解事物本质、把握未来取向，从而发现新规律、提升新能力”，并强调“要着力提升科技信息化应用能力，善于运用大数据，提高维护稳定工作现代化水平”。[①] 总之，我们可以从三个层面来展开法学的大数据研究：从法学学科体系发展来看，法学走向计算化是社会计算的必然要求；从法学学科方法论发展来看，法学研究方法向智慧化发展是社会化大计算背景下的必然要求；从法学从业人员素质发展来看，法学研究者素质走向数据化是社会计算的必然要求。[②]

三　大数据改变人类认知

相对于传统的计算处理和分析机制而言，大数据对于数据的处理方式是一次革命性的质的飞跃。2007 年 1 月，数据库软件先驱吉姆·格雷（Jim Gray）将这种变化描述为“实验验证”、“理论推理”和“理论分析”的下一步发展。这是继“大数据”和“计算”之后，人类认知世界的“第四范式”。在大数据时代中，我们认识世界与理解世界的方式会受到超大规模的数据量、根本性变革的数据处理方式、革命性的新层次的数据认识理论所带来的意义极为深刻且深远的影响。大数据时代给市场经济和市民社会的发展带来极为深刻的变革和冲击，随之而来的必然是建立在市场经济与市民社会基础之上的法学理论研究与法学司法实践所产生的认知方式（方法论）的变革与实践范式的变化。不可否认，众多新兴的法律问题必然会随“大数据”的发展而逐渐展露真容，但也要注意到它所带来的巨大可能性。

大数据给法律研究者和司法人员带来了新的研究问题、新的研究方法和新的认识方式。在《大数据时代：生活、工作与思维的大变革》[③]一书中，舍恩伯格（Schönberger）等人将大数据给人们带来的思维变化

---

① 孟建柱：《深入推进社会治理创新　切实提高维护公共安全能力水平——学习贯彻习近平总书记关于公共安全工作重要批示》，《求是》2015 年第 21 期。

② 钱宁峰：《走向“计算法学”：大数据时代法学研究的选择》，《东南大学学报》（哲学社会科学版）2017 年第 2 期。

③ 参见〔英〕维克托·迈尔 - 舍恩伯格、〔英〕肯尼思·库克耶《大数据时代：生活、工作与思维的大变革》，盛杨燕、周涛译，浙江人民出版社，2013，第 23 页。

总结如下：一是在分析数据时，要使用所有可能的数据，而不仅仅是小样本数据；二是接受复杂的数据比接受准确的数据更好；三是我们应该更关注事物之间的关联性，而不是寻找因果关系；四是大数据的简单算法比小数据的算法更有效率；五是大规模数据分析带来的决策沉淀数量和主观性将减少，数据科学家将取代“专家”。发现很多细节背后的规律，根据这个规律，未来是可以预测的。能够收集和分析各类海量数据，并迅速获得影响未来的信息，是大数据技术的魅力所在。① 为了掌握大数据和大信息技术处理方式，对正在做的事情和反映的情况进行批判性思考，我们需要在技术与法律的交叉点上更好地把握时代趋势、更好地推动法学研究和司法改革。

四 问题导向

我们以问题为导向，进行跨学科研究，对大数据时代特有的法律现象和冲突进行解读，汇集不同学科的知识来解决大数据时代特有的法律问题。大量的刑事案件及其中的文书，是刑法研究的重要宝库，是取之不尽的宝贵资源。近年来，开展大数据实证研究的学者团队不断扩大和深化影响力，有助于改变“重质不重量”“重罪轻刑”的研究习惯。毋庸置疑，使用大数据研究存在一定的弊端，例如：不适用于难以量化的研究对象；不能替代定性研究；不容易获得大量数据和相关样本；容易忽略细节和相关性，基础的论据并不确凿；存在逻辑错误；结论具有任意性，过于宏观，不适合类型化的定性研究。② 诚然，上述对大数据法学研究的反思与批评有一定的合理性，然而我们并不能因噎废食，大数据分析不能代替定性分析的应用，定性分析也存在无法企及大数据分析

① 张吉豫：《大数据时代中国司法面临的主要挑战与机遇——兼论大数据时代司法对法学研究及人才培养的需求》，《法制与社会发展》2016 年第 6 期。

② 王登辉：《大数据研究方法应用于刑事法学的冷思考》，《西南政法大学学报》2016 年第 6 期。

的部分，我们对大数据的恐惧和反感可能来自我们对大数据的误解。从形式上看，大数据似乎涉及很多数据的计算、统计，甚至是大型计算机的使用。大数据是基于对经验真理的尊重和对经验表达的兴趣。从一个小案件入手，只要我们收集到足够的信息，就能在更大的范围内得出更宏大的结论，就能在广阔的时空范围内解释和预测社会现象。正是因为不明白这一点，我们才会排斥大样本的实证研究，夸大少数个别案例的可类推适用性，因为我们认为只要了解个案，就可以了解所有的个案。①

事实上，在对大数据的研究中，只要抽样过程符合随机性的要求，样本越大，抽样误差越小，得出的结论与实际情况越相差无几。如果样本等于总体，理论上误差为零。样本越大，它所包含的信息和信息类型越丰富，研究对象所能呈现的可能性就越大。人们通常有一种错误的想法，认为量化过程会压缩现象，“脱水的人就会失去活力，变得贫血”。这可能正是小样本定量分析的效果。但是，如果使用较大的样本，就可以灵活地利用各种观察结果来考察对象的更多方面。

诚然，个体案例是生动的、具体的。但是，由于我们无法控制某个个体案例在多大程度上代表了整体，所以我们无法知道这种极端案例的讲述在多大程度上掩盖、挪用或扭曲了客观真实。况且独特的个体案例在被进行定性分析时，也无法保证逻辑以及经验的一致性，误差总是会存在的，区别只在于它以何种方式呈现在我们面前。然而，如果认为遵循传统路径与经验的分析过程中所产生的逻辑谬误是可接受的，而新兴的分析方式所带来的结论一定程度上的偏离性质是难以接受的，似乎并不合理。总之，样本量越大、分析工具越多，结论就会越可信，这是毋庸置疑的公理，大数据分析具有定性分析所无法企及的优势。

---

① 白建军：《大数据对法学研究的些许影响》，《中外法学》2015 年第 1 期。

五　具体研究样式

作为社会现象的一部分，法律现象和自然现象有很大的区别。一方面，法律是由人制定的，法律是由人执行的，法律是由人违反的。因此，法律现象过于异质化，且不确定。另一方面，法律现象的总和往往是不可估量的，因为每年法院处理的各类案件数以百万计，每个达到一定责任年龄的公民都是潜在的犯罪者，每个公民也都是潜在的受害者。那么，法律研究如何面对大数据时代的到来？关于法学大数据的研究在方法论上的遵循，应考虑以下几点。

首先，选择整个样本。在法律现象的研究中，并不是所有的课题都涉及14亿人的总数，也不是所有的课题都涉及几百万、几千万件的案件。将问题及其结论必须推及全部案例，这本身就是对学术研究的误解，是对宏大叙事的任性和盲目追求，而忽视了细微的具体研究。在法律实证研究中，我们选择比较完整的样本，可以将抽样误差降到最低。

其次，合理界定选取框架。抽样框架是用来选择与整体样本非常相似的特定样本的列表。重要的不是样本的大小，也不是确定抽样框架的目的，而是从框架中得到的样本与整体具有相似性。相似性有几个可能的维度，包括年龄、性别、职业、文化和社会地位。只要抽样框架与整个研究对象之间有相似性就可以了，不可能两者在所有方面都达到具有相似性的要求。因此，在不可能进行人口普查的情况下，可以确定调查所需的抽样框架，并假定该抽样框架有可能代表整个人口规模，可以在该抽样框架的基础上进行全样本调查或在该抽样框架内进行随机抽样调查。这样即可基本排除主观偏好等人为因素对抽样过程的影响，剩下的唯一问题是，人们认为这个框架与整体的相似度有多大，或者说两者之间的差异是否就是整体的差异，而这则是个人主观能动性的发挥空间。

最后，不应盲目放大样本量。一般来说，研究对象本身的异质性程度越高，需要分析的变量就越多，所需的样本量就越大。但根据统计学原理，占总人口 10% 的样本不一定比只占总人口 1% 的样本好 10 倍。有研究表明，当总人口数小于一定人数时，占总人口数 30% 以下的样本会有较大的样本误差。但是，随着总量规模的增大，样本规模的影响趋于减小，换句话说，样本规模的绝对重要性远远大于样本在总量中的比重。

六　大数据研究的局限性

大数据的分析对立法者制定法律有着巨大帮助，因为它可以显示某项法律的意外社会影响，可以对成本控制进行更为细致合理的分析，从而及时调整立法，相比民意与经验，大数据本身能为立法者立法的合法性提供重要的基础来源。但是，对于法院来说，大数据只能作为个案的参考，不能代替法官本人进行决策，也不能代替收集证据或法律论证的具体过程。随着全国法院司法信息资源集中系统和信息交换系统的建立，以及判决书数据库的逐步完善，海量数据的分析将更有助于最高法院制定国家司法政策。

但同时，数据不能代替人性，大数据分析必须受到制约，在大数据时代，对大数据的分析、对算法的分析塑造着数据的价值，数据的价值已经成为新的网络架构，必须接受民主监管，显然，客观上大数据通过描述性的穿越事实之后貌似呈现了事实的本来面貌。在分析这种描述性的事实穿越过程中，强加给每个人的规范性规则被隐藏了起来，然而各种组织和势力都在试图挖掘数据的价值，尤其是当大量数据在人与人的交易中被广泛传播的时候。而且，这种网络架构比现有的法律要复杂得多，它们可以不受限制地提出新的规则，从而凌驾于代表性的法律之上。大规模数据分析的预测性使用必须受到约束和监督，受到民主机制的控制，即民主立法，而不是取代现有法律。法律与技术架构的主要区别在于，市民社会一般的民众观念既会反映法律，也是若干价值观和利益妥协的产物，而对于数据的发现与使用只为一种类型化的利益服务。我们需要意识到法律实践与海量数据研究应用之间的这种差异，并尽量从公共利益出发，尽量贴近法律实践。[①]

如果基于大数据方法的法律研究能够尽可能提供客观性与普遍性相结合的知识体系，法律知识的科学性将被提升到前所未有的历史高度。最终，困扰人类历史的“定性与定量”的方法论之争将消失，“规范与事实”的鸿沟将基本消除。用法律事实调查来“讨论”法律规范体系并不是一种“违规”。[②] 法学研究的未来不是要建立泾渭分明的知识体系，而是试图通过“全景式视角”的方法实现相关知识的互补与整合，旨在通过将知识的“湖泊”与知识之间的“河流”连接起来，在案件、人员、程序、组织等诸多要素中，共同推动实体研究与程序研究、规范研究与事实研究，构建系统的、完整的生态化体系。在信息时代利用大数据的新方法论，以统一法律科学的内外研究路径，弥补“规范与事实”的知识鸿沟。

七　本书运用的大数据研究方法

在以问题为导向的大数据研究的整体方法论上，我们认为，大数据研究是在信息时代发展之下的必然选择，是走向真理的科学道路之一。传统的经验科学，作为偏重于对经验事实的描述和明确具体的实用性的科学，一般具有较少抽象的理论概括性。在研究方法上，以归纳为主，有较多盲目性的观测和实验。其从感觉经验出发的，都是以经验材料为其研究对象，因此都具有经验科学的性质。经验科学是理论科学的实践基础，重复实验直至完全准确，则形成了理论。如果理论从未被推翻，

① 胡凌：《大数据兴起对法律实践与理论研究的影响》，《新疆师范大学学报》（哲学社会科学版）2015 年第 4 期。

② 程金华：《科学化与法学知识体系——兼议大数据实证研究超越“规范 vs. 事实”鸿沟的可能》，《中国法律评论》2020 年第 4 期。

则形成定律。理论科学是经验科学的指导，经验科学是在已有的理论基础上进行实验的。两者是互相联系、互相补充、互相推进的。计算机科学是对经验科学和理论科学中的科学方法的补充和优化，而数据密集型科学是处理经验科学和计算机科学中出现的大数据问题，是对前三种科学的补充。[①] 显而易见的是，作为第四范式的大数据研究（数据密集型科学），不仅仅是如学者所言的“补充”，更是一种“完善”。

在笔者看来，经验科学实际上只是数据密集型科学的一种低阶段、低层次的展开。由于时代的局限性，技术的发展水平限制了科学研究中人类获取信息的能力，单纯依靠个人的智识与理性，则人的活动能力有限，使得人类永远不可能认识到超出自己实践范围的信息。若人类活在原始时代，只能获取与之相关的部落的信息；若活在封建时代，只能获取与之相关的城市的信息；若活在工业时代，只能获取与之相关的国家的信息；若活在信息时代，便能获取整个世界的信息。现代计算机科学已经证明，个人对于信息的处理计算水平是无法超越计算机的。而科学研究范式是对所接触的信息进行加工处理，经验科学依靠人的智性对感性所获取的信息进行初步的头脑加工，必然存在模糊与不精确的问题，但是当计算机取代这一初步的步骤之后，人的智性所处理与加工的不再是感性所获取的信息，而是通过精密计算所呈现出的数据的信息，这种数据的信息本质上是“逻辑”，是一种客观存在，其使得人类整体上的认识水平出现了一次真正意义上的飞跃，因为人的智性所处理的信息不再通过感性的范畴予以划分，而是直接跨越到了客观存在之中。

因此，只要信息是足够的，人的智性就能在更大程度上扩展，并能超越以往狭隘的时空范畴来对世界进行认识与预测。自从自然科学与社会科学分野以来，社会科学因其无法验证性以及内部研究范式的不统一性，实际上一直面临着玄学、伪科学的指控，而大数据研究（第四范

① 邓仲华、李志芳：《科学研究范式的演化——大数据时代的科学研究第四范式》，《情报资料工作》2013 年第 4 期。

式）正是使社会科学突破这一限制的关键。

基于前述对于大数据研究方法的认识，本书植根于大数据研究的立场针对老年人犯罪问题展开相关研究与讨论。

在样本种类的选取上，自2014年起，我国裁判文书上网公开化稳步有序推进，当下中国司法实践之中出现了一场以数字化、公开化为核心的“裁判文书革命”。截至2019年11月，中国裁判文书网上的裁判文书已超过8000万份。[①] 海量的裁判文书为我国的司法公开、司法公正起到了巨大的促进作用，同时裁判文书上网公开化也是中国在当下大数据信息时代，顺应时代发展、推进司法改革和“智慧法院”建设的一项瞩目成就。海量的裁判文书，不仅在我国的司法实践中起到了重要的作用，其同时也为理论学术研究提供了丰富的信息资源、为法学理论的创新发展提供了一座司法大数据的“富矿”。法律大数据的出现为中国实证法律研究的跨越式发展提供了扎实的基础。在基础资料方面，实证研究的基础材料得以极大丰富，研究方向和主题也得到了极大扩展。在研究方向方面，大数据处理的技术需求必然会导致实证研究方法的更新，对于整个实证法学研究的研究范式和研究导向会产生巨大的推动作用。研究基础与研究方法的革新必然会导致研究结论的精细化与客观化。[②] 正如有学者所言，“借助裁判文书网开展系统化的实证研究，既能为司法改革方案提供重要的参考，也能够切实研究解决执法办案面临的实际问题”。[③] 基于裁判文书中的数据对于司法实践以及理论研究的巨大意义，本书所采取的研究基础样本为我国的与老年人犯罪相关的裁判文书。

然而，目前基于中国裁判文书网的大数据法律研究在诸多方面还做

---

① 杨金晶、覃慧、何海波：《裁判文书上网公开的中国实践——进展、问题与完善》，《中国法律评论》2019年第6期。

② 左卫民、王婵媛：《基于裁判文书网的大数据法律研究：反思与前瞻》，《华东政法大学学报》2020年第2期。

③ 刘静坤：《裁判文书上网与普通案例的参考功能——以刑事案例为立足点的分析》，《法律适用》2014年第6期。

得不够完善，在文书查询响应的速度、文书查询的检索方式、文书的记录与获取三个方面都存在诸多问题。[①] 因此，本书选择整体文书查询响应速度更为快捷、检索方式更为便捷、文书记录更为全面的“元典智库”搜索引擎作为检索资料来源的根据。

确定大数据的基础来源之后，便需要框定作为研究对象的大数据的范围，划定合理框架。根据大数据研究的相关理论，样本数据越大，抽样误差越小，抽样过程会更加符合随机性的要求，抽样得出的结论就越符合实际情况，更具有科学性，研究对象所能呈现的结论就越可靠。因此，从本书力图全面、客观地展示我国当下老年人犯罪的基本特征的目的出发，就必须从两个维度上划定老年人犯罪的数据范围。

第一个维度是地域维度，由于我国幅员辽阔，各地区发展不平衡，地区之间老年人犯罪的特征也必然不同。所以从地域维度，本书不采取会导致地域性特征明显、整体性体现严重不足的单独框定地域进行数据研究的模式，而是从中国整体出发，对于老年人犯罪呈现整体性的研究。同时兼顾我国各个地域特色，以我国地理背景下划分为东、西、南、北、中五大区域（这种划分，纵向而言可以体现各个地域的老年人犯罪的基本特征，横向而言方便对其进行对比，横纵向相结合可以较为科学地得出我国当下老年人犯罪的整体维度）为基点。但由于我国各区域内的省份同样众多，虽然按照样本数量而言，如上所述，样本数量越庞大就越能接近“客观真理”，但是样本数量的无序扩张，同样也会影响研究结果的客观性与正确性，而且极大地提高了研究的可行性难度，导致最终研究数据“贪多而不全”。因此本书在地域维度上从东、西、南、北、中五大区域中，基于各个省份的样本数量、老龄化率、文化特征、经济发展程度与所在区域性特色的匹配度等多个维度综合进行考量，各选取 1 个典型省份作为研究样本的地域基本框架。

① 关于这方面的论述，详见杨金晶、覃慧、何海波《裁判文书上网公开的中国实践——进展、问题与完善》，《中国法律评论》2019 年第 6 期。

第二个维度是时间维度，本书选择 2018 年、2019 年、2020 年为研究样本的时间基本框架。主要原因如下。一是我国自 2000 年步入老龄化社会，老年人口的比重增加是一个循序渐进的过程。按照意大利著名犯罪学家菲利（Ferri）所提出的“犯罪饱和”法则，在具有特定量的引起犯罪的个人、物理和社会因素的社会，必然会发生一定量的犯罪，而人口是其中的关键因素。[①] 从逻辑上推理，老年人口增长的量变必然会对老年人犯罪的特征变化产生巨大影响。尤其是近几年来我国老年人数量不断增长，时代飞速变化，老年人犯罪本身也在日新月异地变化，为了把握这种变化的脉搏、拒绝无用的落伍的空谈，本书将研究样本的时间基本框架限定为近 3 年。二是由于本书所采取的主要是大数据研究方法——这得益于信息技术的飞速发展，各界对于大数据的利用技术取得了突破，人们获取信息的能力产生根本性、革命性的变革，因此，无大数据技术，也就无本书所研究之资料来源。而近 3 年来，恰好是司法实践中裁判文书公开化的一个崭新节点，从后续章节所提到的研究数据也可以看出，近 3 年来，中国整体的裁判文书数量与老年人犯罪的裁判文书数量都有增加。样本的数量是研究质量的重要决定因素。若将研究样本的时间过于提前，并不利于对老年人犯罪研究的整体性把握，单个年份的数据反而会破坏整个阶段的数据的整体呈现，同时也难以体现本书的研究特色，未免会使本书落入传统范式的窠臼之中。为了比较方便，只极个别地方年限有所扩展。

因此，本书从两个维度分别确定老年人犯罪的资料来源的基本框架，试图将抽样误差降到最低，同时尽可能做到从框架中得到的样本与整体具有高度的相似性，从而使得本书通过成功运用大数据分析方法对老年人犯罪的研究具有一定的科学性，再经过演绎与实证过程，在基础理论层面上保证研究结论的相对合理性。

---

① 〔意〕恩里克·菲利：《犯罪社会学》，郭建安译，中国人民公安大学出版社，2004，第 161 页。

八　本书大数据研究对象说明

通过对判决书及最高人民法院公布数据的检索，笔者发现，各地法院对于老年人犯罪年龄标准的认定并不一致。最高人民法院以 60 周岁为界统计案件数，但该数据只是表明犯罪主体年龄为 60 周岁以上，并未表明该类主体实施的犯罪就以“老年人”为由而被从宽处罚。在司法实践中，各地法院有 4 种标准，分别是审判时年龄为 60 周岁、65 周岁、70 周岁和 75 周岁，只要是这个年龄实施犯罪的主体，就被从宽处罚。如江苏省法院依据《刑法》从宽的规定，以 75 周岁为标准；浙江省台州市法院则认为年满 60 周岁即为老年人犯罪，对 60 周岁及以上的被告人予以从宽处罚。即便同一个省份，各地标准也不统一，如重庆市黔江区、合川区人民法院以 65 周岁为界；重庆市二中院、四中院则以 75 周岁为限。

本书所主张的老年人犯罪是指 65 周岁及以上老年人实施的犯罪，立项之初所计划统计的也是 65 周岁及以上老年人实施犯罪的现状。但由于各地对老年人犯罪认定标准不一，以“老年人犯罪”为关键词进行检索有较多数据遗漏，无法较为完整地展现老年人犯罪现状。此外，由于数据量过大，查询每一份被告人为 65 周岁及以上的判决书难度较大，因而，本书所统计的数据大多数限制为 75 周岁及以上老年人实施的犯罪。原因在于：一是在全国各地的司法实践中，各地法院对于老年人犯罪认定不统一，判决文书的书写规范标准存在问题，部分裁判文书中并未写明被告人是否为老年人，没有标准就难以提取客观、全面的老年人犯罪大数据；二是由于 75 周岁及以上老年人犯罪是《刑法》规定的法定从宽的量刑情节，因而在判决文书中审判人员一般都会表明该量刑情节，并决定是否对犯罪老年人予以从宽处罚，如“被告人已满 75 周岁”，或者“被告人为……岁，为老年人犯罪”，这一标准为数据的提取提供了条件，以该年龄为标准进行检索可获得较为全面、完整的数据，建立在客观、真实基础之上的论证会更为科学、有说服力。

因此，本书以大数据方法所讨论的老年人犯罪为75周岁及以上老年人实施的犯罪。当然实践中的这些做法需要理论上进行反思与论证，并对老年人犯罪进行科学立法与司法，从而实现刑法的谦抑性、平等性、人道性。因此笔者建议，除了相关机构应当做好审判数据公开之外，司法机关也应当尽量做到司法统一，并在书写裁判文书时能够对量刑情节进行详细分析，这样，一方面，展示了司法的公平、公正、公开，让人们感受到司法正义的力量，另一方面，也为研究者更好地进行实证研究提供客观依据。

本书根据3年的大数据分析75周岁及以上老年人犯罪的现状、原因，并提出相应的立法和司法改革建议，以及预防老年人犯罪的原则和具体措施。上述的大数据分析建立在实证的基础上，但在理论上，65周岁的老年人与75周岁的老年人其生理或心理特征虽然有些差异，但并没有本质上的差别，年龄界限的划分并不具有实质上区分的意义，而只是便于司法的认定，也正是这样，才会将以年龄界限为标准认定老年人犯罪称为形式定义。因此，本书一方面归纳、研究75周岁及以上老年人犯罪现状、相关刑事法改革建议和预防措施，同时通过研究，笔者认为，在逻辑上，相关刑事法改革建议和预防措施也基本适用65周岁及以上的老年人犯罪。

还需要说明的是，本书力争做到全面、客观、真实抓取数据，但由于“大数据”本身与生俱来的缺陷，本书所运用的数据与司法实践中的数据会存在一些差误。第一，原始数据的误差，即数据库中所公布的数据与实际司法实践产生的文书数量存在差异。其原因包括“文书公开的数量”“公开及时性”“地区差异性”等。第二，统计数据的误差，即对于现有法律文书数据的提取无法做到百分之百的准确性。其原因包括：公开法律文书自身的文本信息不够规范；关键词搜索存在数据遗漏，却无法得知会有多少数据被遗漏。第三，在就老年人犯罪具体情节进行检索时，可能存在将不属于老年犯罪主体的情节计入。比如，在共同犯罪中，由于在同一个判决书之中，会将老年犯罪主体与其他犯罪主体共同统计。此类问题需要人工对每一个判决进行核实，但庞大的数量对于人力统计来说是一个巨大而繁重的工作，这是任何此类大数据研究都要面对的难以避开的问题。运用大数据抓取的方式可以对海量数据进行分析，对某一类社会现象有较全面的了解，但同时也必须接纳其缺陷及可能导致的认识误区，大数据抓取的方式不可避免地存在误差，该误差需要用专业知识进行甄别，而这些误差的数据单靠人工进行个案搜索统计或许在短时间内难以完成。

本书在研究过程中所遇到的问题，也可能是其他研究者在研究中存在的问题，比如案例数据公开程度低影响数据的收集、裁判文书规范化不足影响关键词检索的数据完整性，以及大数据本身存在的准确性问题等。笔者在此提出本书研究中所面临的问题，并提出部分建议，以期这些问题日后能够得到进一步改善，使研究者能够更好地利用大数据这一工具进行实证研究。首先大数据研究最重要的就是数据基础，因此相关统计部门或办案部门应及时有效公布相关统计数据。以老年人犯罪为例，老年人犯罪增长趋势已是老龄化社会突出的犯罪特征，老年人犯罪相关数据的公开是应对犯罪变化、研究老年人犯罪的迫切需求。目前，最高人民法院或中国法律年鉴中公开的只有60周岁以上老年人的犯罪数据，但在司法实践中，一般只有65周岁以上老年罪犯才可能得到从宽处理。只有在量刑上得到从宽处理才符合本书所定义的老年人犯罪，因此，已公开的犯罪数据并不能满足老年人犯罪的研究需求。其次，除数据公开之外，司法机关也应当规范裁判文书的书写，对量刑情节进行详细分析，如表明是否为老年人犯罪，以及明确引用的法条，尽量做到司法统一。目前刑法的实证研究，多以裁判文书为数据来源，若处理数量较大的数据，往往通过设置关键词进行检索，如通过判决文书中引用的法条。但有的裁判文书并未完整注明所引用法条，从而导致在以关键词检索时可能遗漏部分数据。因此，做好数据公开，规范裁判文书书写等，是做好法学实证研究的必备基础。

第二章　老年人犯罪大样本数据分析

截至2020年底，我国未成年人中满12周岁不满18周岁的约10135万人，年满14周岁的未成年人有6756万人，而老年人则有26402万人。老年人口是14周岁及以上未成年人口的3.91倍，这一比例将不断增加，“十四五”结束时，这一比例将增长到4.26倍。[①] 老年人犯罪适龄人口的增加必定会带来老年人犯罪数量的增长。因此，分析我国老龄化现状以及老年人犯罪现状是强化社会治理效果、促进国家治理体系和治理能力现代化的必然要求。

一　我国人口老龄化的现状

1982年维也纳老龄问题世界大会确定，当一个国家或地区60周岁及以上老年人口比例超过10%，即意味着其进入老龄化社会。面对世界上最多的老年人口数量，以及我国日益加快的老龄化速度，加强老年人犯罪研究势在必行。

2000年第五次全国人口普查公布的数据中，仅可知65周岁及以上

① 数据来源于北京老龄法律研究会会长陈洪忠2021年10月14日在以“老年犯罪与刑罚及刑事政策调整”为主题的刑事政策论坛上所作的报告。

人口为 8811 万人，占总人口的 6.96%①；据 2010 年第六次全国人口普查统计②，大陆 31 个省、自治区、直辖市和现役军人的人口中，60 周岁及以上人口为 177648705 人，60 周岁及以上人口占总人口比重约为 13.26%；65 周岁及以上人口为 118831709 人，占 8.87%，比第五次全国人口普查增长了 1.91 个百分点。2020 年第七次全国人口普查数据显示③，60 周岁及以上人口为 264018766 人，占 18.70%，其中 65 周岁及以上人口为 190635280 人，占 13.50%，与 2010 年第六次全国人口普查相比，60 周岁及以上人口的比重上升 5.44 个百分点，65 周岁及以上人口的比重上升 4.63 个百分点。

《2017 年国民经济和社会发展统计公报》显示，至 2017 年底，我国 60 周岁及以上老年人超过 2.4 亿人，约占总人口的 17.3%，65 周岁及以上老年人近 1.6 亿人，约占总人口的 11.4%。根据《2019 年国民经济和社会发展统计公报》，2019 年末，我国 60 周岁及以上的人口达 2.54 亿人，占总人口的 18.1%，65 周岁及以上老年人口达到 1.76 亿人，占总人口的 12.6%。

我国目前已成为老年人口最多的国家。2020 年 6 月 11 日，中国发展研究基金会发布《中国发展报告 2020：中国人口老龄化的发展趋势和政策》（以下简称《报告》）。《报告》总结了当前我国人口老龄化的特点、老龄化带来的困境及应对政策。《报告》认为，中国人口老龄化程度正持续加深，老龄化趋势不可逆转。《报告》预测，到 2030 年左右，中国将达到总人口峰值，为 14.2 亿～14.4 亿人，之后

---

① 国家统计局：《第五次全国人口普查公报（第 1 号）》，国家统计局网站，2001 年 5 月 15 日，http://www.stats.gov.cn/tjsj/tjgb/rkpcgb/qgrkpcgb/200203/t20020331_30314.html，最后访问日期：2022 年 11 月 10 日。

② 国家统计局：《2010 年第六次全国人口普查主要数据公报（第 1 号）》，国家统计局网站，2011 年 4 月 28 日，http://www.stats.gov.cn/tjsj/tjgb/rkpcgb/qgrkpcgb/201104/t20110428_30327.html，最后访问日期：2022 年 11 月 10 日。

③ 国家统计局：《第七次全国人口普查公报（第五号）——人口年龄构成情况》，国家统计局网站，2021 年 5 月 11 日，http://www.stats.gov.cn/tjsj/tjgb/rkpcgb/qgrkpcgb/202106/t20210628_1818824.html，最后访问日期：2022 年 11 月 10 日。

人口将进入负增长时期，2050 年人口规模将下降至 13.6 亿 ~13.8 亿人。到 2025 年，中国 65 周岁及以上的老年人口将超过 2 亿人，2050 年，中国老年人将接近 4 亿人。而根据 2022 年 9 月 20 日国家卫生健康委员会举办的新闻发布会上公布的数据，老龄化趋势显得更为严峻：预计“十四五”时期，60 周岁及以上老年人口总量将突破 3 亿人，占比将超过 20%，进入中度老龄化阶段；2035 年左右，60 周岁及以上老年人口将突破 4 亿人，在总人口中的占比将超过 30%，进入重度老龄化阶段；到 2050 年前后，我国老年人口规模和比重、老年抚养比和社会抚养比将相继达到峰值。

对于部分地区而言，当下就面对较大的老龄化压力。由北京老龄办、北京市老龄协会发布的《北京市老龄事业发展报告（2021）》显示，2021 年，北京市 60 周岁及以上常住人口占比首次突破 20%，65 周岁及以上常住人口占比首次突破 14%，按照国际通行标准①，北京市已进入中度老龄化社会。北京老年抚养系数为 47.3%，意味着北京市每 2.1 名户籍劳动力在抚养 1 名老年人。2021 年是北京市近 5 年常住老年人口增量最多、增长幅度最大的一年。②

（一）老龄化人口学历水平特征

2020 年第七次全国人口普查对人口受教育程度的统计以地区进行划分，没有对全国的数据进行综合分析，因此此处以 2010 年第六次全国人口普查资料为依据。经过对 2010 年第六次全国人口普查资料进行统计可知，60 周岁及以上未上过学的老年人约占 60 周岁及以上老年人口数的 22.50%，接受小学教育的约为 60 周岁及以上老年

---

① 按照联合国的划分标准，当 60 岁及以上人口比重在 20% ~30%，或者 65 岁及以上人口比重在 14% ~20%，就意味着该地区进入中度老龄化社会。

② 王琪鹏：《中度老龄化社会！北京 60 岁及以上常住人口占比首超 20%》，《北京晚报》2022 年 9 月 2 日。

人口数的 49.72%，初中学历的占 60 周岁及以上老年人口数的 18.70%；高中学历的约占 60 周岁及以上老年人口数的 5.72%，高中学历以上（包括专科、本科和研究生学历）的约占 60 周岁及以上老年人口数的 3.36%。从上述数据可以看出，60 周岁及以上的老年人受教育程度普遍较低，但是完全文盲的人数所占比例并不高。

（二）我国老年人的收入主要来源

根据第七次全国人口普查数据，我国 60 周岁及以上老年人的收入主要来源于以下方面：劳动收入、离退休金/养老金、最低生活保障金、失业保险金、财产性收入、家庭其他成员供养以及其他类型。其中占比最高的是依赖于离退休金/养老金和家庭其他成员供养，二者加起来占比达 68%；其次为依赖自己的劳动收入，占比为 22%。除此之外的生活来源占比仅为 10%（见图 2－1）。从全国性数据来看，老年人收入来源较为单一。

此外，从城乡分布上看，城乡之间的分布差异也较大。在城市地区，离退休金/养老金占绝对比例，占比达 70%，其次为家庭其他成员供养，占 17%，劳动收入占 7%（见图 2－2）。在农村地区，收入来源分布较为均衡，依赖其他家庭成员供养占比为 42%，依赖劳动收入占比为 34%（见图 2－3）。与城市地区相比，农村地区的老年人收入来源更为依赖劳动收入，该依赖性也要求农村地区老年人的健康状况较好。此外，如图 2－2、图2－3所示，农村地区老年人比城市地区的老年人更依赖最低生活保障金，农村地区占比为 6%，而城市地区占比只有 2%。从农村地区收入来源分布来看，老年人若是健康状况较差无法劳动，则基本需要依赖家庭成员供养。当家庭成员无法供养时，对于老年人来说就陷入经济困难。对于城市地区的老年人来说，其主要依赖于离退休金/养老金，正如后文所述，当前我国退休制度还有待完善，退休金或养老金保障性较低，而这也可能导致城市地区老年人经济条件较

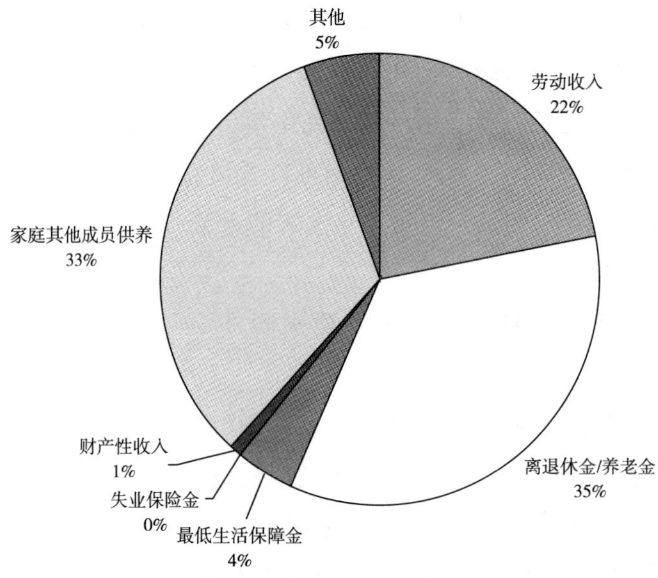

图 2-1　我国 60 周岁及以上老年人收入主要来源

资料来源：第七次全国人口普查数据。

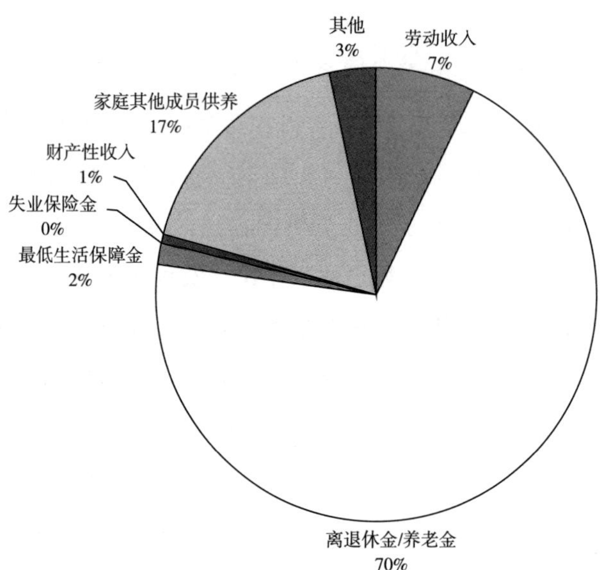

图 2-2　我国城市地区 60 周岁及以上老年人收入主要来源

资料来源：第七次全国人口普查数据。

差。如北京市海淀区人民法院审理的一个案件，被告人年迈多病，患有严重的高血压、心脏病、静脉栓塞、精神衰弱，已经丧失劳动能力。其在年轻时就与妻子离婚，无儿无女，现独自一人生活，退休后，收入微薄，生活艰难，因此实施了盗窃。其盗窃的物品多是满足日常生活需要，价值较小，即家附近超市内的袋装培根、瘦肉馅、瓜子、八角、花椒、红葡萄酒等食品和饮品。审理法官认为，退休导致生活来源的丧失，是老年人犯罪数量激增的原因。因此，从目前我国老年人收入来看，不管是城市地区还是农村地区，老年人的经济收入总体较低。老年人收入的降低就可能导致老年人实施财产性犯罪，也会导致与财产纠纷相关的犯罪。

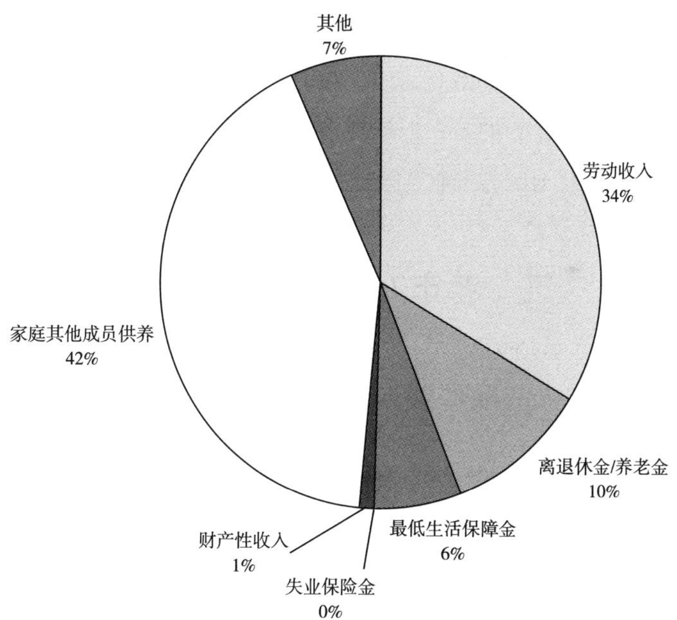

图 2-3　我国农村地区 60 周岁及以上老年人收入主要来源

资料来源：第七次全国人口普查数据。

（三）人口老龄化程度区域、城乡发展差异明显

以第六次全国人口普查各省份数据为例，65 周岁及以上人口占地区总人口比重最高的前 10 个省（自治区、直辖市）是重庆、四川、江苏、辽宁、安徽、上海、山东、湖南、浙江、广西，主要集中在东部地区。乡村人口老龄化程度高于城镇。[①] 第七次全国人口普查数据显示，除港澳台和西藏外，其他 30 个省份 65 周岁及以上老年人口比重均超过 7%，其中，12 个省份 65 周岁及以上老年人口比重超过 14%，其中 65 周岁及以上人口占地区总人口比重最高的前 10 个省（自治区、直辖市）是辽宁、重庆、四川、上海、江苏、黑龙江、吉林、山东、安徽、湖南。主要原因在于改革开放以来，中国乡村地区的劳动力人口向城镇地区大规模流动，这种流动加深了中国农村地区的老龄化，而且在一定程度上降低了城镇地区的人口老龄化水平。值得注意的是，近年来东三省地区的人口老龄化程度日益加重，这主要与东北地区老工业衰败、大多数年轻人流出有关。

二　老年人犯罪的整体概况

（一）老年人犯罪的整体分布概况

“老年人犯罪及其刑事责任问题有不同于其他年龄者尤其是一般成年人（青年人和中年人）的特点，只有认识其特点并在刑事责任的追究、确定和实现上予以恰当的照应，对老年人犯罪的刑事治理才能够正确有效，刑罚目的才能顺利实现。”[②] 因此，通过实证研究探析老年人犯罪的特点，把握老年人犯罪的趋势，才能更有效地应对老年人犯罪。

---

① 参见袁勇《“当你老了”，该肿么办?》，百家号，https://baijiahao.baidu.com/s? id = 1669548413126255380&wfr = spider&for = pc，最后访问日期：2022 年 11 月 10 日。

② 赵秉志：《论老年人犯罪的刑事责任问题》，《法学家》1988 年第 2 期。

在“元典智库”以“定罪：已满七十五周岁的人犯罪（总则），文书种类：判决书，结案年度：满足以下任一条件——2020、2019、2018”为检索条件，共检索案例5107篇（检索日期为2022年8月20日）。该5107篇判决书是全国老年人犯罪的大样本数据，并非全样本数据。但正如前文所述，75周岁以上老年人犯罪为法定的量刑从宽情节，在判决文书中审判人员一般都会表明该量刑情节，并决定是否对犯罪老年人予以从宽处罚，因此，上述检索条件所得数据仍具有相对的真实性，一定程度上代表老年人犯罪的情况。①

1. 老年人犯罪整体地域分布

从地域上看，老年人犯罪布及我国各个省、自治区、直辖市（见图2-4）。从区域划分来看，老年人犯罪案件集中在华东、西南及华中地区（见图2-5）。根据老年人犯罪案件量在各省份的分布情况，虽然整体趋势上人口较多的省份老年人犯罪案发量也普遍较高，但也有不少省份比较特殊，比如人口数排名第一的广东省老年人犯罪案件量在2019年只有54件，人口数排名第二的山东省也只有77件，而人口数较少的贵州省老年人犯罪案件却有187件。此外，从老年人口占比情况可以看出，老年人口占比高也不一定意味着老年人犯罪案发量较多，上海2019年65周岁及以上人口占比最高，但75周岁及以上老年人犯罪案件量只有21件（见图2-6、图2-7、图2-8）。

从上述老年人犯罪案件地域分布可以看出，老年人犯罪率与人口基数、老年人口占比并不是纯粹的正相关关系，人口基数大、老年人口占比高并不必然会带来老年人犯罪率高（见图2-9、图2-10）。老年人犯罪率还受地方经济发展水平、地域分布等多种因素制约。因此本书也将通过分析具体区域和省份的老年人犯罪数据，比如经济发达的广东省和地处边境地区的云南省，以表明该种联系的存在。

---

① 另外，因各省份对老年人犯罪年龄认定不同，不排除低于75周岁老年人犯罪案例入选。特此说明。

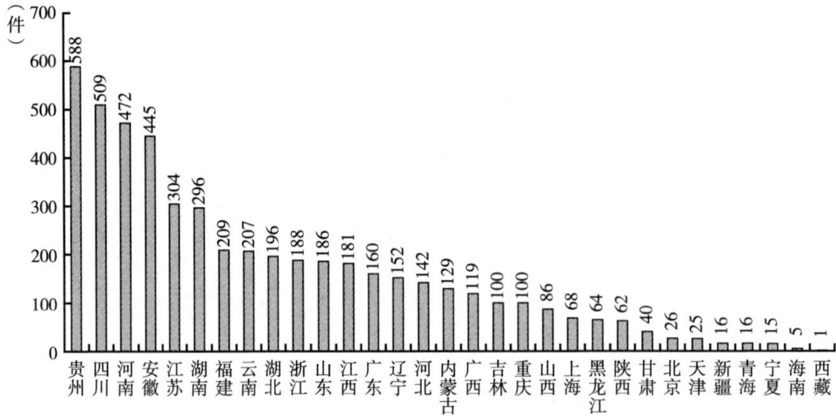

图 2－4　全国老年人犯罪案件分布

资料来源："元典智库"数据库。

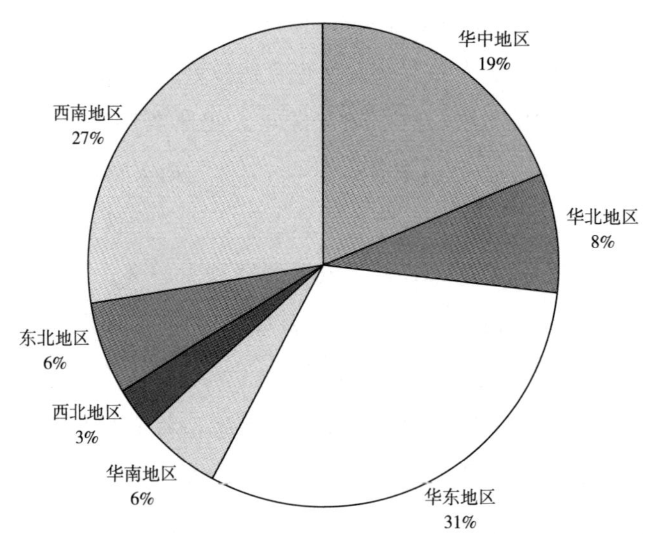

图 2－5　老年人犯罪案件量在各区域中的占比

注：华中地区包括湖北省、河南省、湖南省；华北地区包括山西省、河北省、北京市、天津市、内蒙古自治区；华东地区包括浙江省、安徽省、上海市、江西省、山东省、江苏省、福建省；华南地区包括广西壮族自治区、广东省、海南省；西北地区包括青海省、宁夏回族自治区、陕西省、甘肃省、新疆维吾尔自治区；东北地区包括吉林省、黑龙江省、辽宁省；西南地区包括贵州省、云南省、重庆市、四川省、西藏自治区。统计地区不包括港澳台。

资料来源："元典智库"数据库。

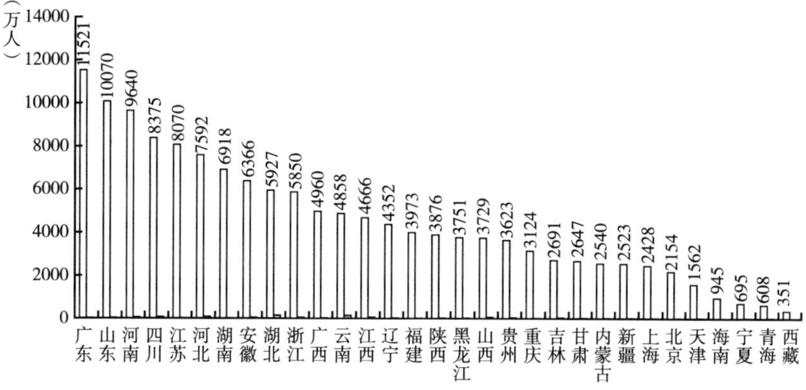

图 2－6 2019 年各省份总人口数

资料来源：国家统计局。

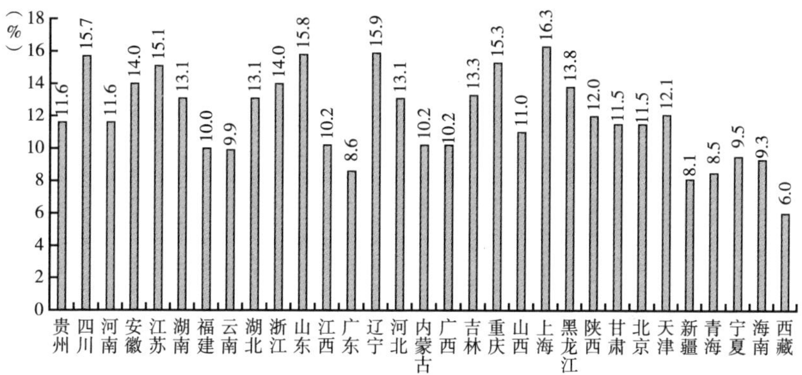

图 2－7 2019 年各省份 65 周岁及以上人口占比

资料来源：国家统计局。

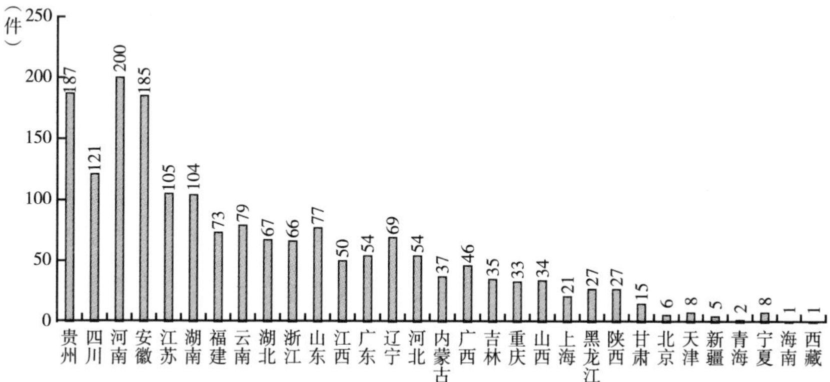

图 2－8 2019 年各省份 75 周岁及以上老年人犯罪案件数

资料来源：“元典智库”数据库。

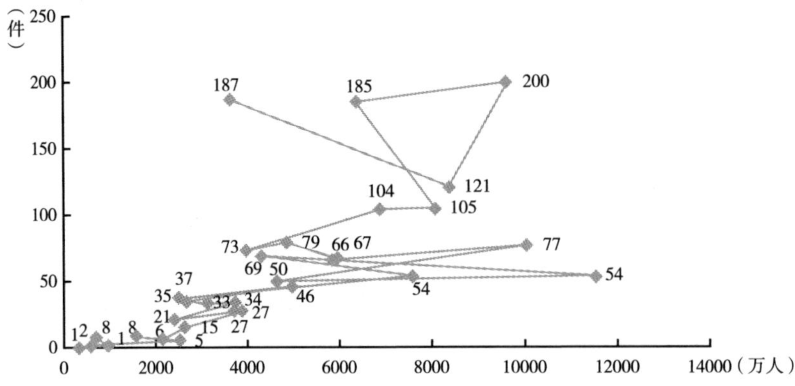

图 2-9　2019 年各省份老年人犯罪案件量与总人口的关系

资料来源："元典智库"数据库、国家统计局。

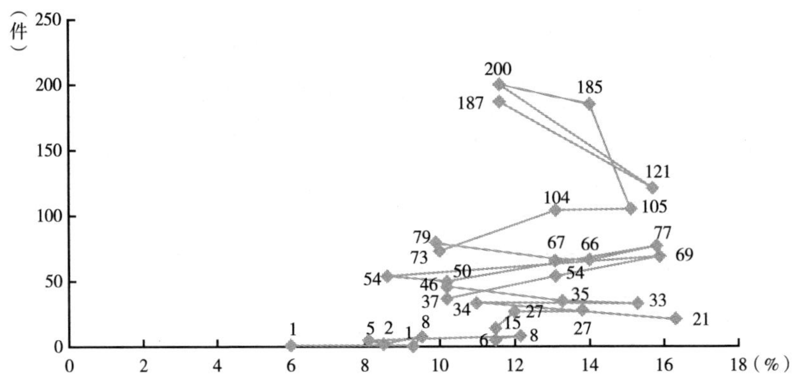

图 2-10　2019 年各省份老年人犯罪案件量与 65 周岁及以上人口占比关系

资料来源："元典智库"数据库、国家统计局。

2. 老年人犯罪整体时间分布

从时间分布上看，除 2020 年有小幅度下降外，老年人犯罪案件量逐年增长，尤其是 2013 年至 2014 年增幅明显，从 228 件增长到 1059 件（见图 2-11）。这段时间老年人犯罪案件统计数据如此快速增长的原因主要在于相关司法解释的出台。2011 年《刑法修正案（八）》增加了对老年人犯罪从宽处理的规定，由于其中规定的是"可以从轻或减轻处罚"，因此，在司法实践中的适用率并不高。为实现量刑的公

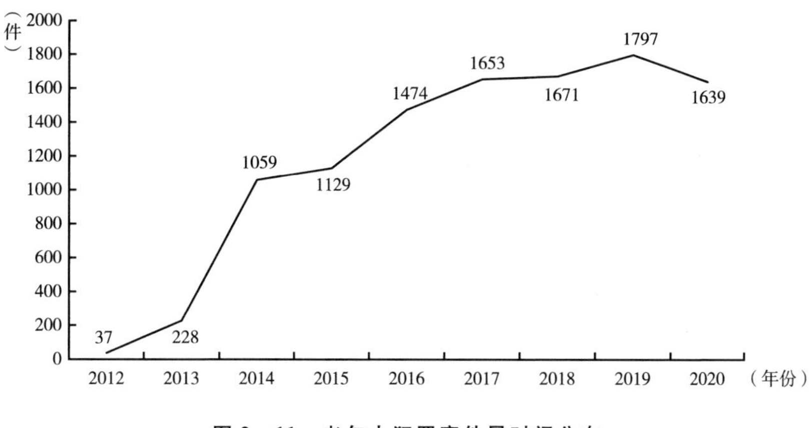

图 2-11　老年人犯罪案件量时间分布

资料来源："元典智库"数据库。

开公正、规范刑法裁量权，2013 年 12 月 23 日最高人民法院发布《关于常见犯罪的量刑指导意见》①，对常见量刑情节及犯罪的量刑进行了细致规定，但其中并未对老年人犯罪的量刑标准做出规定，而是在附则中提出由各高级人民法院结合当地实际制定细则。随后各地高级人民法院均先后发布了本地区的量刑指导意见，并基本在其中将老年人犯罪视为量刑情节予以专门规定，包括对老年人犯罪刑事责任年龄的具体划分、量刑从宽的幅度等。由于各地量刑指导意见的出台，老年人犯罪作为一种法定的量刑情节开始在司法实践中大量适用。基于各种原因，统计数字表明，我国老年人犯罪的人数出现增长趋势，同时老年人犯罪数量也在增长，而 2020 年的小幅度下降则可能是受疫情的影响。由于疫情的"蝴蝶效应"，社会的各个层面均有变动，老年人犯罪的数量也有所变化，而且 2020 年疫情对整个社会生活的改变还没有完全显现出来，因此，本书暂且不讨论疫情对于老年人犯罪的影响。

① 《关于常见犯罪的量刑指导意见》经过 2017 年、2021 年修订，现行有效的是《最高人民法院最高人民检察院关于常见犯罪的量刑指导意见（试行）》。

（二）老年人犯罪维度分析

之所以老年人犯罪治理问题能够成为犯罪学研究当中一个值得专门研究的领域，是因为作为犯罪主体的老年人群体与其他犯罪主体具有不同的特点，这样的特点使得老年人犯罪具有与众不同的社会危害性。[①]我们可从形式和实质的角度定义老年人犯罪。形式定义：所谓老年人犯罪，是指一定年龄以上的老年人所实施的犯罪行为。实质定义：老年人犯罪是指由人的身体、心理、社会生活等方面处于老年化的过程而引发的犯罪行为。[②] 应当说，从实质的角度去把握老年人犯罪，更有利于洞察老年人犯罪群体的特殊性，从而使得对老年人犯罪治理的研究更加精准。但是，老年人犯罪后也需要承担刑事责任，而法律的适用不可能纯粹从实质的角度进行个案的判断，否则认定老年人犯罪的标准不确定。因此，从形式角度去把握老年人犯罪具有一定的合理性：一是标准明确、一目了然；二是法律适用准确，少了不必要的分歧、争议。在各国立法中，普遍以形式标准认定老年人犯罪。

界定老年人犯罪的形式标准是犯罪者的年龄，而老年人犯罪的年龄下限究竟是多少，学者之间远未达成一致。如大谷实教授认为，老年人犯罪的界限年龄应当是60周岁。[③] 但也有学者认为，老年人犯罪指的是65周岁及以上老年人实施的犯罪。[④] 另有美国学者指出，老年人犯罪的年龄界限，并不是静态的，在不同环境中，应当有不同的年龄标准。其认为在部分美国联邦监狱当中，应当把老年人罪犯的年龄限定在45周岁。[⑤] 虽

① 董纯朴：《世界老年犯罪研究特点综述》，《犯罪研究》2013年第6期。

② 〔德〕汉斯·约阿希姆·施奈德：《犯罪学》，吴鑫涛、马君玉译，中国人民大学出版社，1990，第758页。

③ 〔日〕大谷实：《刑事政策学》，黎宏译，法律出版社，2000，第383页。

④ 〔日〕森本益之等：《刑事政策学》，戴波等译，中国人民公安大学出版社，2000，第282页。

⑤ Evelyn S. Newman, Donald J. Newman, Mindy L. Gewirtz and Associates, *Elderly Criminals*, Oelgeschlager, Gunn & Hain, Publishers, 1984, p. 4.

然学界争议不断，但我国《刑法》第 17 条第 1 款规定从宽处罚的年龄界限是 75 周岁，从法定的角度看，老年人犯罪应当是指 75 周岁及以上的人实施的犯罪。

基于立法的规定及大数据研究方法的局限性，60～74 周岁的老年人犯罪在大数据中遗漏较多，因此，本书运用大数据研究方法只统计了 75 周岁及以上的老年人犯罪数据并进行现状描述、原因分析及犯罪预防。虽然在我国刑法体系内，老年人犯罪指 75 周岁及以上的老年人实施的犯罪，但在学理上还需要讨论其正当性及合理性，本书将在后文论证对于老年人犯罪从宽处罚的年龄界限应当降低。

在进行研究时，我们还从不同的侧面去把握老年人犯罪群体的特殊之处，只有这样才能准确剖析老年人犯罪的问题点、对症下药地提出犯罪预防对策。因此，通过实证研究探析老年人犯罪的特点，把握老年人犯罪的趋势，才能更有效地应对老年人犯罪。由于“元典智库”搜索引擎基于保护当事人隐私权的考虑屏蔽了裁判文书中的“当事人段”，因此，本书关于被告人主体特点的统计主要依赖于地方公布的统计数据。通过地方统计的数据，期望以小见大，把握老年人犯罪的整体趋势。

1. 老年人犯罪案件中男性被告人占主体

根据北京市海淀区人民法院 2008 年至 2018 年审理的老年人犯罪案件资料，女性犯罪主体仅占 21%。① 2015 年 1 月至 2018 年 6 月苏州全市法院共审结 920 件老年人犯罪案件，涉及被告人 963 人，其中男性被告人 870 人，女性 93 人，两者的比例高达 9.4∶1。② 据上海市浦东新区人民法院发布的 2019 年《涉老年人刑事案件审判工作白皮书》，在

① 林靖：《近十年老年人犯罪逐年上升，多为盗窃罪和诈骗罪》，新华网，2018 年 10 月 23 日，http://www.xinhuanet.com/politics/2018-10/23/c_1123600734.htm#，最后访问日期：2020 年 6 月 1 日。

② 苏州市中级人民法院：《苏州法院反映老年人犯罪呈逐年上升趋势亟待重视》，2018 年 9 月 13 日，https://mp.weixin.qq.com/s/RMV2B5hp8RnAcEeMWGcUSw，最后访问日期：2020 年 6 月 1 日。

2018 年 1 月 1 日至 2019 年 7 月 31 日期间审理的老年人犯罪案件中，共涉及老年被告人 322 人，其中男性被告人为 273 人，占比高达 84.78%，女性被告人为 49 人，占比仅为 15.22%。[①] 这也与我国犯罪主体性别比例整体趋势一致，刑事犯罪中男性占犯罪人的绝对主体，以 2019 年为例，共涉及犯罪主体 1659550 人，女性犯罪主体为 171288 人，占 10.32%。

2. 老年人犯罪案件中老年被告人整体学历较低，职业以农民、无业为主

根据北京市海淀区人民法院 2008 年至 2018 年审理的老年人犯罪案件资料，老年人犯罪主体文化水平总体偏低，文盲、小学、初中文化水平的犯罪主体占 63%，高中及以上文化水平的犯罪主体占 37%。[②] 苏州市中级人民法院审理的老年人犯罪案件中，高中以下文化程度的老年被告人占比为 70% 以上。[③] 根据上海市浦东新区人民检察院发布的 2019 年《涉老年人刑事案件检察工作白皮书》，浦东新区 2018 年 8 月 1 日至 2019 年 7 月 31 日审理的 322 人次老年人犯罪案件中，老年人犯罪主体文化层次偏低，高中及以上学历占比仅为 15.8%。[④] 上海市浦东新区人民法院发布的 2019 年《涉老年人刑事案件审判工作白皮书》显示，初中及以下文化程度的有 276 人，占比为 84.78%（见图 2－12）。[⑤]

从上述数据不难看出，老年人犯罪案件中，老年犯罪人整体学历较

---

① 《浦东法院发布〈涉老年人刑事案件审判工作白皮书〉》，澎湃新闻网，2019 年 9 月 29 日，https://www.thepaper.cn/newsDetail_forward_4581594，最后访问日期：2020 年 6 月 1 日。

② 林靖：《近十年老年人犯罪逐年上升，多为盗窃罪和诈骗罪》，新华网，2018 年 10 月 23 日，http://www.xinhuanet.com/politics/2018－10/23/c_1123600734.htm#，最后访问日期：2020 年 6 月 1 日。

③ 苏州市中级人民法院：《苏州法院反映老年人犯罪呈逐年上升趋势亟待重视》，2018 年 9 月 13 日，https://mp.weixin.qq.com/s/RMV2B5hp8RnAcEeMWGcUSw，最后访问日期：2020 年 6 月 1 日。

④ 上海市浦东新区人民检察院：《为老年人"升级"司法保护机制》，2019 年 9 月 23 日，https://www.sh.jcy.gov.cn/pdjc/xwzx/djdt/53071.jhtmll，最后访问日期：2020 年 6 月1 日。

⑤ 《浦东法院发布〈涉老年人刑事案件审判工作白皮书〉》，澎湃新闻网，2019 年 9 月 29 日，https://www.thepaper.cn/newsDetail_forward_4581594，最后访问日期：2020 年 6 月 1 日。

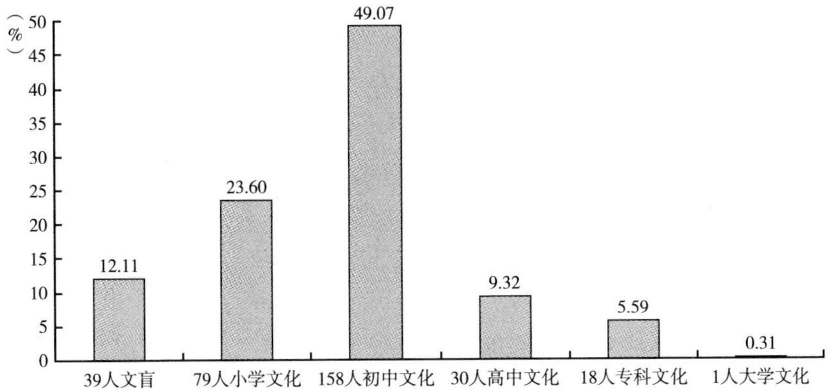

图 2－12　上海市浦东新区人民法院审理的老年人犯罪案件中老年被告人文化程度分布基本情况

资料来源：浦东新区人民法院《涉老年人刑事案件审判工作白皮书》。

低，这也与老年人整体学历水平的分布具有一致性。文化程度低的老年人，认知能力也较低，容易受到迷信、习俗等因素的影响，法治意识较为淡薄，这些都会促使他们发生违法犯罪行为。此外，文化层次的不同也影响了犯罪类型的不同。较低文化层次的被告人犯罪，多是为了满足生存和安全需要，所涉罪行主要是故意伤害罪、盗窃罪等；文化层次较高的被告人涉及的则多为高智力诈骗等经济犯罪或者职务犯罪，如近年来随着国家反腐力度的加大，老年人因工作期间职务犯罪行为而在退休后被查处的案件有所增多。

与文化层次相对应的，老年被告人中农民、无业者居多。苏州市中级人民法院在 2015 年 1 月至 2018 年 6 月审理的老年人犯罪案件中，务农、无业人员比例在 60% 以上[①]，淮南市潘集区人民检察院在 2003 年 1 月至 2015 年 10 月办理的老年人犯罪案件中，农民和无业人员所占的比

① 苏州市中级人民法院：《苏州法院反映老年人犯罪呈逐年上升趋势亟待重视》，2018 年 9 月 13 日，https://mp.weixin.qq.com/s/RMV2B5hp8RnAcEeMWGcUSw，最后访问日期：2020 年 6 月 1 日。

例为65.75%[①]，上海市浦东新区人民法院在2018年1月1日至2019年7月31日办理的老年人犯罪案件中，无业闲散人员在老年被告人中占比高达91.93%。[②] 特别是在财产犯罪中，城镇中老年被告因为退休后缺乏经济来源，既无工作又无土地，生活空虚，加之法律意识淡薄，从而以小偷小摸满足其基本生活需求。而农村的老年人由于年老体弱，劳动能力降低甚至丧失，有可能遭受儿女的虐待、遗弃，很可能走上违法犯罪的道路。此外，农村地区由于子女分家、子女外出务工等，老年人与家庭成员之间的情感维系减少了，老年人精神空虚、孤独感强烈。此时，如果受到外界的刺激或诱惑，极易发生违法犯罪行为。

3. 老年人犯罪案由类型较为集中[③]

老年人犯罪中，案由类型主要集中在毒品类犯罪、交通类犯罪、人身伤害类犯罪和财产类犯罪。具体言之：犯罪类型主要集中于妨害社会管理秩序类犯罪（1629件），危害公共安全类犯罪（1467件），侵犯公民人身权利、民主权利类犯罪（1065件）及侵犯财产类犯罪（821件）；破坏社会主义市场经济秩序类犯罪有183件，贪污贿赂类犯罪及渎职类犯罪较少，分别只有26件、2件；危害国防利益类犯罪有1件。从具体罪名上看，老年人犯罪主要集中在故意伤害罪（681件），非法种植毒品原植物罪（589件），盗窃罪（538件），交通肇事罪（502件），危险驾驶罪（290件），失火罪（285件），非法持有、私藏枪支、弹药罪（223件），走私、贩卖、运输、制造毒品罪（164件），故意杀人罪（155件），诈骗罪（136件）。此外，老年人犯罪中性犯罪类型也值得关注，其中包括强奸罪（96件），猥亵儿童罪（45件），强制猥

---

① 李媛媛：《老年人犯罪分析》，淮南市人民检察院网站，2016年1月21日，http://www.huainan.jcy.gov.cn/swyj/201601/t20160121_1746112.shtml，最后访问日期：2020年6月1日。

② 《浦东法院发布〈涉老年人刑事案件审判工作白皮书〉》，澎湃新闻网，2019年9月29日，https://www.thepaper.cn/newsDetail_forward_4581594，最后访问日期：2020年6月1日。

③ 判决书中存在一人数罪，或者一个判决书中存在多个被告人，涉及多罪名，因此案由总数多于统计的案件数。

亵、侮辱罪（12 件），占老年人犯罪案件的近 3%。

老年人犯罪与一般主体犯罪类型相比，有共性，也具有其特殊性。以 2019 年为例，根据 2020 年最高人民法院工作报告，2019 年全国法院审理排名前十的一审刑事案件分别为：危险驾驶罪 31.9 万件，盗窃罪 20.8 万件，故意伤害罪 9.7 万件，交通肇事罪 7.2 万件，诈骗罪 6.1 万件，走私、贩卖、运输、制造毒品罪 5.9 万件，寻衅滋事罪 5.7 万件，开设赌场罪 2.6 万件，强奸罪 2.4 万件，容留他人吸毒罪 1.9 万件。从罪名分布上来说，老年人犯罪与一般主体犯罪数量排前的罪名多有重合，如危险驾驶罪、交通肇事罪、盗窃罪、诈骗罪、故意伤害罪等。但老年人犯罪有其特殊性：其一，虽然毒品类犯罪也是老年人犯罪的主要类型（在老年人犯罪中占比接近 15%），但就罪名而言，老年人犯罪中主要是非法种植毒品原植物罪，而一般主体则主要为走私、贩卖、运输、制造毒品罪；其二，失火罪，非法持有、私藏枪支、弹药罪，故意杀人罪是老年人犯罪中数量排名靠前的主要罪名，而一般主体中，则单独表现为寻衅滋事罪、开设赌场罪以及强奸罪；其三，在老年人犯罪中，危险驾驶罪、诈骗罪与其他犯罪主体相比，占比较小，而故意伤害罪占比较高。上述老年人犯罪中所表现的特殊性是由老年人犯罪主体的特性所致，具体分析详见下文。

4. 老年人犯罪中被害人具有特殊性

老年人会根据自身的能力选择相应的犯罪计划，让犯罪更易成功，所以老年人犯罪的被害对象、犯罪手段与老年人犯罪的主体特点有关。由上述老年人犯罪主要案由类型可以看出，老年人犯罪中有特定犯罪对象的犯罪主要包括故意伤害罪、故意杀人罪、财产类犯罪以及性犯罪。从犯罪学的角度来讲，故意伤害罪、故意杀人罪通常被认为是暴力型犯罪的典型形态。暴力型犯罪主要是指非法使用暴力或以暴力相威胁，侵犯他人人身权利或财产权利的极端攻击性行为。老年人犯罪中暴力型财产犯罪案件较少，而主要集中于侵犯人身权利型犯罪，因此本书将按照暴力型侵犯人身权利犯罪（主要指故意伤害罪、故意杀人罪）、财产类犯罪以及性犯罪分类，分析老年人犯罪中的被害人。从逻辑上推理，鉴于老年人自身在体力和心智上的衰退，老年人犯罪的犯罪对象一般应当是弱势群体，缺乏足够反抗能力和应对能力的未成年人、妇女、残疾人或者其他老人是老年人犯罪的主要目标。

第一，老年人暴力型侵犯人身权利犯罪的被害人。老年人暴力型侵犯人身权利犯罪中，被害人多为熟人，如邻居或家庭成员。在故意杀人罪中，根据“量刑情节”检索，因家庭矛盾和邻里纠纷而发生的案件有 76 件，占故意杀人罪案件的 49%。在故意伤害罪中，因家庭矛盾和邻里纠纷而发生的案件有 228 件，占故意伤害罪案件的 33.48%。尤其是在故意杀人罪案件中，熟人作案比例更高，例如在家庭矛盾中，被害人多为女性配偶。此外，这类犯罪多无预谋，被害人对犯罪进程发展具有一定的影响，因此在审判过程中，被告方辩护多主张被害人因矛盾的引起或激化而存在过错。在 57 件由家庭矛盾引发的故意杀人罪案件中，主张被害人存在过错的有 22 件，占比为 38.60%；在由家庭矛盾引发的 72 件故意伤害罪案件中，有 21 件主张被害人存在过错，占比为 29.17%。但从法院认定的结果看：在故意杀人罪案件中，法院认定被害人存在过错较为严格，法院认定被害人存在刑法意义上的过错而减轻对被告人刑罚的只有 6 件；在故意伤害罪案件中，法院认定被害人存在过错的案件则较多，有 12 件法院认定被害人存在一定过错，而酌情对被告人予以从轻处罚。刑事法意义上的被害人过错是指被害人实施的行为违反了法律规定，或者公序良俗、伦理规范，应当受到社会的否定性评价，同时，这种应受谴责性应当达到一定的程度。换言之，并非所有的过错都可以认定为刑事法意义上的被害人过错，只有被害人的言语和行为对被告人的合法权益或者社会公共利益造成较为恶劣的影响或比较严重的损害、为一般人所不能容忍时，才属于刑法评价的范畴。因此，在侵犯人身权利案件中，被害人和被告人之间因存在口角纠纷或长期家庭矛盾进而发展为恶性事件的，被害人虽然可能导致纠纷的产生，但其行为还不足以在刑法意义上进行评价。但如被害人实施暴力行为在先，导致矛盾激化的，则应当负有一定责任。在司法实践中，虽然主张被害人过错的案件较多，但认定较少。

总体而言，老年人由于年龄的逐渐增长，生理机能逐步衰退，社会活跃能力下降，社会关系较为单一，老年人犯罪多属于熟人犯罪，同时，老年人在达到一定的年龄后，会产生心理学上所称的“回归”现象，也就是俗话说的“老小孩”，他们的心理状态逐渐倒退到幼儿时期，自我控制能力不断降低，冲动型犯罪行为发生的概率会大大提高，发生在亲属、邻里之间的琐碎细小的纠纷往往成为老年人犯罪的主要动因，激情往往是纠纷冲突升级为犯罪的主要原因。

第二，老年人性犯罪中的被害人。“欧洲的犯罪学家们特别将性犯罪作为老年人所犯罪刑中最重要的一种类型。”[①] 本书讨论的性犯罪包括强奸罪，猥亵儿童罪以及强制猥亵、侮辱罪。在 96 件强奸罪案件中，被害人存在身体障碍或者精神障碍的有 32 件，被害人是未成年人的有 36 件，被害人是老年人的有 5 人；在 12 件强制猥亵、侮辱案中，被害人为精神障碍者，或者无力反抗的老年人的有 9 件；也有被告人利用迷信引诱被害女性从而实施猥亵行为。[②] 此外，老年人性犯罪中的被告人多与被害人相熟或者为被害人的邻居，尤其是针对未成年人实施的性犯罪，被告人多为被害未成年人所在生活圈的邻居或熟人。在这些案例中，被害未成年人多为留守儿童，或者监护人没有能力予以照顾。而由于被害人的特殊性，在性犯罪中，老年被告人实施暴力或胁迫的行为较少，一般直接利用被害人的无意识或者无能力反抗施以性侵或猥亵行为，例如对于智力障碍的被害人一般不需要施以暴力，针对儿童则以金钱或食物等方式引诱或者利用未成年人的年幼无知实施犯罪。老年人性犯罪中的被害人还存在被同一个犯罪主体多次侵害的现象，有 30 件案件被告人多次对同一被害人实施性侵害，占所有老年犯罪人性犯罪案件

---

① 王震：《老年人犯罪类型分布特点分析》，《河北公安警察职业学院学报》2012 年第 2 期。

② 山东省威海市文登区人民法院（2020）鲁 1003 刑初 41 号。

的 19.61%。上述现象中被害人多为不满 14 周岁的幼女或者存在智力缺陷的女性，被告人利用被害人的年幼无知或者智力缺陷，多次实施性侵害。

老年人由于自身身体机能的衰退，实施暴力的能力以及意愿都有所下降，往往会选择实施难度较低，被害人反抗能力、反抗意识低的犯罪行为。同时由于社会关系网络以及社会活动范围的限制，实施性犯罪的对象常常是熟识人家的幼女或有生理缺陷（如听力、语言障碍，智力障碍，精神障碍）的女性，且初次实施性犯罪往往具有偶然性，多为临时起意的性犯罪。另外值得注意的是，作为老年人性犯罪的主要对象，未成年人以及有精神障碍的被害人在被害后若不是被他人发现，往往也没有能力或者不知道告诉被侵害事实，甚至有些性犯罪就发生在家庭内部，比如利用长辈身份实施犯罪①，因此可以理解的是，老年人性犯罪的犯罪黑数比例较高，根据法院审判数据进行的统计与实际的案发数据存在一些差距。

第三，老年人财产犯罪中的被害人。老年人财产犯罪有 821 件，其中占比较高的罪名为盗窃罪（538 件）、诈骗罪（136 件）、故意毁坏财物罪（98 件）、破坏生产经营罪（21 件）、职务侵占罪（10 件）、抢劫罪（8 件）、拒不支付劳动报酬罪（4 件）、抢夺罪（3 件）、聚众哄抢罪（2 件）、挪用特定款物罪（1 件）。本书为了讨论老年人财产犯罪中被害人个体特征，因此主要讨论盗窃罪、诈骗罪、故意毁坏财物罪、抢劫罪及抢夺罪。在财产犯罪中，被害人整体表现为无特征，原因在于老年人财产犯罪多数为见财起意型或者贪小便宜型，大多临时其意、即兴犯罪，较少出现有预谋有组织犯罪，犯罪对象具有广泛性，因此在老年人财产犯罪中对于被害对象的选择一般没有特定化。但在抢劫罪与抢夺罪中，因会与被害对象产生直接的正面冲突，因此老年犯罪人直接施加暴力的对象往往是年老体弱者。在故意毁坏财物罪中，多数是由邻里纠

---

① 安徽省阜南县人民法院（2019）皖 1225 刑初 246 号。

纷或家庭矛盾引起的，在 98 件故意毁坏财物案中有 50 件是因为邻里纠纷或家庭矛盾，因此，被告人与被害人也往往具有相熟关系，所侵害的犯罪对象一般是熟人的财产。

5. 老年人犯罪行为手段非暴力性

由于老年人生理机能的衰退，因此除却暴力型犯罪之外，在性犯罪和财产犯罪中，老年被告人采取的主要是非暴力性手段。如老年人实施的抢劫犯罪，其采用的手段并没有凸显暴力性。在老年人犯罪的 8 件抢劫案中，有 4 件是由盗窃转化为抢劫。老年犯罪人先行实施盗窃，在被发现后，以咬、殴打等方式抗拒抓捕，暴力程度较低；也有老年被告人参与的是共同犯罪，在抢劫罪中只起次要作用。在性犯罪中，老年被告人的犯罪对象多为没有反抗能力或者反抗意识者，因此其主要也是采取非暴力性手段。此外，虽然暴力型犯罪，比如故意伤害罪在老年人犯罪中占比较高，但多数老年被告人使用暴力的方式较为简单，使用的暴力程度较为轻微，整体的社会危害性不大。

6. 老年人犯罪案件数量存在较大地区差异

由于各地区经济发展条件不同、所处地理位置存在差异，老年人口占比高低不同，因此老年人犯罪案件数量在不同地区存在较大区别。从犯罪地点、空间上看，我国老年人犯罪以华东地区、西南地区、华中地区为重灾区，其中贵州、四川、河南、安徽几个省份的老年人犯罪较为突出，华南地区由于经济发达、人口基数大、人口老龄化程度相对较低，老年人犯罪整体并不严重；西北地区以及西藏等偏远地区，由于经济发展水平低、人口稀少，老年人犯罪整体也并不严重。就全国而言，老年人犯罪严重地区的特点为：人口基数大，老龄化程度较高，经济发展在我国处于中游水平。就经济发达程度与人口基数、老龄化程度对于老年人犯罪的影响而言，处于两端的地区，老年人犯罪水平往往较低，而正是处于各项要素中段的地区，老年人犯罪较为严重，因为这些地区，经济有了一定的发展，正处在相对高速发展时期，人口众多，老龄人口增长迅速，但经济水平与老龄化速率往往不匹配，老龄人口缺乏充足的经济保障、社会保障，在发展过程中，对老年人本身存在的各种问题重视不足，存在一定的老年人犯罪的社会条件，但是解决老年人犯罪的社会条件却还相对不足。

7. 老年人犯罪案件中多为单独犯罪，共同犯罪占比较低

老年人由于活动能力下降、戒备心理或自我保护意识强，与青少年犯罪不同，结伙作案的较少，因此老年人犯罪大部分为单独作案，只有少数为共同犯罪且罪名相对集中。老年人犯罪案件中，属于共同犯罪的有1083件，占老年人犯罪案件的21.21%。老年人共同犯罪主要分布于故意伤害罪（145件），盗窃罪（107件），诈骗罪（81件），开设赌场罪（79件），走私、贩卖、运输、制造毒品罪（77件），妨害公务罪（59件）。老年人共同犯罪案件多为本身需要协作、犯罪行为较为复杂的犯罪。另外，尤其是在故意伤害罪和妨害公务罪中，共同犯罪参与人一般为家庭成员，因家庭成员在外产生矛盾而共同实施犯罪行为。老年人共同犯罪案件中，案件特点还表现为老年人主犯占比较高。

结合前文数据进行分析会发现，上述的演化逻辑推理实际上存在前提性差异，如果老年人的身体特征决定其不能成为正犯的情形主要为暴力型的人身犯罪，那么，全国老年人共同犯罪的领域主要存在于经济财产类、毒品、赌博、破坏环境资源保护罪，且主要表现为智力型犯罪以及平和型犯罪，在该类型犯罪之中，老年人的生理特征所起的作用与其是否为正犯直接实施犯罪关系并不大。而由于老年人共同犯罪的领域较为集中，这容易产生一种反向筛选机制，即只有那些具有实施正犯能力的老年人，往往才能构成共同犯罪，而并不是共同犯罪中会有多少老年人成为正犯去实施犯罪。当然我们也不能完全否认犯罪黑数的存在，在司法实践中，老年的教唆犯有可能并不会被加以起诉或裁判，但是基于现有的数据分析，在全国各地的老年人共同犯罪中，老年人为正犯的共同犯罪是绝大多数。

8. 老年人犯罪累犯情况

老年犯罪人中有前科或者是累犯的被告人较少。被告人有前科的有

638 个案件，被告人是累犯的有 188 个案件。有前科的被告人多集中于非法种植毒品原植物罪（159 件）、盗窃罪（112 件）、故意伤害罪（88 件）。累犯多集中于盗窃罪（92 件），走私、贩卖、运输、制造毒品罪（25 件）及掩饰、隐瞒犯罪所得、犯罪所得收益罪（15 件），尤其是在盗窃罪中，老年被告人前后两次犯罪一般都是盗窃罪。此外，累犯和前科在老年人犯罪案件中的比例并不高，这也从另一个角度说明老年人犯罪中刑罚适用偏轻缓的一个原因，即老年被告人多为初犯，主观恶性不大，特殊预防必要性小。

（三）老年人犯罪案件中实体与程序处理分析

1. 老年被告人刑罚的适用

老年人犯罪中刑罚适用率高，但整体偏轻缓。老年被告人免予刑事处罚的有 175 件，主要集中于走私、非法种植毒品原植物罪（53 件），故意伤害罪（35 件），非法持有、私藏枪支、弹药罪（13 件）。对老年被告人免予刑事处罚的原因主要在于刑法对老年犯罪人的从宽处罚规定，以及犯罪情节轻微，社会危害性较小，比如：非法种植毒品原植物案件中被告人免予刑事处罚的原因在于种植量较少，刚过追诉标准；贩卖毒品案件中所贩卖的毒品量较少，盈利较少，比如获利仅有 20 元①。故意伤害案件中，首先，犯罪起因多为邻里纠纷、家庭琐事；多为冲动型犯罪，一些老年人到了一定的年龄时，心理状态产生了“回归”现象，自我控制能力减弱，似乎倒退到儿童少年时期，容易进行冲动性犯罪；被害人存在过错或重大过错，引起、激化矛盾。其次在犯罪后，主动自首，赔偿被害人损失，获得被害人谅解。在非法持有、私藏枪支、弹药案件中，被告人所持有的枪支多是在案发很多年前用于打猎或其他生产生活需要，但未及时上交；在持有枪支、弹药期间未产生严重后

---

① 内蒙古自治区乌海市海南区人民法院（2018）内 0303 刑初 36 号。

果；在公安机关发现后主动上交，并对其犯罪事实坦白。

对于处以刑事处罚的老年被告人，大部分被处以监禁刑，包括无期徒刑、有期徒刑、拘役，上述三种刑罚案件总和有4620件，占老年人犯罪案件的90.46%。其中有期徒刑的占比最高，有3318件案件中被告人被处以有期徒刑，占老年人犯罪案件的64.97%；其次为拘役刑，有1257件，占老年人犯罪案件的24.61%。判处单处罚金的有39件，多集中于财产类犯罪中，盗窃罪有25件，诈骗罪有1件。在上述财产类犯罪中，老年被告人盗窃金额刚满足“数额较大”标准，并且在案发后主动归还被窃财物或者积极赔偿；在刑事审查起诉过程中，自愿认罪认罚，认罪态度较好。由于老年人犯罪多为轻缓型犯罪，判处无期徒刑的案件较少，只有45件，没有判处死刑的案件。在被判处无期徒刑的案件中，大多数案件涉及的是故意杀人罪，也有少量案件涉及故意伤害罪致人死亡以及走私、贩卖、运输、制造毒品罪，分别为2件。由于我国《刑法》规定“审判的时候已满七十五周岁的人，不适用死刑，但以特别残忍的手段致人死亡的除外”，因此在老年人犯罪中无期徒刑在某些情况下实质上是替代了死刑的适用。管制作为非监禁刑，在老年人犯罪中适用率较低，只有229件。对于老年被告人来说，宣告缓刑的比例相对较高。被宣告缓刑的老年人犯罪案件有3368件，占老年人犯罪案件的65.95%。这也从另一方面表明老年人犯罪中被判处有期徒刑的多为3年以下有期徒刑，刑罚较为轻缓。而老年人犯罪中宣告缓刑比例较高，也在于《刑法》第72条规定，对于满足缓刑适用条件的已满75周岁的老年犯罪人应当宣告缓刑。

总之，老年人犯罪多为轻型犯罪，社会危害性及人身危险性相对较低，特殊预防必要性较小，因此从刑罚的适用上来说，老年人犯罪刑罚适用整体偏轻缓。需要注意的一点是，虽然老年被告人被判处无期徒刑的数量较少，但无期徒刑对于老年被告人来说是否具有适用价值仍值得考虑。老年犯罪人的年龄本来就较高，再加之老年人在监狱不管是其身体机能还是精神方面都会受到较大的负面影响，因此判处老年犯罪人无期徒刑几乎就相当于判处死刑，这并不符合人道主义和现代法治要求。废除老年犯罪人无期徒刑的适用也是未来的刑法改革方向。

2. 强制措施适用情况

在全国的老年人犯罪中，适用的强制措施的种类包括拘留、监视居住、取保候审、逮捕，其中取保候审案件为3684件，拘留为1871件，逮捕为1446件，监视居住为749件。从上述数据可以看出，老年犯罪人的审前羁押率仍然比较高。对于老年犯罪人来说，其实施犯罪后几乎没有再犯罪的可能性，而且大多数情况下会主动自首，或者也不会专门逃避司法机关的审查，而采取逮捕的条件之一是被告人仍具有社会危险性，因此，对于老年犯罪人采取逮捕强制措施应当更为谨慎。在当下“少捕慎诉慎押”刑事司法政策指导下，应当在一定程度上减少拘留、逮捕等强制措施的适用，社会整体上更多地宽容老年犯罪人，司法人员也应当更加规范诉讼程序的适用。

3. 简易程序、认罪认罚程序适用情况

老年人犯罪中，适用简易程序的案件为2338件，占全国老年人犯罪案件总数的45.78%；适用认罪认罚程序的为1712件，占全国老年人犯罪案件总数的33.52%。简易程序的适用率以及认罪认罚程序的适用率整体都较低，但老年人犯罪的危害较小、案情简单、事实较为清楚明确，没有太大的争议，多为偶发性犯罪，犯罪老年人的主观恶性小，应当提高简易程序与认罪认罚程序的适用率。法律的正义不仅包括判决结果的正义，还包括效率上的正义。案件的办理时间过长，被害人的正义诉求可能得不到及时有效的满足，因而产生对法律和司法的不信任，犯罪嫌疑人、被告人的权利也无法得到有效保障，因而简易程序和认罪认罚程序的适用可大大提升老年犯罪人刑事案件处理的效率，更快地恢复被侵害的社会关系。

4. 当事人和解、被害人谅解的情况

老年人犯罪中，当事人和解或者取得被害方谅解的案件有1096件，占比为21.46%，主要集中于故意伤害罪（280件）、交通肇事罪（232

件)、盗窃罪（106 件)、失火罪（103 件)。达成和解与谅解的案件有共同的特性，老年人故意伤害罪具有偶发性，多为激情犯罪、熟人犯罪，多由口角冲突升级所导致，犯罪原因多为日常琐事，造成的危害程度不大，容易取得被害人谅解，以及交通肇事罪、失火罪等过失类犯罪，考虑到老年人自身生理原因，以及过失的主观态度，双方容易达成和解，犯罪人容易取得对方谅解。

5. 老年人犯罪的审级、审理法院情况

在上述查询到的老年人犯罪案件判决书中，一审案件为 5045 件，二审案件为 62 件；由基层人民法院审理的案件为 4942 件，由中级人民法院审理的为 151 件，由高级人民法院审理的为 14 件。在老年人犯罪案件中，一审基层法院审结的比例高也整体反映出全国老年人犯罪案情简单、争议不大、社会危害性轻的特点。

第三章　各地区老年人犯罪大样本数据分析

从华中、西南、华南、东北、华北、华东、西北七个大区之中抽取与老年人犯罪相关省份对老年人犯罪进行具体的地区分析，分别是：华中地区，河南省；西南地区，云南省；华南地区，广东省；东北地区，辽宁省；华北地区，河北省；华东地区，安徽省；西北地区，陕西省。

同全国老年人犯罪整体数据抓取方式一致，各地区抓取的也是大样本数据，并非全样本。

一　华中地区

（一）华中地区老年人犯罪的整体分析

在华中地区老年人犯罪中，河南省老年人犯罪案件量最大，除湖北省在2020年老年人犯罪案件数量有小幅度上升，河南省和湖南省都有一定程度的下降（见图3-1）。

2019年华中地区，河南省不管是65周岁及以上老年人口占比还是老年抚养比都低于湖南省和湖北省（见图3-2），但老年人犯罪案件数量却远高于其他两省。这也表明老年人犯罪案件数量除老年人口数量因素之外，还受其他因素影响。

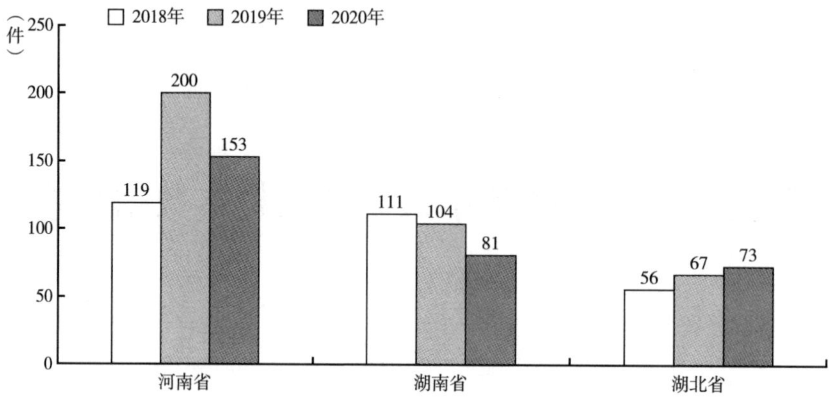

图 3－1　2018～2020 年华中地区老年人犯罪案件量分布

资料来源："元典智库"数据库。

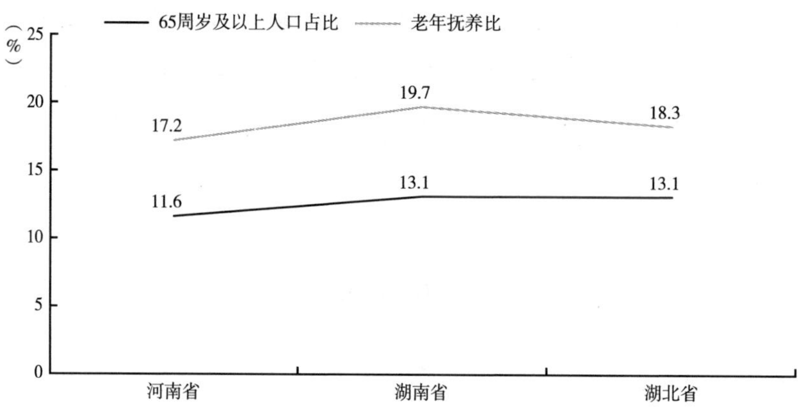

图 3－2　2019 年华中地区老年人口统计

资料来源：国家统计局。

华中地区三省关于老年人犯罪的量刑指导意见如下。

河南省高级人民法院《〈关于常见犯罪的量刑指导意见〉实施细则》，虽然没有具体规定老年人犯罪的量刑标准，但将老年人犯罪作为一种量刑情节，规定了调节基准刑的方法。

湖南省高级人民法院《〈关于常见犯罪的量刑指导意见〉实施细则》中规定，对于已满 75 周岁故意犯罪的，可以减少基准刑的 40% 以下；过失犯罪的，应当减少基准刑的 20% ~50%。

湖北省高级人民法院《〈关于常见犯罪的量刑指导意见〉实施细则》中规定，对于年满 65 周岁的老年人犯，综合考虑犯罪的性质、情节、后果等情况，适当确定从宽的幅度。(1) 已满 65 周岁不满 75 周岁故意犯罪的，可以减少基准刑的 30% 以下；过失犯罪的，可以减少基准刑的 40% 以下。(2) 75 周岁及以上故意犯罪的，可以减少基准刑的 40% 以下；过失犯罪的，应当减少基准刑的 20% ~50%。

从上述量刑指导意见中，能明显得出的信息是，湖南省和湖北省将老年人犯罪作为量刑情节进行评价，并且规定了具体的量刑标准。但是具体的区分程度与认定标准则有所不同，湖北省关于老年人犯罪的量刑规定中，划分了两个量刑幅度，即年满 65 周岁不满 75 周岁，75 周岁及以上。湖南省关于老年人犯罪的量刑规定只划定了单一的量刑幅度 75 周岁及以上。湖北省认定老年人犯罪的范围远远广于湖南省，而且量刑规则相较湖南省也更加细化。这一区别有两点意义：一是其作为裁判规则的现实意义，在审判中，必然导致对于老年人犯罪认定的“宽窄”不同，从而导致两省呈现出关于老年人犯罪的裁判文书数量上巨大的差异；二是其体现的刑事政策的导向意义，现实状态极为相似的两省，呈现出不同的量刑规则，其所折射的是基于各种复杂原因所汇集而成的老年人犯罪的刑事政策的不同导向，最终导致现实裁判的差异。

（二）河南省老年人犯罪数据

河南省在 2018 年至 2020 年有 472 份判决书，本部分内容即以该部分判决书为基础进行数据分析。

1. 所涉罪名类型分布

河南省老年人犯罪案件中罪名类型主要集中于妨害社会管理秩序罪 (291 件)，侵犯财产罪 (68 件)，危害公共安全罪 (53 件)，侵犯公民人身权利、民主权利罪 (50 件)。在具体罪名中，数量最多的为非法种植毒品原植物罪，为 244 件，在河南省老年人犯罪中占比为 51.69%；其次为盗窃罪（48 件）、故意伤害罪（36 件）、交通肇事罪（19 件）、诈骗罪（13 件）等。从数据上来看，河南省老年人犯罪罪名分布与老年人整体犯罪类型分布基本一致。

2. 共同犯罪与单独犯罪情况分析

河南省老年人犯罪案件中，共同犯罪案件较少，仅有 59 件。案件类型集中于诈骗罪（9 件）、盗窃罪（6 件）、非法种植毒品原植物罪（5 件）及故意伤害罪（4 件）。其他诸如妨害公务罪、开设赌场罪等也是老年人共同犯罪中的常见罪名。老年人共同犯罪也有其特征，例如，盗窃罪中的共同犯罪，老年被告人盗窃的对象多是单人实施盗窃行为较为困难的林木或建筑材料；在非法种植毒品原植物罪中，多是由家庭内部成员或者敬老院工作人员共同犯罪；故意伤害罪中的共同犯罪则多是蓄意，有计划实施犯罪。

3. 强制措施适用情况分析

河南省老年人犯罪案件中，强制措施的适用也体现了轻缓化，主要表现为审前非羁押措施比例较高。取保候审和监视居住加起来占比高达 97.88%，其中数量最多的为取保候审，为 402 件案件，占比高达 85.17%。与全国的数据相比，河南省的审前非羁押率较高，也更体现出对老年犯罪人贯彻相对轻缓的刑事政策。

4. 刑罚适用情况分析

河南省老年人犯罪中，给予刑事处罚的有 429 件，其中判处监禁刑的有 347 件，包括无期徒刑的有 1 件，有期徒刑的有 223 件，拘役的有 123 件。虽然监禁刑比例较高，但老年人犯罪刑罚适用轻缓的体现在于缓刑的比例较高，执行缓刑的有 296 件案件，在监禁刑中占比为 85.3%。判处单处罚金的有 7 件，基本是盗窃类案件，只有 1 件为诈骗罪。上述判处单处罚金的案件中，老年被告人均为初犯，在犯罪后自首或者在侦查、审判过程中坦白、认罪认罚；犯罪情节轻微，多为顺手牵羊型，盗窃金额较少。上述特点也是老年人犯罪刑罚适用偏轻缓的原因，判处无期徒刑的案件为故意杀人罪案件，在判决书中，法院列明了被告人的从轻处罚情节，如坦白、年满 75 周岁，最终被告人仍旧被判处了无期徒刑，这也表明了法院对老年犯罪人故意杀人罪的认定实质上仍以死刑为基准。

5. 简易程序适用情况分析

河南省老年人犯罪案件中，适用简易程序的有 292 件，认罪认罚的有 158 件。老年人犯罪案件多情节简单，老年犯罪人多为初犯、案发后主动自首、到案后能够如实供述犯罪事实，社会危害性相对较小，再加之认罪认罚程序的适用，老年人犯罪中适用简易程序的比例与其他犯罪主体相比较高。

6. 当事人和解、谅解情况分析

河南省老年人犯罪案件中，取得被害方谅解、与被害方达成和解协议的有 58 件案件。案件类型主要集中于故意伤害罪（16 件）、盗窃罪（9 件）、交通肇事罪（8 件）、失火罪（4 件）、故意杀人罪（3 件）。在故意伤害罪及故意杀人罪中，多因生活琐事而产生邻里纠纷或者家庭纠纷，当事人双方本就具有相熟关系，易于达成和解；而在盗窃罪及交通肇事罪等其他犯罪中，被告方案发后或者到案后主动赔偿被害人损失，降低犯罪行为的危害性，再加之犯罪情节相对轻微，因此也易于取得被害方的谅解，达成和解协议。

7. 审级、审理法院层级情况分析

河南省老年人犯罪中一审案件有 468 件，二审有 4 件，即二审法院对上诉案件进行改判的也只有 4 件。上述二审案件多是当事人以量刑过重、认定事实有误为由提起上诉，二审进行改判也是对量刑部分予以减轻；有 1 例则是二审法院重新认定定罪事实，对罪名予以改判。除了当事人提出上诉之外，还有 1 例是检察院提出抗诉，抗诉理由在于检察院认为法院判决书中遗漏对犯罪工具的判决，因此二审法院增加对作案工具予以没收的判决条文。河南省老年人犯罪中由基层人民法院审理的案件为 464 件，中级人民法院审理的案件为 8 件。中级人民法院审理的一审案件均为故意杀人罪案件，老年被告人可能被判处无期徒刑或死刑。从审级与法院层级的数据分析来看，河南省老年人犯罪案件一审服判率较高、事实认定清楚、犯罪危害性小，多在基层人民法院一审予以结案。

通过对河南省老年人犯罪的数据分析，可以看出河南省老年人犯罪与全国老年人犯罪的基本特点具有一致性，即犯罪情节较为简单，多单独犯罪，而共同犯罪数量较少；刑罚适用较为轻缓，缓刑适用率较高；审前羁押率较低，简易程序使用率较高；案件类型也主要集中于老年人犯罪的常见罪名，如非法种植毒品原植物罪、故意伤害罪、盗窃罪等。

二　西南地区

（一）西南地区老年人犯罪的整体分析

西南地区老年人犯罪案件量仅次于华东地区，贵州省、四川省以及云南省是老年人犯罪案件量排名在前的几个省份。西藏自治区仅在2019年有1例关于老年人犯罪的判决，具有特殊性。西南地区老年人犯罪案件量没有明显的逐年增长趋势，贵州省反而表现为逐年下降；四川省在2019年有所下降，而在2020年突然大幅增长；云南省在三年中老年人犯罪案件量则变动幅度较小（见图3-3）。

2019年西南地区老年人口统计中（见图3-4），四川省的65周岁及以上人口占比与老年抚养比是最高的，其老年人犯罪案件也是除贵州省外案件数量最多的。贵州省虽然老年人口占比没有重庆市高，其老年抚养比却与重庆市一致，均高于全国平均水平（17.80%）。但与经济更为发达的重庆市相比，贵州省面对的老龄化压力更严峻，这也从某种程度上解释了贵州省老年人犯罪案件量远高于重庆市老年人犯罪案件量。此外，云南省的老年人口占比与老年抚养比均低于重庆市，但其老年人

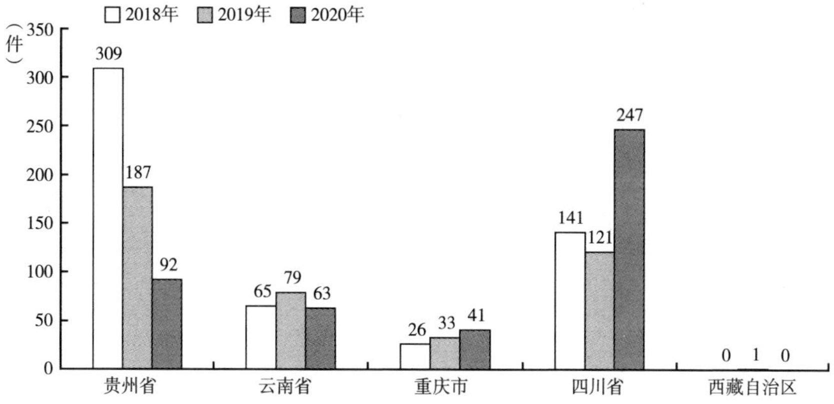

图 3－3　2018～2020 年西南地区老年人犯罪案件量

资料来源：“元典智库”数据库。

犯罪案件量却高于重庆市，上述差异则可能是两方面的原因导致的，即经济发展条件和所处地理位置。由于云南省有其独特的边境特色，因此下文也将对云南省的老年人犯罪案件进行具体分析。

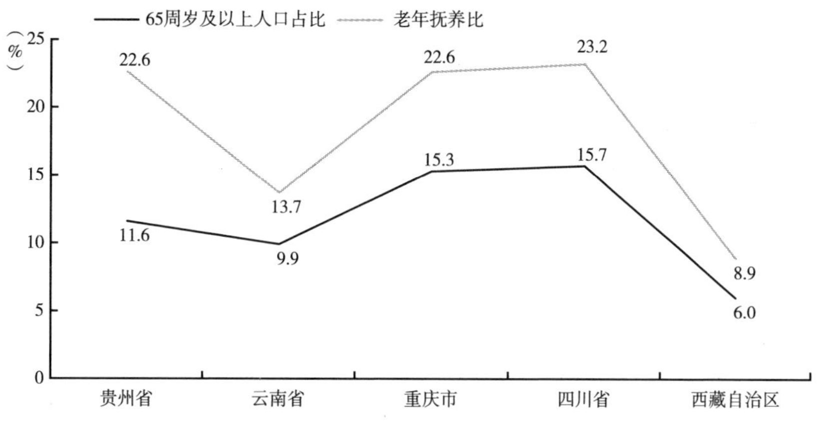

图 3－4　2019 年西南地区老年人口统计

资料来源：国家统计局。

西南地区关于老年人犯罪的量刑指导意见（由于西藏仅有 1 例案件，不具有讨论的价值，因此此处不讨论西藏自治区的量刑指导意见）如下。

贵州省高级人民法院的《〈人民法院量刑指导意见〉实施细则》中规定，对于65周岁及以上的老年人犯罪，综合考虑实施犯罪行为的性质、动机和目的、情节、后果以及悔罪表现等，并结合其人身危险性和重新犯罪可能性等情况，确定从宽的比例。（1）已满65周岁不满75周岁的老年人故意犯罪，可以减少基准刑的20%以下；过失犯罪的，可以减少基准刑的40%以下。（2）已满75周岁的老年人故意犯罪，可以减少基准刑的40%以下；过失犯罪的，应当减少基准刑的20%～50%。

云南省高级人民法院的《〈人民法院量刑指导意见（试行）〉实施细则》中规定，对于65周岁及以上的老年人犯罪，综合考虑老年人实施犯罪行为的动机和目的，犯罪时的年龄、情节、后果以及悔罪表现等，并结合其人身危险性和再犯可能性等情况，确定从宽比例。（1）已满65周岁不满70周岁的，可以减少基准刑的20%以下；（2）已满70周岁不满75周岁的，可以减少基准刑的25%以下；（3）已满75周岁的，可以减少基准刑的30%以下。

四川省高级人民法院、四川省人民检查院的《〈人民法院量刑指导意见（试行）〉实施细则》中规定，已满75周岁的老年人故意犯罪，可以减少基准刑的40%以下；过失犯罪的，可以减少基准刑的20%～50%，另外，在年满65周岁或年满75周岁前后实施不同种犯罪行为的，对65周岁或75周岁以后实施的故意犯罪可以减少基准刑的30%以下，过失犯罪的，可以减少基准刑的40%以下；实施同种犯罪行为的，适当确定从宽幅度。

重庆市高级人民法院、重庆市人民检察院的《〈人民法院量刑指导意见（试行）〉实施细则》中规定：已满65周岁不满75周岁故意犯罪的，可以减少基准刑的30%以下；过失犯罪的，可以减少基准刑的40%以下；75周岁以上故意犯罪的，可以减少基准刑的40%以下；过失犯罪的，应当减少基准刑的20%～50%。

西南地区的老年人犯罪相关的量刑指导意见中，都规定65周岁及以上老年人实施的犯罪为老年人犯罪。就从宽幅度上而言，对于年满

65 周岁不满 75 周岁的犯罪人从宽幅度较为严格，“可以”减少基准刑的 20% ~30%，即使对于已满 75 周岁的行为人犯罪，云南省和四川省的从宽幅度也较为严格，对于过失犯罪的，只是“可以”减刑，而贵州省和重庆市的为“应当”减刑。

（二）云南省老年人犯罪数据

对云南省 2018 年至 2020 年老年人犯罪总计 207 份判决书进行数据分析。

1. 案件类型分布

云南省老年人犯罪中，案件类型分布集中于妨害社会管理秩序罪（85 件），危害公共安全罪（67 件），侵犯公民人身权利、民主权利罪（43 件），侵犯财产罪（10 件）。具体罪名则主要集中在走私、贩卖、运输、制造毒品罪（61 件），失火罪（33 件），故意伤害罪（27 件），交通肇事罪（24 件），非法种植毒品原植物罪（15 件），故意杀人罪（9 件）。云南省老年人犯罪的罪名类型分布与全国老年人犯罪的罪名类型分布具有差异性：第一，危害公共安全犯罪较多；第二，侵犯财产犯罪较少；第三，在具体罪名中，走私、贩卖、运输、制造毒品罪较多，且多于非法种植毒品原植物罪，失火罪案件也较多。其差异性主要源于云南省的边境地理位置、森林资源较为丰富等。首先，云南省地处边境，毒品犯罪泛滥，因此云南省老年人犯罪中贩卖毒品犯罪行为较多。其次，云南多山区，森林资源丰富，因此失火罪案件数量较多。而且与其他地区主要是城市房屋失火不同的是，云南省失火罪主要是林火、山火，多是被告人在自家农田用火而不慎引起山火、林火。

2. 共同犯罪与单独犯罪情况分析

云南省老年人犯罪中，与其他地区一致，即共同犯罪案件数量较少，仅有 19 件。犯罪类型主要集中在走私、贩卖、运输、制造毒品罪（4 件），故意伤害罪（3 件），故意毁坏财物罪（3 件），盗伐林木罪（2 件），其他如诈骗罪、非法侵入住宅罪、拐卖妇女罪、非法持有毒品罪、非法拘禁罪、非法种植毒品原植物罪、滥伐林木罪各 1 件。在故意伤害罪及故意毁坏财物罪中，多是由民间纠纷引起的，而由家庭成员共同实施的犯罪；此外，在共同犯罪案件中也主要是有计划实施犯罪。

3. 强制措施适用情况分析

云南省老年人犯罪中，强制措施的适用也是以取保候审为主，取保候审适用案件有 138 件。另外，监视居住案件有 34 件，逮捕案件有 55 件。与其他地区相比，云南省老年人犯罪中适用逮捕案件比例相对较高。适用逮捕强制措施的主要集中于走私、贩卖、运输、制造毒品罪（17 件），故意伤害罪（10 件），故意杀人罪（8 件）。适用逮捕强制措施的多为犯罪情节较为严重的案件。但逮捕强制措施的适用除却刑期条件、证据条件，还要满足社会危险性要件。当犯罪老年人在案发后，不再具有社会危险性，则不论其涉及何种罪名，都应当慎重适用逮捕强制措施，而适用其他非羁押型强制措施。比如贩卖毒品罪中因家庭困难被迫、初次少量贩卖毒品的老年犯罪人，该类型被告人主观恶性不大，侦查配合度高，逃避侦查、再次实施犯罪的可能性较低，因此就可以对其适用取保候审或监视居住强制措施。

4. 刑罚适用情况分析

云南省老年人犯罪中，给予刑事处罚的有 201 件，免予刑事处罚的有 6 件。在给予刑事处罚的案件中，仍旧以监禁刑为主，判处拘役的有 18 件，判处有期徒刑的有 174 件，判处无期徒刑的有 1 件。与其他地区相比，云南省老年人犯罪中执行缓刑案件量相对较少，执行缓刑的有 53 件，在云南省老年人犯罪中占比仅为 25.6%。判处无期徒刑的案件是老年犯罪人涉及故意杀人罪，被告人因家族矛盾而故意杀害被害人，被告人到案后如实供述罪行，但双方之间未达成和解协议。在 89 件判处罚金的案件中，只有 2 例被判处单处罚金，分别为盗窃案件和非法占有农用地案件。免予刑事处罚的案件包括故意伤害罪、盗窃罪、危险驾驶罪、开设赌场罪、交通肇事罪、非法毁坏国家重点保护植物罪各 1 件。对上述案件免予刑事处罚的原因在于：首先，被害人存在过错，引起犯罪行为的发生，如在袁某某故意伤害罪一案中[①]，由于被害人无故敲打被告人家房屋后窗，被告人出门制止并用木棍击打被害人而致使被害人受轻伤；其次，被告人在案发后主动自首，或者积极赔偿被害人的损失，取得被害方的谅解；最后，犯罪情节轻微，危害性不大，主观恶性不大，比如在李某某开设赌场一案中[②]，被告人只是利用几台游戏机开设赌场，又如在熊某某毁坏国家重点保护植物一案中[③]，被告人因为一棵红椿树影响其核桃树生长，而将其剥皮，影响了该树正常生长，被告人对于该树为国家重点保护植物没有清晰的认识，也没有故意破坏法律的恶意。从刑罚整体适用情况而言，云南省老年人犯罪相对于其他地方偏重，其原因一方面在于云南省审理的老年人犯罪类型犯罪情节相对比较严重，造成的危害后果相对比较严重，比如走私、贩卖、运输、制造毒品犯罪较多，由失火引起的林火、山火而产生较大的损失；另一方面也在于云南省司法实践中的量刑倾向，比如为了有效打击涉毒类犯罪，云南省2016年至2020年的5年间，所审理的毒品类犯罪重刑率达51.89%。[④]

5. 简易程序适用情况分析

云南省老年人犯罪中，适用简易程序的有59件，认罪认罚的有73件。适用简易程序的案件类型主要集中于走私、贩卖、运输、制造毒品罪（25件），失火罪（14件），非法种植毒品原植物罪（8件）等，涉及故意伤害罪而适用简易程序的只有1件。认罪认罚的案件类型与适用简易程序的基本一致，例外在于适用认罪认罚较多的案件还有交通肇事罪8件、故意伤害罪5件。

6. 当事人和解、谅解情况分析

云南省老年人犯罪中，被告人取得被害方谅解、达成和解协议的有20件。案件类型主要集中于失火罪（7件）、故意伤害罪（5件）、交通肇事罪

---

① 云南省陆良县人民法院（2019）云0322刑初223号。

② 云南省云县人民法院（2019）云0922刑初215号。

③ 云南省漾濞彝族自治县人民法院（2019）云2922刑初47号。

④ 《重刑率高达51.89%！云南高院发布毒品案件审判工作情况》，https://mp.weixin.qq.com/s/6xpTQJjm8EMc4PtpjzoqEg，最后访问日期：2021年6月30日。

(3 件)、故意毁坏财物罪（2 件）。失火罪往往导致村集体公共财产的损失，因此在被告人赔偿损失后，作为村集体一员的被告人易于取得其他利益相关人的谅解；故意伤害罪中当事人双方多由口角纠纷而导致故意伤害行为，双方之间一般具有相熟关系，因此被告人也易于取得被害方谅解，达成谅解协议；故意毁坏财物罪和交通肇事罪中，案发后被告人积极赔偿损失，认罪态度较好，一般也能与被害方达成和解协议，取得被害方谅解。

7. 审级、审理法院层级情况分析

云南省老年人犯罪中，由基层人民法院审理的案件为 197 件，由中级人民法院审理的案件为 10 件；涉及的老年人犯罪判决书中均为一审案件，没有二审案件。由中级人民法院审理的一审案件包括 6 件故意杀人罪案件，故意伤害罪案件和走私、贩卖、运输、制造毒品罪分别为 2 件。由中级人民法院审理的 2 起毒品类犯罪案件所涉及的毒品量较大，均接近 400 克；所审理的故意伤害罪案件，则是危害后果较为严重，均导致被害人的死亡。

从云南省老年人犯罪整体数据分析来看，云南省老年人犯罪与其他地方的老年人犯罪具有一致性，也具有其地域特色。首先，就一致性来说：老年人犯罪多为轻缓型犯罪，案情较为简单，共同犯罪案件量较少，被判处无期徒刑的案件只有 1 件；较多适用非羁押性强制措施；简易程序、认罪认罚适用率较高。其次，其地域性特色明显表现在毒品类犯罪和失火罪。其他地方毒品类犯罪主要是非法种植毒品原植物罪，而云南省老年人犯罪则表现为以走私、贩卖、运输、制造毒品罪为主；由于其森林资源较为丰富，失火罪也成为云南省老年人犯罪中的主要罪名，比其他地方的失火罪所占比例要高。

三　华南地区

（一）华南地区老年人犯罪的整体分析

华南地区老年人犯罪中，广东省案件量最多，但广东省老年人犯罪案件呈现逐年下降的趋势，与老年人犯罪整体趋势不一致。广西壮族自治区老年人犯罪案件增长趋势则与老年人犯罪整体趋势相一致，在2019年有所增长后，2020年又有所下降。海南省由于老年人犯罪案件量较少而无法进行有效分析（见图3-5）。

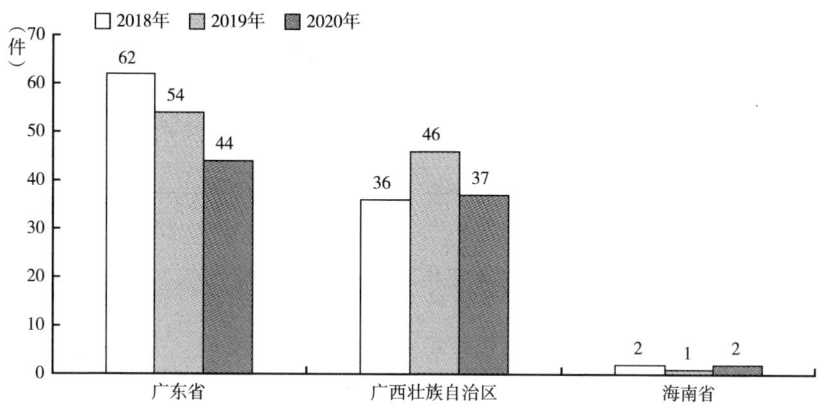

图3-5 2018~2020年华南地区老年人犯罪案件量

资料来源："元典智库"数据库。

2019年广西壮族自治区老年人口占比与老年抚养比均最高，面对的老龄化压力更大，但其老年人犯罪案件量却没有广东省多。广东省基于其人口大省的地位，以及经济发达的优势，劳动人口占比大，因此广东省老年人口占比与老年抚养比均处于较低水平（见图3-6）。但由于其人口基数大，老年人口数量总体上多于其他两个省、自治区，因此广东省老年人犯罪案件量也会较多。下文也将对案件数量最多的广东省的老年人犯罪进行具体分析。

华南地区老年人犯罪相关量刑指导意见（除海南省）如下。

广东省高级人民法院的《〈关于常见犯罪的量刑指导意见〉实施细则》中规定，对于已满75周岁的老年人犯罪，要综合考虑老年人实施犯罪行为的动机和目的，犯罪时的年龄、情节、后果以及悔罪表现等情况，可以减少基准刑的40%以下。

广西壮族自治区高级人民法院的《〈关于常见犯罪的量刑指导意

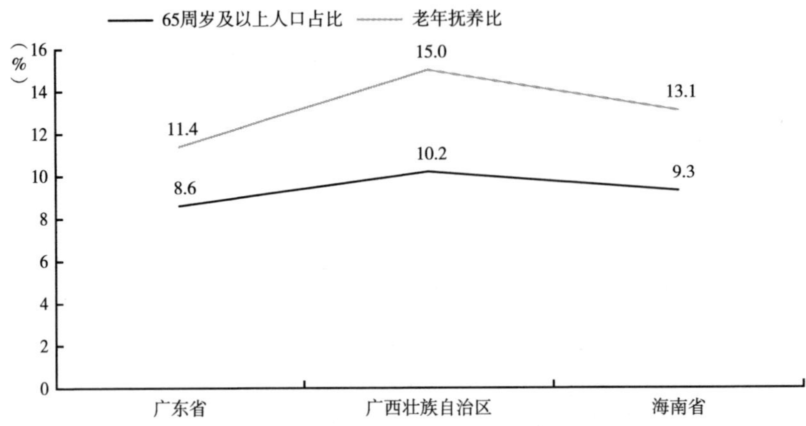

图 3－6　2019 年华南地区老年人口统计

资料来源：国家统计局。

见〉实施细则》中规定，对于年满 70 周岁的老年人犯罪，综合考虑犯罪的性质、情节、后果等情况，适当确定从宽的幅度。（1）已满 70 周岁不满 75 周岁故意犯罪的，可以减少基准刑的 30% 以下；过失犯罪的，可以减少基准刑的 40% 以下。（2）75 周岁及以上故意犯罪的，可以减少基准刑的 40% 以下；过失犯罪的，应当减少基准刑的 20% ~50% 。

广东省老年人犯罪认定只以 75 周岁为界。而广西壮族自治区则将老年人犯罪区分为两个档，即年满 70 周岁不满 75 周岁的老年人犯罪、75 周岁及以上的老年人犯罪。广东省的从宽幅度与其他地区相比较小，其他地区一般从宽幅度的最高限为 50% ，而广东省只有 40% 。

（二）广东省老年人犯罪数据

对广东省 2018 年至 2020 年的老年人犯罪总计 160 件案件进行数据分析。

1. 案件类型分布情况分析

广东省老年人犯罪案件类型主要集中于妨害社会管理秩序罪（43

件)，侵犯公民人身权利、民主权利罪（42 件)，侵犯财产罪（37 件)，危害公共安全罪（29 件)。在具体罪名中，案件主要集中于故意伤害罪（28 件)、盗窃罪（16 件)、开设赌场罪（15 件)、交通肇事罪（13 件)、诈骗罪（10 件)、失火罪（10 件)。广东省老年人犯罪类型与其他地区相比，有其共性，也凸显明显的地域特色。首先，老年人犯罪的案件类型为常见的集中罪名，如故意伤害罪、盗窃罪、交通肇事罪等。其次，广东省老年人犯罪的地域特色则表现为开设赌场罪案件数量较多，这主要是由于广东省经济发达、与港澳地区交流频繁，带动了该类型犯罪的发展。

2. 共同犯罪与单独犯罪情况分析

广东省老年人犯罪案件中，共同犯罪为 43 件，相对于其他地区来说共同犯罪案件数量较多。共同犯罪案件类型主要集中于开设赌场罪（11 件)、诈骗罪（4 件)、故意伤害罪（4 件)、拐卖妇女儿童罪（3 件)、贪污罪（3 件)。在上述共同犯罪案件类型中，开设赌场罪一般是多人参与犯罪活动，因此多为共同犯罪；在诈骗罪中，老年被告人与他人配合，利用迷信或者“出老千”的方式诈骗被害人；在 3 件贪污罪中，被告人都是村委会干部成员，成员之间互相勾结，在协助政府管理过程中利用职务之便侵占国家财产；而在故意伤害罪中，则主要是由民间纠纷引起的争端，多是由家庭成员共同实施犯罪行为而构成共同犯罪。另外，老年人共同犯罪中，老年被告人多为正犯，直接实施犯罪行为或对犯罪进程起着主要作用，其原因主要在于老年被告人是犯罪行为的发起者或者控制者，在犯罪进程中起着关键作用。

3. 强制措施适用情况分析

广东省老年人犯罪中，强制措施的适用较为严格。适用取保候审的案件为 98 件，适用监视居住的案件有 14 件，适用逮捕的案件有 92 件，逮捕适用率较高。逮捕强制措施的适用主要集中于故意伤害罪（17 件)、开设赌场罪（12 件)、盗窃罪（10 件)、交通肇事罪（10 件)、诈骗罪（7 件)、故意杀人罪（6 件)。从老年人犯罪案件类型分布来看，逮捕的适用主要集中于犯罪情节偏重、社会影响恶劣的案件，而如案件量较多的失火罪，没有适用逮捕强制措施。

4. 刑罚适用情况分析

广东省老年人犯罪案件中，给予刑事处罚的有153件，集中于有期徒刑（124件）、拘役（28件）等，没有单处罚金的案件。执行缓刑的老年人犯罪案件有106件，缓刑率较高。从广东省老年人犯罪案件的缓刑率高，也能看出广东省老年人犯罪多为轻缓型犯罪，判处有期徒刑的也多为3年以下有期徒刑。判处无期徒刑的为2例故意杀人罪案件：被告人因家庭矛盾泄私愤而投毒致使家庭成员3人死亡①；被告人因债务纠纷与被害人产生争执，而在争执过程击打被害人致使被害人死亡②。在上述2例故意杀人罪案件中，法定从轻处罚情节一致，即被告人均为75周岁及以上，到案后如实供述自己罪行；但从犯罪情节来看，前一案例中被告人为泄私愤蓄意杀害3人，而后一案例中被告人因与被害人产生争执，一时激愤杀人，二者从犯罪情节上来说有轻重之分，因此从刑罚适用上二者也应当有轻重之分。然而在司法实践中，75周岁及以上老年人实施故意杀人行为的，无期徒刑已是从轻处罚的结果，因此无期徒刑成为老年人故意杀人罪中的常见刑罚。

5. 简易程序、认罪认罚适用情况分析

广东省老年人犯罪中，适用简易程序的有52件，认罪认罚的有38件。广东省老年人犯罪案件中，适用简易程序、认罪认罚案件数较多，其原因也在于老年人犯罪案件多为轻缓型犯罪，案情简单没有争议，通过适用简易程序、认罪认罚加快解决案件争议，提高诉讼效率。

6. 当事人谅解、和解情况分析

广东省老年人犯罪中，取得被害方谅解，或者达成和解协议的案例为26件，包括故意伤害罪7件、交通肇事罪5件、失火罪4件、盗窃

---

① 广东省梅州市中级人民法院（2019）粤14刑初13号。

② 广东省佛山市中级人民法院（2020）粤06刑初31号。

罪3件、故意杀人罪2件等。在上述取得被害方谅解的案件中，主要是被告人或其家属在案件发生后积极赔偿被害方的损失。另外，在故意伤害案件中，被告人与被害人之间或为家族成员关系，或为邻里关系，因基础关系的存在双方易于达成谅解。

7. 审级、审理法院层级情况分析

广东省老年人犯罪中，一审案件有155件，二审案件有5件。二审案件包括3例故意伤害罪案件，以及贪污案件和合同诈骗案件各1例。被告人进行上诉的理由多是量刑过重，二审也多是对量刑部分进行改判，如将实刑改判为缓刑。也有上诉人提出法院漏判，比如在故意伤害罪案件中，未对营养费、护理费等费用补偿进行判决，从而主张法院对相关费用做出判决。由基层人民法院审理的案件为148件，中级人民法院审理的案件为11件，高级人民法院审理的案件为1件。中级人民法院除了审理的二审案件之外，还包括4例故意杀人罪案件，以及故意伤害致死案，走私普通货物、物品案，走私废物罪案件各1例。从广东省老年人犯罪一审审判率较高、基层人民法院审理案件数较多也可以看出，老年人犯罪中多轻缓型犯罪。

总而言之，从广东省老年人犯罪整体数据来看，广东省老年人犯罪情节简单，危害后果较轻微，刑罚适用较为轻缓，涉及的犯罪类型与其他地区基本一致。但也凸显出其地域特色，即作为经济发达地区的省份，又与港澳地区联系较多，与其他地区相比，开设赌场罪成为其较常见犯罪类型。

四　东北地区

（一）东北地区老年人犯罪的整体分析

东北地区老年人犯罪案件量较少，在全国老年人犯罪中占比为6%，其中辽宁省老年人犯罪量较多。东北地区老年人犯罪变化趋势与老年人犯罪整体趋势相一致，即2019年案件数量较多，2020年案件量有所下降（见图3－7）。然而，虽然东北地区各省老年人口占比、老年抚养比较高，各省的老年抚养比接近或已超过全国老年抚养比平均水平（见图3－8），但老年人犯罪案件量却不是很高。从具体省份来看，辽宁省的老年人口占比与老年抚养比是东北地区三个省份最高的，老年人犯罪案件量也是最多的，因此下文将对辽宁省老年人犯罪进行具体分析。

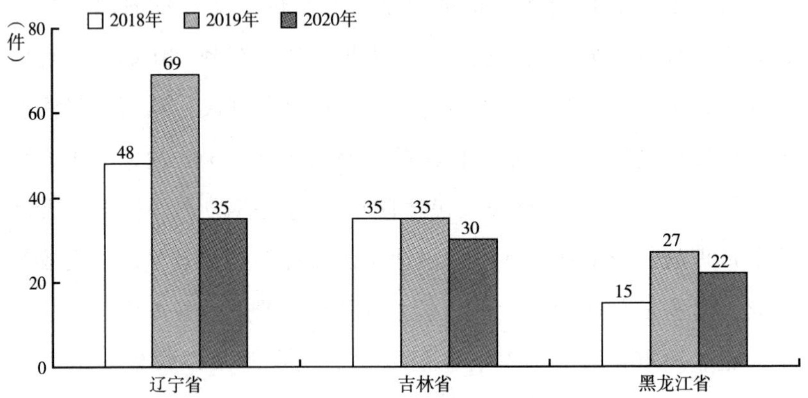

图3－7　2018～2020年东北地区老年人犯罪案件量

资料来源："元典智库"数据库。

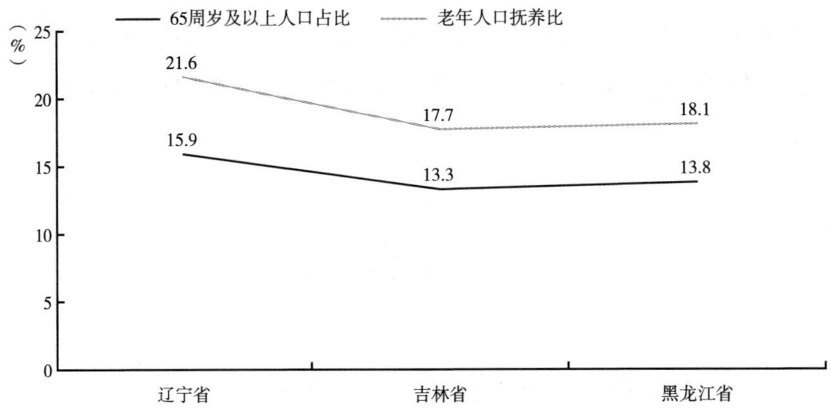

图3－8　2019年东北地区老年人口统计

资料来源：国家统计局。

东北地区老年人犯罪相关量刑指导意见如下。

黑龙江省高级人民法院《〈关于常见犯罪的量刑指导意见〉实施细则》中规定，对于已满65周岁不满75周岁的老年人犯罪，综合考虑犯罪的性质、情节、后果等情况，故意犯罪的，可以减少基准刑的30%以下；过失犯罪的，可以减少基准刑的40%以下。对已满75周岁的老年人故意犯罪，可以减少基准刑的40%以下；过失犯罪的，可以减少基准刑的20%～50%。

吉林省高级人民法院《〈关于常见犯罪的量刑指导意见〉实施细则》中规定，对于65周岁及以上的老年人犯罪，综合考虑犯罪的性质、情节、后果等情况，适当确定从宽的幅度。（1）已满65周岁不满75周岁故意犯罪的，可以减少基准刑的30%以下；过失犯罪的，可以减少基准刑的40%以下。（2）75周岁及以上故意犯罪的，可以减少基准刑的40%以下；过失犯罪的，应当减少基准刑的20%～50%。

辽宁省高级人民法院《〈关于常见犯罪的量刑指导意见〉实施细则》中规定，对于年满75周岁的老年人犯罪，综合考虑老年人实施犯罪行为的动机和目的、身体健康状况、情节、后果以及悔罪表现等，并结合其人身危险性和再犯可能性等情况，可以减少基准刑的40%以下；过失犯罪的，可以减少基准刑的20%～50%。

东北地区三省关于老年人犯罪从宽的量刑标准基本一致，并且根据故意犯罪和过失犯罪规定不同从宽幅度，但黑龙江省与吉林省从宽处罚的范围更大，其从宽对象还包括65周岁及以上老年罪犯。

（二）辽宁省老年人犯罪数据

针对老年人犯罪人数最多、样本数量最充足的辽宁省2018～2020年老年人犯罪总计152份判决文书进行数据分析。

1. 老年人犯罪所涉案件类型

辽宁省老年人犯罪中，案件类型主要集中于危害公共安全罪（48

件），侵犯财产罪（37 件），侵犯公民人身权利、民主权利罪（36 件），妨害社会管理秩序罪（29 件）。在具体罪名分布上，主要集中于故意伤害罪（26 件）、盗窃罪（24 件）、交通肇事罪（20 件）、失火罪（16 件）、诈骗罪（6 件）、故意杀人罪（5 件）。辽宁省老年人犯罪类型分布主要是财产类型犯罪、人身伤害类犯罪以及危害公共安全过失类犯罪，相较于其他地区，毒品类犯罪较少，包括走私、贩卖、运输、制造毒品罪以及非法种植毒品原植物罪仅有 4 件。在故意伤害罪和故意杀人罪中，老年人犯罪多因生活琐事，或者因邻里纠纷、家庭矛盾一时冲动犯罪，或者心生不满，后为泄私愤而实施犯罪。盗窃罪中，老年犯罪人犯罪手段一般较为简单，如盗窃在室外的电动车、自行车或者工厂内的建筑材料，或者顺手牵羊型；盗窃的金额一般价值较小，但具有多次盗窃的行为特征。失火罪中，老年犯罪人引起火灾的原因基本都是祭祀烧纸或者在自己耕地焚烧麦秸等而不慎引起山林火灾，在 16 件失火罪中就有 10 起是祭祀用火而引起的。

2. 共同犯罪与单独犯罪适用情况分析

辽宁省老年人犯罪中，涉及共同犯罪的有 10 件案件，分别为诈骗罪（4 件）、盗窃罪（2 件），以及非法采矿罪、妨害公务罪、污染环境罪和容留卖淫罪各 1 件。在上述共同犯罪中，老年被告人都是作为正犯参与其中，对犯罪的进程发展都起着关键作用。这主要是由于上述案件中，老年被告人是犯罪的直接参与者，是其主动实施犯罪。

3. 强制措施适用情况分析

辽宁省老年人犯罪中，在审前适用非羁押措施的案件量较多，其中适用取保候审的有 88 件，适用监视居住的有 42 件。适用逮捕强制措施的案件相对较少，主要集中于故意伤害罪（11 件），交通肇事罪（9 件），盗窃罪（8 件），故意杀人罪（5 件），诈骗罪（5 件），强制猥亵、侮辱罪（2 件）等。审前非羁押措施的适用案件较多符合老年人犯罪的特点，即犯罪情节轻微，老年犯罪人没有再犯罪的危险。而且一般不会逃避侦查，老年犯罪人自首率高、坦白率高。

4. 刑罚适用情况分析

辽宁省老年人犯罪中，给予刑事处罚的有 146 件，免予刑事处罚的有 6 件。在给予刑事处罚的老年犯罪人中，被判处有期徒刑的有 103 件，被判处拘役的有 32 件，被判处管制的有 6 件，被判处无期徒刑的有 2 件。执行缓刑的案件有 95 件，在给予刑事处罚的老年人犯罪案件中占比为 65.07%，从比例上来看，辽宁省老年人犯罪案件执行缓刑的比例相对较低。被判处无期徒刑的涉及的是 2 例故意杀人罪案件。此外，老年被告人被判处单处罚金的有 3 件，均涉及的是盗窃罪案件。判处单处罚金的原因也在于：其一，被告人盗窃金额较少，比如被告人纪某三次盗窃了 1150 穗玉米，被盗玉米价值仅为 325 元[①]；其二，被告人积极退赔被害人损失，认罪态度较好。从刑罚适用整体情况来看，辽宁省老年人犯罪刑罚适用与其他地区相比，实刑率较高，刑罚偏重。

5. 简易程序、认罪认罚适用情况分析

辽宁省老年人犯罪中，适用简易程序的有 32 件，认罪认罚的有 34 件。该类型案件主要集中于盗窃罪、交通肇事罪，以及失火罪，非法持有、私藏枪支、弹药罪，故意伤害罪等。上述老年人犯罪类型情节较为轻微，多为 3 年以下有期徒刑量刑，而且案情简单，几乎没有争议，因此适用简易程序及认罪认罚程序的案件量就相对较多。

6. 当事人谅解、和解情况分析

辽宁省老年人犯罪中，取得被害方谅解、达成和解协议的有 38 件。案件类型主要集中于故意伤害罪（11 件）、交通肇事罪（10 件）、失火罪（6 件）等。在上述案件中，被告人在事后积极赔偿了被害人的损失，从而取得被害方的谅解。此外，在故意伤害罪中还在于当事人双方存在相熟关系，被告人多因日常纠纷，与被害人在争执过程中致使被害人受伤，被告人并不是有计划实施伤害行为，而且被害人伤情也多为轻伤，损害后果较为轻微，因此易于取得被害方的谅解。

---

① 辽宁省北票市人民法院（2020）辽 1381 刑初 88 号。

7. 审级、审理法院层级情况分析

辽宁省老年人犯罪中，判决书全部为一审判决，无二审案件判决书。由基层人民法院审理的案件为145件，中级人民法院审理的案件为7件。中级人民法院审理的案件包括2件故意伤害致人死亡案以及5件故意杀人案。

五 华北地区

（一）华北地区老年人犯罪的整体分析

华北地区老年人犯罪案件量在全国老年人犯罪中占比较小，仅为8%，其中河北省和内蒙古自治区案件量较多。河北省老年人口占比与老年抚养比均较高，老年人犯罪案件量在华北地区也是最高的；内蒙古自治区老年人口占比与老年抚养比均较低，但其老年人犯罪案件量较高；北京市与天津市作为两个经济发达的城市，老年人犯罪案件量较少（见图3－9、图3－10）。上述数据表明老年人犯罪案件量受多种因素影响。下文将选取老年人犯罪案件量较多的河北省进行具体数据分析。

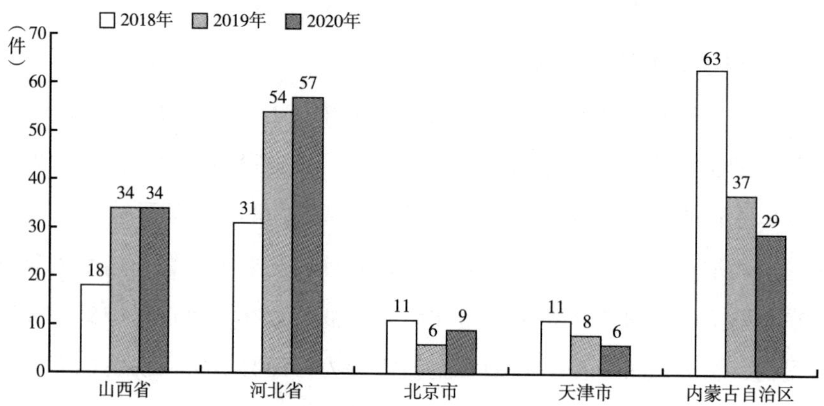

图3－9　2018～2020年华北地区老年人犯罪案件量

资料来源："元典智库"数据库。

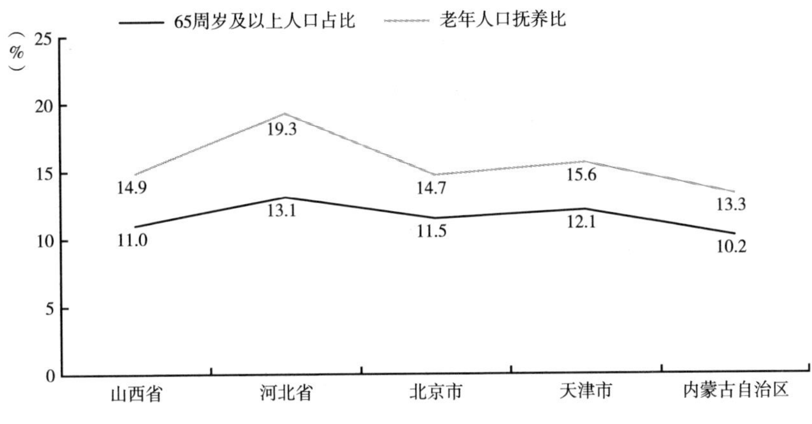

图 3－10　2019 年华北地区老年人口统计

资料来源：国家统计局。

华北地区关于老年人犯罪量刑指导意见如下。

山西省高级人民法院《〈关于常见犯罪的量刑指导意见〉实施细则》中规定，对于已满 65 周岁的老年人犯罪，综合考虑犯罪的性质、情节、后果等情况，确定从宽的幅度。（1）已满 65 周岁不满 75 周岁故意犯罪的，减少基准刑的 20% 以下；过失犯罪的，减少基准刑的 10% ~ 40% 。（2）75 周岁及以上故意犯罪的，减少基准刑的 40% 以下；过失犯罪的，减少基准刑的 20% ~50% 。

北京市高级人民法院《〈关于常见犯罪的量刑指导意见〉实施细则》中规定，对于 75 周岁及以上的老年人犯罪，综合考虑犯罪的性质、情节、后果等情况，适当确定从宽的幅度。其中，故意犯罪的，可以减少基准刑的 40% 以下；过失犯罪的，应当减少基准刑的 20% ~50% 。

河北省高级人民法院《〈关于常见犯罪的量刑指导意见〉实施细则》中规定，对于 65 周岁及以上的老年人犯罪，综合考虑犯罪的性质、情节、后果等情况，适当确定从宽的幅度。（1）已满 65 周岁不满 70 周岁故意犯罪的，可以减少基准刑的 20% 以下；过失犯罪的，可以减少基准刑的 30% 以下。（2）已满 70 周岁不满 75 周岁故意犯罪的，可以减少基准刑的 30% 以下；过失犯罪的，可以减少基准刑的 40% 以下。

(3) 75 周岁及以上故意犯罪的，可以减少基准刑的 40% 以下；过失犯罪的，可以减少基准刑的 20% ~50% 。

天津市高级人民法院《〈关于常见犯罪的量刑指导意见〉实施细则》中规定，对于 65 周岁及以上的老年人犯罪的，综合考虑犯罪的性质、情节、后果等情况，适当确定从宽的幅度。(1) 已满 65 周岁不满 75 周岁故意犯罪的，可以减少基准刑的 30% 以下；过失犯罪的，可以减少基准刑的 40% 以下。(2) 75 周岁及以上故意犯罪的，可以减少基准刑的 40% 以下；过失犯罪的，应当减少基准刑的 20% ~50% 。

内蒙古自治区高级人民法院《〈人民法院量刑指导意见〉(试行)实施细则》中规定，对于 65 周岁及以上的老年人犯罪，综合考虑老年人实施犯罪行为的动机和目的，犯罪时的年龄、心智，情节，后果以及悔罪表现等，并结合其人身危险性和再犯可能性等情况，确定从宽的比例，对符合缓刑条件，一般应当宣告缓刑。(1) 年满 65 周岁不满 75 周岁的老年人犯罪，可以减少基准刑的 20% 以下；(2) 75 周岁及以上的老年人犯罪，可以减少基准刑的 30% 以下。

华北地区各省份关于老年人犯罪的量刑指导意见基本一致，除北京市之外，老年人犯罪对象均为 65 周岁及以上的老年人；从宽幅度除内蒙古自治区幅度较小之外，其余各省、市从宽幅度基本一致。此外，河北省规定得更为细致，将老年罪犯区分为三个档次，即年满 65 周岁不满 70 周岁、年满 70 周岁不满 75 周岁以及 75 周岁及以上。

(二) 河北省老年人犯罪数据

对河北省 2018 年至 2020 年老年人犯罪总计 142 份判决书进行数据分析。

1. 案件类型分布

河北省老年人犯罪中，案件类型主要集中在侵犯公民人身权利、民主权利罪 (53 件)，危害公共安全罪 (38 件)，妨害社会管理秩序罪

(21 件)，侵犯财产罪（18 件)，破坏社会主义市场经济秩序罪（15 件)。从具体罪名分布上来说，老年人犯罪主要集中在故意伤害罪（38 件)、交通肇事罪（24 件)、故意杀人罪（9 件)、故意毁坏财物罪（7 件)、盗窃罪（7 件)、强奸罪（5 件)。从案件数据来看，河北省老年人犯罪主要是侵犯人身权利性犯罪，包括故意伤害罪、故意杀人罪、强奸罪。与其他地区相比，财产类犯罪以及毒品类案件较少。在强奸罪案件中，被告人利用被害人无性防卫能力实施性侵行为，其中有 4 例被害人存在智力障碍，1 例被害人为不满 14 周岁的幼女。也正是由于被害人的特殊性，被告人实施犯罪时都无须采取暴力或胁迫手段，实施犯罪较为容易，而且其中有 3 例被告人对同一被害人多次实施性侵，直至被害人的监护人或家属发现才案发。

2. 共同犯罪与单独犯罪情况分析

河北省老年人犯罪中，共同犯罪有 25 件。案件类型主要集中于非法吸收公众存款罪（5 件)，故意伤害罪（4 件)，生产、销售、提供假药罪（4 件）等。河北省老年人犯罪的共同犯罪类型与其他地区存在区别，即非法吸收公众存款罪以及生产、销售、提供假药罪案件较多。故意伤害罪中的共同犯罪，犯罪行为人多为家庭成员关系，因家庭成员与他人产生矛盾而参与到犯罪行为之中。在生产、销售、提供假药案中，被告人在无任何资质的情况下，在个人诊所私自生产药物并进行销售，共同犯罪参与人帮助购买药物制作材料，并进行销售。在上述案件中，犯罪人均实际参与了犯罪过程，在犯罪中起主要作用，因此在上述共同犯罪案件中，老年人均为主犯。但在非法吸收公众存款罪中，老年被告人多为从犯。老年被告人在集资过程中受高息诱惑，对外介绍吸收办理存款业务，吸收存款金额较少。

3. 强制措施适用情况分析

河北省老年人犯罪适用取保候审的有 93 件，逮捕有 55 件，监视居住和指定居所监视居住有 27 件。从上述数据可以看出，老年人犯罪审前非羁押措施适用率较高。适用逮捕强制措施的主要集中于交通肇事罪

(18件)、故意伤害罪(10件)、故意杀人罪(5件),以及强奸罪,生产、销售、提供假药罪,妨害公务罪各3件。

4. 刑罚适用情况分析

河北省老年人犯罪中,给予刑事处罚的有138件,其中包括有期徒刑110件,拘役21件,无期徒刑3件,管制3件,单处罚金1件。单处罚金的案件为暴某、王某非法占用农用地一案。[①] 在上述案件中对被告人判处单处罚金的原因在于被告人年满75周岁,且在共同犯罪中是从犯,所起作用较小。执行缓刑的案件有91件,在给予刑事处罚的老年人犯罪案件中占比为65.94%。从比例上来说,河北省老年人犯罪缓刑率较低。免予刑事处罚的案件有4件,案件类型包括生产、销售、提供假药罪,故意毁坏财物罪,故意伤害罪以及失火罪案件。适用免予处罚在于:老年被告人系自首,有悔罪表现,没有再犯罪的危险;犯罪行为未造成实际损失或者社会危害性小;被害人存在过错。

5. 简易程序、认罪认罚适用情况分析

河北省老年人犯罪案件中适用简易程序、认罪认罚的有46件。认罪认罚案件主要集中于交通肇事罪(9件),故意伤害罪(9件),盗窃罪(5件),走私、贩卖、运输、制造毒品罪(4件),失火罪(3件)。上述案件主要是案情简单,对于定罪量刑没有争议,认罪认罚程序易于实行。

6. 当事人谅解、和解情况分析

河北省老年人犯罪案件中,取得被害方谅解、与被害方达成和解协议的有51件。案件类型主要集中在故意伤害罪(16件)、交通肇事罪(12件)、故意毁坏财物罪(6件)、失火罪(3件)、盗窃罪(3件)等。上述案件类型同其他地区具有一致性,即主要也是由上述案件特征决定的。

7. 审级、审理法院层级情况分析

河北省老年人犯罪案件中,一审案件有138件,二审案件有4件。

---

① 河北省隆化县人民法院(2019)冀0825刑初101号。

二审案件中被告人均以量刑过重为由进行上诉，法院对量刑予以改判，如在二审审理期间由于被告人年满 75 周岁，而将实刑改判为缓刑。此外，也有 1 例案件是由检察院提出抗诉的①，而检察院提出抗诉的原因在于被告人在一审审理期间认罪认罚，事后又以一审法院量刑过重而提出上诉。检察院的抗诉意见认为被告人以量刑过重为由提出上诉，违背认罪认罚协议，不应再对其适用从宽处罚；而被告人明知被害人为幼女，两次对其实施性侵行为，依法应当从重处罚。二审法院审理之后采纳了检察院的抗诉意见，对被告人的处罚由 4 年有期徒刑改判为 6 年有期徒刑。由基层人民法院审理的案件有 134 件，中级人民法院审理的案件有 8 件。中级人民法院审理的案件除了二审案件外，还包括 4 例故意杀人罪案件。

六　华东地区

（一）华东地区老年人犯罪的整体分析

华东地区由于省份较多，因此老年人犯罪案件数量也较多，在全国老年人犯罪中占比为 31%。而且华东地区各省份的老年人犯罪案件量，除上海市之外，在全国排名均较靠前，其中安徽省是全国老年人犯罪案件量排名第 4 的省份。华东地区老年人犯罪案件的变化趋势与老年人犯罪整体变化趋势也有不一致，表现为：上海市和江苏省老年人犯罪案件量逐年上升；江西省老年人犯罪案件量 2019 年最低（见图 3 - 11）。从老年人口的角度来看（见图 3 - 12），除江西省和福建省外，其余各省、直辖市老年抚养比均高于全国平均水平（17.8%），老年人口占比也较高。但老年抚养比最高、老年人口占比次高的山东省的老年人犯罪案件

① 河北省石家庄市中级人民法院（2020）冀 01 刑终 427 号。

量却较低，反而老年抚养比、老年人口占比较低的安徽省的老年人犯罪案件量最高。此外，虽然上海市面对的老龄化压力也较大，但基于发达的经济发展水平以及良好的社会治理效果，其老年人犯罪案件量是华东地区较少的。

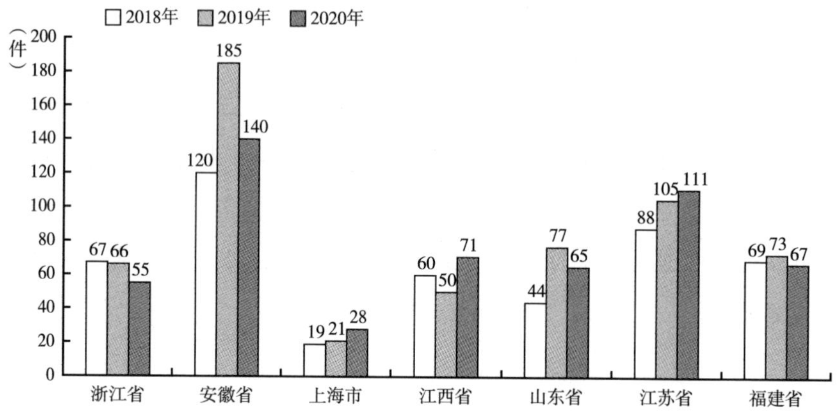

图 3－11　2018～2020 年华东地区老年人犯罪案件量

资料来源："元典智库"数据库。

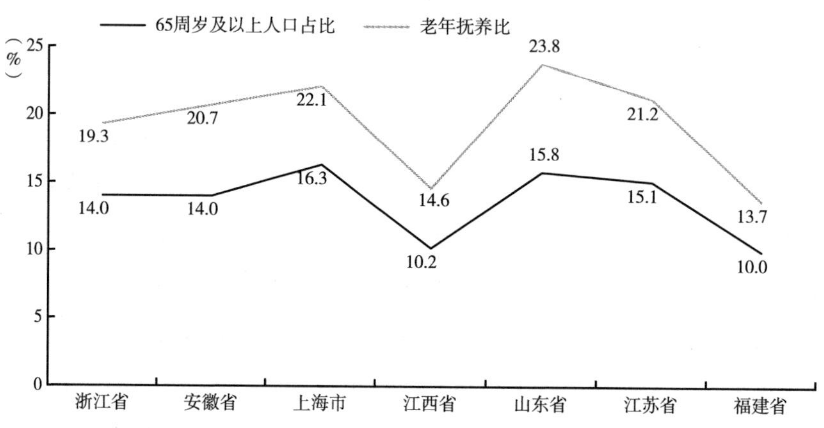

图 3－12　2019 年华东地区老年人口统计

资料来源：国家统计局。

华东地区关于老年人犯罪的量刑指导意见如下。

江西省高级人民法院、江西省人民检察院的《〈关于常见犯罪的量刑指导意见〉实施细则》中规定，对于75周岁及以上的老年人故意犯罪，综合考虑犯罪的动机和目的、情节、后果以及悔罪表现等，并结合其人身危险性和再犯可能性等情况，可以减少基准刑的40%以下；过失犯罪的，应当减少基准刑的20%～50%。对于年满65周岁不满75周岁的老年人故意犯罪，可以减少基准刑的10%以下；过失犯罪的，可以减少基准刑的20%以下。

浙江省高级人民法院、浙江省人民检察院的《〈关于常见犯罪的量刑指导意见（试行）〉实施细则》中规定，对于已满60周岁的老年人犯罪，综合考虑犯罪的性质、情节、后果等情况，确定从宽的幅度。（1）已满60周岁不满75周岁的老年人故意犯罪的，减少基准刑的20%以下；过失犯罪的，减少基准刑的30%以下。（2）已满75周岁的老年人故意犯罪的，减少基准刑的40%以下；过失犯罪的，减少基准刑的20%～50%。

安徽省高级人民法院、安徽省人民检察院的《关于二十三种常见犯罪量刑规范的实施细则（试行）》中规定，对于65周岁及以上的人犯罪，综合考虑犯罪性质、情节、后果及悔罪表现等情况，适当确定从宽的幅度。（1）已满65周岁不满75周岁的人故意犯罪的，可以减少基准刑的20%以下；过失犯罪的，可以减少基准刑的30%以下。（2）75周岁及以上的人故意犯罪的，可以减少基准刑的40%以下；过失犯罪的，减少基准刑的20%～50%。

山东省高级人民法院的《〈关于常见犯罪的量刑指导意见〉实施细则》中规定，对于已满75周岁的老年人犯罪，综合考虑老年人对犯罪的认识能力、实施犯罪的动机和目的、犯罪时的年龄、犯罪的性质和后果、悔罪表现等情况，予以从宽处罚。（1）故意犯罪的，可以减少基准刑的40%以下；（2）过失犯罪的，应当减少基准刑的20%～50%。

江苏省高级人民法院的《〈关于常见犯罪的量刑指导意见〉实施细则》中规定，对于已满75周岁的人故意犯罪的，根据犯罪时的年龄、犯罪性质、情节和社会危害程度等情况，可以减少基准刑的30%以下；

过失犯罪的，可以减少基准刑的20% ~50% 。

福建省高级人民法院的《〈关于常见犯罪的量刑指导意见〉实施细则》中规定，对于已满75周岁的老年人故意犯罪，综合考虑犯罪的性质、情节、后果等情况，可以减少基准刑的40%以下；过失犯罪的，综合考虑犯罪的性质、情节、后果等情况，应当减少基准刑的20% ~50% 。

上海市高级人民法院的《〈关于常见犯罪的量刑指导意见〉实施细则》中规定，对于65周岁及以上的老年人犯罪，综合考虑犯罪的性质、情节、后果等情况，适当确定从宽的幅度。(1) 已满65周岁不满75周岁故意犯罪的，可以减少基准刑的30%以下；过失犯罪的，可以减少基准刑的40%以下。(2) 75周岁及以上故意犯罪的，可以减少基准刑的40%以下；过失犯罪的，应当减少基准刑的20% ~50% 。

华东地区关于老年人犯罪的量刑指导意见与其他各省（区、市）基本一致，即主要区分为65周岁及以上老年人犯罪和75周岁及以上老年人犯罪，从宽幅度也基本一致。但浙江省对于老年人犯罪认定的范围更大，60周岁及以上老年人实施的犯罪均为老年人犯罪，并予以从宽处罚。

（二）安徽省老年人犯罪数据

对安徽省2018年至2020年老年人犯罪总计445份判决文书进行数据分析。

1. 案件类型分布

安徽省老年人犯罪案件类型主要集中于妨害社会管理秩序罪（219件），侵犯公民人身权利、民主权利罪（103件），侵犯财产罪（66件），危害公共安全罪（56件）。在具体罪名分布上，主要集中于非法种植毒品原植物罪（152件）、故意伤害罪（66件）、盗窃罪（42件）、交通肇事罪（33件）、滥伐林木罪（17件）。安徽省老年人犯罪类型分布与全国老年人犯罪分布特征基本一致。非法种植毒品原植物罪在安徽省老年人犯罪中比例较高，案发多是因当地派出所民警在日常巡逻中发现。该罪中的老年被告人基本为农村居民，在自家菜园或房屋周围种植罂粟，而种植的罂粟苗多用于日常生活，比如治疗身体疼痛，因此种植的数量一般不大，大多只是刚刚超过刑法规定的最低界限。故意伤害罪案件中，正如老年人故意犯罪整体特征所示，多因生活琐事与熟人产生矛盾，一般为无预谋犯罪，如在争执过程中导致被害人受伤害的结果。而在这个过程中，被害人可能存在过错，激化犯罪的发生。在 66 件故意伤害罪案件中，有 14 件案件认定为被害人存在过错，从而酌情对被告人从轻处罚。老年被告人涉及的盗窃罪案件中，直接盗取现金的案件较少，多为置于室外的电瓶车、工厂材料等；此外，也多为临时起意，顺手牵羊型，财产价值一般较小。交通肇事罪中，老年被告人多是因无证驾驶电动三轮车，疏忽观察而发生交通事故。因此规范老年人驾驶电动三轮车的资格成为治理老年人交通肇事的一个重要方面。老年人滥伐林木罪案件中，多数老年被告人误认为砍伐自己所有的林木，或者已经购买的林木不需要许可从而触犯刑法，主观恶性较轻，而且从损害后果来说，老年犯罪人砍伐数量一般较少，损害后果较为轻微。

2. 共同犯罪与单独犯罪情况分析

安徽省老年人犯罪中，共同犯罪的案件有 58 件。案件类型主要集中于诈骗罪（8 件）、故意伤害罪（7 件）、开设赌场罪（6 件）、妨害公务罪（5 件）、非法种植毒品原植物罪（5 件）。在上述共同犯罪案件中，共同犯罪成员多为家庭成员，如非法种植毒品原植物罪中共同犯罪人一般为配偶，而且老年被告人多数为正犯、主犯。而老年被告人参与共同犯罪为从犯的一般在非法吸收公众存款罪案件中。

3. 强制措施适用情况分析

安徽省老年人犯罪中，审前非羁押措施适用率较高，其中适用取保候审案件有 326 件，适用监视居住案件有 97 件。适用逮捕的案件有 106 件。适用逮捕强制措施的主要集中于故意伤害罪（25 件）、盗窃罪（13 件）、故意杀人罪（10 件）、交通肇事罪（9 件）、强奸罪（7 件）、诈骗罪（7 件）。

4. 刑罚适用情况分析

安徽省老年人犯罪中，给予刑事处罚的有 435 件，免予刑事处罚的有 10 件。在给予刑事处罚的案件中，有 270 件被判处有期徒刑，有 121 件被判处拘役，有 38 件被判处管制，有 4 件被判处无期徒刑。执行缓刑的案件有 294 件，在给予刑事处罚的案件中占比为 67.59%，与其他地区执行缓刑的比例大致相当。但安徽省老年人犯罪中被判处管制的案件较多，因此从非监禁刑罚来说，安徽省老年人犯罪刑罚适用更为轻缓。此外，有 2 例案件被判处单处罚金，即盗窃罪和非法种植毒品原植物罪各 1 例。免予刑事处罚的案件中非法种植毒品原植物罪案件较多，有 5 件，其次为故意毁坏财物罪 2 件，非法持有、私藏枪支、弹药罪和交通肇事罪、故意伤害罪各 1 件。免予刑事处罚的案件均犯罪情节轻微，被告人为初犯、自愿认罪、主观恶性小，且事后对被害人积极赔偿，取得被害人的谅解。被判处无期徒刑的案件均为故意杀人罪案件，其中有 3 例是由家庭矛盾或情感纠纷引发。上述故意杀人罪案件中，从宽处罚的情形基本一致，包括年满 75 周岁、自首、坦白，多数法院基于上述法定从宽情形而判处老年犯罪人无期徒刑；但也有法院基于犯罪情节的严重性，没有予以从轻处罚，而判处老年被告人无期徒刑①。据此，老年犯罪人被判处无期徒刑的在司法实践中就存在两种情形，即在从宽的基础上仍被判无期徒刑或在不予以从宽的情况下被判处无期徒刑。因此老年人故意杀人罪中，当未采取特别残忍手段故意杀人时，基准刑是以死刑为基础还是以无期徒刑为基础就决定了是否对老年犯罪人适用无期徒刑。

5. 简易程序、认罪认罚适用情况分析

安徽省老年人犯罪中，适用简易程序的有 255 件，认罪认罚的有 130 件。认罪认罚的案件主要集中于非法种植毒品原植物罪（55 件）、

---

① 安徽省宿州市中级人民法院（2020）皖 13 刑初 17 号。

故意伤害罪（11 件）、盗窃罪（11 件）、交通肇事罪（8 件）。上述案件案情简单，没有争议，责任界定清楚，因此认罪认罚程序适用率较高。适用认罪认罚的则简易程序适用率也较高，在 130 件认罪认罚案件中有 91 件适用简易程序，提高了刑事审判效率。

6. 当事人谅解、达成和解协议情况分析

安徽省老年人犯罪中，取得当事人谅解、达成和解协议的案件有 63 件，集中于故意伤害罪（22 件）、交通肇事罪（13 件）、盗窃罪（5 件）、故意杀人罪（4 件）、故意毁坏财物罪（4 件）、过失致人死亡罪（3 件）。取得被害方谅解首先在于被告方在事后积极赔偿，补偿被害方的损失，其次在于上述案件中，尤其是故意伤害案、故意杀人案以及过失致人死亡案件中，不少当事人双方存在相熟关系，因此具有交流的基础。

7. 审级、审理法院层级情况分析

安徽省老年人犯罪中，一审案件有 441 件，二审案件改判的有 4 件。二审案件的启动多是因为被告人认为一审法院量刑过重，二审法院对量刑予以改判。由基层人民法院审理的案件有 433 件，由中级人民法院审理的案件有 10 件，由高级人民法院审理的案件有 2 件。中级人民法院审理的除 2 例二审案件外，其余均为故意杀人罪案件以及故意伤害致人死亡案件。

整体反映出安徽省老年人犯罪案情简单、争议不大、危害轻微的特点。

七　西北地区

（一）西北地区老年人犯罪的整体分析

西北地区老年人犯罪主要集中在陕西省与甘肃省（见图 3－13），但

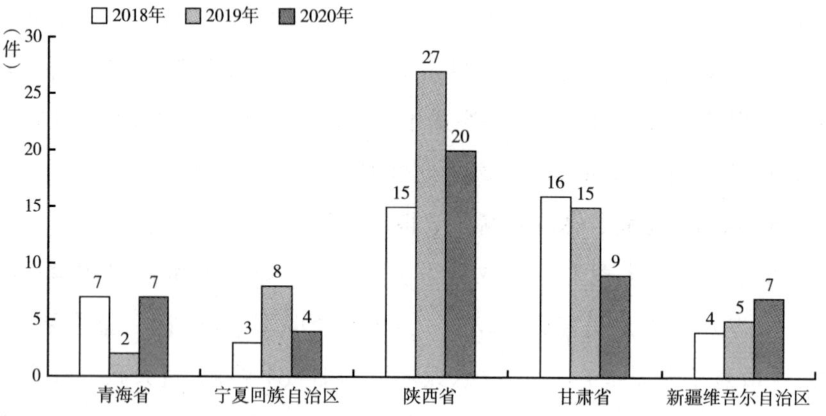

图 3－13　2018～2020 年西北地区老年人犯罪案件量

资料来源："元典智库" 数据库。

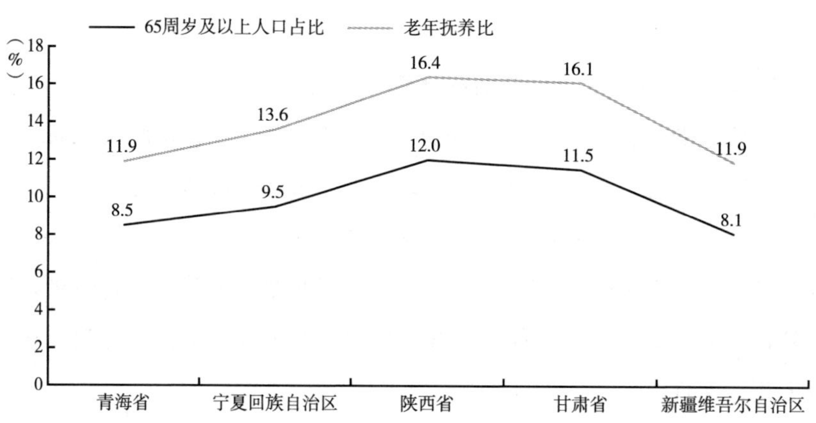

图 3－14　2019 年西北地区老年人口统计

资料来源：国家统计局。

从老年人犯罪全国数据来看，西北地区各省份老年人犯罪案件量较少。首先，从其各省份老龄化角度来说，西北地区老年人口占比以及老年抚养比均低于全国平均水平，面对的老龄化压力较小（见图 3－14）。其次，经济的发展也会限制老年人犯罪的选择。另外，其与当地的司法实践习惯密切相关。西北地区各省份老年人犯罪案件在 2018 年至 2020 年增长趋势与老年人犯罪整体增长趋势也有不一致。如图 3－13 所示，青海省 2018

年案件最多，2019 年案件最少；甘肃省逐年下降，而新疆维吾尔自治区逐年上升。因此，在把握老年人犯罪整体趋势之外，还需要关注具体地区的趋势。下文将选取案件量较多的陕西省进行老年人犯罪具体分析。

西北地区各省（自治区）关于老年人犯罪的量刑意见如下。

陕西省高级人民法院、陕西人民检察院《〈关于常见犯罪的量刑指导意见〉（试行）实施细则》中规定，对于已满 75 周岁的老年人犯罪，综合考虑犯罪行为的性质、情节、后果等情况，故意犯罪的可以减少基准刑的 40% 以下，过失犯罪的，可以减少基准刑的 20% ~50% 。

甘肃省高级人民法院《〈人民法院量刑指导意见（试行）〉实施细则》中规定，对于 65 周岁及以上的人犯罪，综合考虑犯罪的性质、动机、目的、情节、后果，犯罪时年龄，悔罪表现，再犯可能性等情况，可以减少基准刑的 50% 以下。

青海省高级人民法院《〈关于常见犯罪的量刑指导意见〉实施细则》中规定，对于 65 周岁及以上的老年人犯罪，综合考虑犯罪的性质、情节、后果等情况，适当确定从宽的幅度。（1）已满 65 周岁不满 75 周岁故意犯罪的，可以减少基准刑的 30% 以下；过失犯罪的，可以减少基准刑的 40% 以下。（2）75 周岁及以上故意犯罪的，可以减少基准刑的 40% 以下；过失犯罪的，应当减少基准刑的 20% ~50% 。

新疆维吾尔自治区高级人民法院《〈人民法院量刑指导意见（试行）〉实施细则（试行）》，对于已满 75 周岁的老年人犯罪、综合考虑犯罪的性质、情节、后果等情况，可以减少基准刑的 40% 以下；过失犯罪的，应当减少基准刑的 20% ~50% 。

宁夏回族自治区高级人民法院《〈人民法院量刑指导意见（试行）〉实施细则（试行）》，对于年满 70 周岁的老年人犯罪，根据犯罪性质、情节和社会危害度等情况，可以减少基准刑的 30% 以下；对符合缓刑适用条件的，依法宣告缓刑。

甘肃省和青海省对老年人犯罪的年龄范围认定更宽，65 周岁及以上的老年人实施的犯罪均为老年人犯罪。而且甘肃省的刑罚适用更为轻缓，对于所有的老年人犯罪适用同一档的减轻幅度；而青海省区分为两个档，不满 75 周岁的老年人犯罪减轻幅度较小。对于已满 75 周岁的老年人，减轻幅度各地区大致相同。

（二）陕西省老年人数据

对陕西省 2018 年至 2020 年老年人犯罪总计 62 份裁判文书进行数据分析。

1. 案件类型分布

陕西省老年人犯罪中，案件类型包括危害公共安全罪（26 件），妨害社会管理秩序罪（20 件），侵犯公民人身权利、民主权利罪（11 件），侵犯财产罪（5 件）。在具体罪名分布上，主要集中于失火罪（18 件），走私、贩卖、运输、制造毒品罪（8 件），故意伤害罪（6 件），交通肇事罪（4 件），盗窃罪（4 件），非法种植毒品原植物罪（3 件）。陕西省老年人犯罪与全国老年人犯罪案件类型特征有所区别，失火罪与毒品类犯罪较多，而人身类犯罪、财产类犯罪较少。失火罪的发生主要是两个原因，即由祭祖烧纸而引发山林火灾（10 件），由在农田烧杂物而引发山林火灾（8 件）。毒品类犯罪中老年犯罪人所涉及的基本为贩卖毒品罪以及非法种植毒品原植物罪。而且，老年人犯罪中贩卖毒品的数量一般较少，社会危害性较小。

2. 共同犯罪与单独犯罪情况分析

陕西省老年人犯罪共同犯罪案件量较少，只有 10 件，而且分布于多种罪名，包括毒品类犯罪 2 件，以及盗窃罪，非法占用农用地罪，故意伤害罪，非法采伐、毁坏国家重点保护植物罪，扰乱国家机关工作秩序罪，诈骗罪，窝藏、包庇罪各 1 件。在上述共同犯罪案件中，共同犯罪人多为家庭成员，老年犯罪人多为主犯，只有在 2 例案件中，老年犯罪人为从犯。

3. 强制措施适用情况分析

陕西省老年人犯罪中，审前非羁押强制措施适用率较高，其中适用取保候审的案件有 49 件，适用监视居住的案件有 4 件。适用逮捕的案件中多集中于人身伤害类犯罪（7 件）、毒品类犯罪（5 件）、交通肇事罪（3 件）。

4. 刑罚适用情况分析

陕西省老年人犯罪中，给予刑事处罚的有 61 件，免予刑事处罚的有 1 件。在给予刑事处罚的案件中，被判处有期徒刑的有 41 件，被判处拘役的有 17 件，被判处管制的有 2 件，被判处无期徒刑的有 1 件。执行缓刑的案件有 46 件。免予刑事处罚的案件为段某某非法侵入住宅一案。在该案中，被告人为索要合法债务，非法侵入自诉人家中，在对被告人予以行政处罚后，被告人仍长时间居住在自诉人家中。鉴于被告人已年满 75 周岁，以及因索要合法债务而为不法行为，法院对其免予刑事处罚。

5. 简易程序、认罪认罚情况分析

陕西省老年人犯罪中，适用简易程序的有 23 件，适用认罪认罚的有 15 件。适用认罪认罚、简易程序的案件多案情简单，情节轻微，适用刑罚较为轻缓，如 23 件适用简易程序的案件有 20 件适用取保候审强制措施，18 件适用缓刑，还有 2 件被判处管制刑。

6. 当事人谅解、和解情况分析

陕西省老年人犯罪中，取得被害方谅解的案件有 15 件，包括失火罪 10 件，故意伤害罪 2 件，故意杀人罪、盗窃罪、妨害公务罪各 1 件。失火罪中当事人一般由祭祖或者在农田用火而不慎引发山林火灾，事后积极赔偿被害人的损失，被害人的损失得到补偿，因此也易于谅解被告人。在妨害公务罪案件中，被告人将执勤民警咬伤，事后执勤民警出具谅解书，法院据此酌情对其从轻处罚。在故意伤害罪和故意杀人罪案件中，被告人与被害人均具有基础关系，在案发后积极赔偿被害人损失；在盗窃罪中被告人案发后主动退赃，因此一般也能得到被害方的谅解。

7. 审级、审理法院层级情况分析

陕西省老年人犯罪案件中，全部为一审案件，没有二审改判的案件。由基层人民法院审理的案件为 61 件，中级人民法院审理的案件为 1 件。中级人民法院审理的为 1 例故意杀人罪案件，被告人因生活琐事与被害人发生争执而致其死亡，最终被告人被判处无期徒刑。在该案中，从宽处罚情节因被告人在审判时已年满 75 周岁而使用，法院也是在死刑的基础上进行从宽处罚。

第四章　老年人犯罪研究现状

一　老年人犯罪定义

（一）学科的定义

我们将老年人犯罪界定为刑法意义上及犯罪学意义上的概念。刑法意义上的老年人犯罪是指，75 周岁及以上的老年人实施的符合刑法分则规定的构成要件的犯罪，与其他犯罪的不同点只在于犯罪人的年龄界限。犯罪学意义上的老年人犯罪是指，75 周岁及以上的老年人实施的具有严重社会危害性的行为。传统观点认为只要实施了具有社会危害性的行为，都可以被认为是犯罪行为。老年人实施了轻微的危害社会的行为，但因为社会危害性较小，所以没纳入刑法处罚的范围，而只予以治安管理处罚等，或者实施了严重危害社会但是不符合刑法规定的犯罪行为，比如精神障碍者实施的犯罪行为，都属于犯罪学意义上的老年人犯罪。因此，犯罪学意义上的老年人犯罪涵盖的范围比刑法意义上的老年人犯罪更广。

（二）司法定义

老年人犯罪的年龄界限在哪里，各级各地的司法实务部门的认定不一致。有的法院认定被告人75周岁及以上才构成老年人犯罪，不满75周岁的老年人犯罪不予以从轻或减轻处罚。如陈某非法经营罪一案[①]，法院认为，根据法律规定，已满75周岁的人故意犯罪的，可以从轻或者减轻处罚。即我国刑法所称的老年人犯罪系已满75周岁且精神正常的人。在案户籍证明证实，陈某生于1954年5月4日，属于未满75周岁的人员，司法认定其不属于老年人犯罪。黄某故意伤害一案[②]，被告人作案时64周岁，法院认为根据《中华人民共和国刑法》第17条之一以及《贵州省高级人民法院贯彻〈最高人民法院关于常见犯罪的量刑指导意见〉实施细则》之规定，被告人未达到老年人犯罪的法定年龄。故辩护人以此为由建议从轻处罚的意见于法无据，不予采纳。但也有的法院认为只要被告人满60周岁即构成老年人犯罪。司法实践中对老年人犯罪年龄认定的不一致从前文所述的各省（区、市）关于老年人犯罪的量刑指导意见也可见一斑。

造成司法认定不一致的原因，主要在于我国不同的法律对老年人的年龄认定不一致。《中华人民共和国老年人权益保障法》第2条规定："本法所称老年人是指六十周岁以上的公民。"《中华人民共和国治安管理处罚法》第21条规定，70周岁以上的，依照本法应当给予行政拘留处罚的，不执行行政拘留处罚。我国《刑法》第17条规定："已满七十五周岁的人故意犯罪的，可以从轻或者减轻处罚；过失犯罪的，应当减轻处罚。"据此，司法实务部门根据我国《刑法》的规定将75周岁及以上的人犯罪才认定为老年人犯罪，定性后可依法从轻或减轻处罚，体现对老年人犯罪的实质性从轻处罚，符合严格的罪刑法定原则。另外还有一些地方性司法解释，即各省（区、市）高级人民法院对于老年人犯罪的从轻处罚规定，其效力只限于所在省（区、市）。如前文所指，在地方老年人犯罪认定就有四个年龄划分标准，即年满60周岁，如浙江省；年满65

---

① 吉林省珲春市人民法院（2018）吉2404刑初121号。

② 贵州省镇宁布依族苗族自治县人民法院（2019）黔0423刑初142号。

周岁，如云南省、四川省、重庆市等；年满 70 周岁，如广西壮族自治区；年满 75 周岁，如广东省、辽宁省、山东省、江西省等。

在此必须澄清两个概念：一是老年人的犯罪，只要是老年人实施的犯罪行为都可称为老年人的犯罪，老年人的认定一般依据《老年人权益保障法》；二是老年人犯罪，老年人的认定应当以老年罪犯从轻或减轻的刑事责任年龄为认定标准。老年人犯罪应当承担的刑事责任以刑法规定为准，有些司法解释以年龄作为酌定情节予以从轻处罚，具有司法效力，在判决中可以作为法律根据适用，而法定从轻或减轻处罚的年龄情节必须根据立法规定，不能有违罪刑法定原则。《刑法》规定 75 周岁及以上的老年人是法定从宽情节，因此，75 周岁及以上的老年人实施的犯罪就是老年人犯罪。老年人犯罪含在老年人的犯罪之中，其内涵更丰富，外延更窄小些。在运用老年人犯罪这一概念时，有的是从犯罪学意义上使用的，有的是从刑法意义上使用的，必须根据当时的语境进行辨析。

（三）域外的现状

在传统理论中，老年人总是被认为是一个容易被害的群体，因此对于老年人和犯罪问题的研究主要集中于老年人被害的问题。关于老年人犯罪问题，最初在社会学领域开始研究。1982 年 3 月，第一次老年犯罪人年会（The First Annual Elderly Offender Conference）在纽约召开。此后，老年人犯罪进入媒体的视野，宣称老年人犯罪的浪潮已经到来，并大肆渲染老年人犯罪的暴力性。比如，纽曼（Newman）在其参与的《老年犯罪人》（*Elderly Criminals*）一书中认为，老年人犯罪的数量远比我们认识和处理得多，并且随着老龄化社会的到来，老年人数量不断增多，因此老年人犯罪的比例虽然低，但是绝对数量也是在不断攀升。[①] 之后，老年人犯罪在法学领域获得关注，日本学者还提出一个假设，即在任何

① 郭晓红：《当代老年人犯罪研究》，中国政法大学出版社，2011，第 17 页。

时间和场所，一旦老年犯罪人的自身控制减弱，犯罪行为就会随之增加。[①] 而威廉·威尔班克斯（William Wilbanks）和 Paul K. H. Kim 在其《老年犯罪人》（*Elderly Criminals*）一书中，认为尽管随着老年人口的增加，老年犯罪人并不一定就会增加，但是老年人犯罪应该作为一个社会问题受到重视，比如老年人实施犯罪种类较为固定的原因。

而关于老年人犯罪的定义，如前文所述，有形式标准和实质标准之分，但在实务通说中，往往主张广义上的老年人犯罪，即以实际年龄为标准。对于老年人年龄的划分，域外立法通常以 60 周岁和 65 周岁为标准。联合国 1982 年在维也纳召开“老龄问题世界大会”，会上一致通过《维也纳老龄问题国际行动计划》（Vienna International Plan of Action on Aging)，确认了 60 周岁为老年人的起点年龄，“硬性的却比较方便的办法是把 60 岁和 60 岁以上的人统一划为年长人”。欧美等发达国家和地区，由于经济水平较高，老年人平均寿命较长，因此老年人犯罪年龄的起点一般定为 65 周岁；而在亚太地区的许多国家，包括俄罗斯等国家，则把 60 周岁定为老年人犯罪年龄的起点。

二　我国老年人犯罪研究目前存在的问题

（一）犯罪数据获取困难

在国家层面缺乏全面的数据统计，获取老年人犯罪的各种数据存在一定的困难。根据我国刑事诉讼法对司法各部门的职能划分，公安系统可统计立案数据，检察系统统计批捕案件量、不起诉及提起公诉的案件量，法院系统可分审判层级统计立案数、结案数、判决结果等，以及监狱系统可做收押犯人的统计。许多学者利用个人的师生关系、同学关系

① 参见郭晓红《当代老年人犯罪研究》，中国政法大学出版社，2011，第 18 页。

等做一些个别的调研，所取样本有限，不足以说明所存在的全部问题。

我国的犯罪统计主要是根据不同的犯罪类型进行单一化统计，处于粗线条状态。就目前公布全国性犯罪统计数据的权威性资料《中国法律年鉴》而言，并没有老年人犯罪的统计数据，不管是公安系统、检察系统还是法院系统，都没有将老年犯罪作为一个统计的指标，而是按照犯罪人的年龄进行统计，统计老年人的年龄则一般为60周岁及以上。与许多国家和地区相比，我国迄今没有详细统计各类犯罪指标的统计数据，如日本的《犯罪白皮书》或美国的《统一犯罪报告》之类。因此，很难找到全国性的有关老年人犯罪的统计数据。虽然有地方的一些关于老年人犯罪的统计资料，但统计主体往往是单个法院，犯罪统计量较少，地域差异性大，难以获得全面的老年人犯罪数据。此外，不同地方法院对于老年人犯罪标准认定不一，因此，也难以从地方性的统计资料中发现有效的老年人犯罪统计数据。

除了老年人犯罪统计数据本来就数量少之外，很多统计资料还不向社会公开，据此有学者指出“不要说纯民间机构和普通研究人员，就连社会科学院这种半官方的机构，也难以得到一些必要的信息和资料”①。缺乏老年人犯罪的统计数据给准确研究老年人犯罪带来了巨大的困难。

（二）对老年人犯罪理论研究的欠缺

“老年人在刑事法学研究中常常被认为是弱者，所以从老年人被虐待和老年人被害的角度进行研究的比较多，老年人犯罪问题一直没有受到应有的重视。”② 当前，我国关于老年人犯罪问题研究，虽然有所涉及，但是还缺乏系统、深入的研究。一方面，专门针对老年犯罪人的专著还比较少，目前针对老年人犯罪的主要有4部专著。一是吴宗宪、曹

① 刘仁文：《论刑事政策的评估》，《政法论坛》2002年第4期。

② 张秋：《老年人犯罪从宽处罚原则探析》，《人民论坛》2012年第5期。

健主编的《老年犯罪》，本书讨论了老年人犯罪的特征、原则及对策，并且对老年暴力犯罪和老年性犯罪的特征、趋势及原因进行了具体论述[①]；二是郭晓红的《当代老年人犯罪研究》，本书通过对某省2500余份老年人犯罪判决书进行分析，描述了老年人犯罪问题的现状，分析老年人犯罪的各方面原因，并在此基础上提出对老年人犯罪的处置与防范对策[②]；三是姚迎光编著的《老年犯罪心理学》，其从心理学的角度对老年犯罪状况以及侵害生命健康型犯罪心理、性犯罪心理、侵财性犯罪心理，以及老年被害心理、老年变态心理进行论述，并且从心理学的角度提出了对老年犯罪的预测、预防和矫正[③]；四是王震的《老年人犯罪刑事责任研究》，本书主要从老年犯罪人的刑事责任切入，讨论老年人犯罪在侦查起诉和量刑中的相关问题，并且对老年犯罪人的刑事责任类型和刑罚执行提出自己的建议。[④] 除专门针对老年人犯罪的专著外，其他著作多是在论述犯罪主体时会提及老年人犯罪，或是一些犯罪心理学方面的教材对老年人犯罪心理有所涉及。在专著之外，就是一些学术论文针对老年人犯罪的某个方面进行论述，如审讯对策、刑罚完善、社区矫正、老年人的暴力犯罪等。以“老年犯罪”为关键词在“中国知网”进行检索，结果显示期刊文章、学位论文共仅有200件。另一方面，上述专著，除王震的《老年人犯罪刑事责任研究》是于2021年出版之外，其他3本专著均出版于10年前，虽然其中也有进行数据分析，但随着社会的飞速发展，10年前的研究已经与当下老年人犯罪现状有较大出入，因此需要根据当下的老年人犯罪现状对老年人犯罪理论进一步进行分析。因此本书以大数据为基础，将所研究的重点置于老年人犯罪的研究之中，包括老年人犯罪的现状、老年人犯罪的原因以及对老年人犯罪的预防（其中虽然涉及一些老年被害人，但不作为主要内容论述），试图改变传

---

① 吴宗宪、曹健主编《老年犯罪》，中国社会出版社，2010。
② 郭晓红：《当代老年人犯罪研究》，中国政法大学出版社，2011。
③ 姚迎光编著《老年犯罪心理学》，中国政法大学出版社，2012。
④ 王震：《老年人犯罪刑事责任研究》，经济管理出版社，2021。

统学界将老年人犯罪的重点一直置于老年被害人方面的状况，呼吁整个学界乃至社会对于老年人犯罪的重视，以便从容对待老年人犯罪问题。

（三）老年人“犯罪黑数”数量较大

犯罪黑数是指已经发生的但是没有进入犯罪统计数据的犯罪数量。犯罪黑数是犯罪统计中普遍存在的问题，在任何年龄段的犯罪人实施的犯罪中，都有相当数量的犯罪没有进入犯罪统计，造成这种现象的原因十分复杂。但是，就老年人犯罪而言，犯罪黑数可能更大。[①] 由于传统的“尊老爱幼”观念及老年人作为一个家庭的“大家长”地位，很多情况下老年人犯罪后，人们不告发、不追究，常常以“私了”结案。而以民间“私了”结案自然不会进入司法程序进行犯罪统计，而且司法行政机关往往也会建议当事人和解结案。另外还有其他因素影响。由之，老年人犯罪黑数可能会比其他年龄群体的犯罪人犯罪黑数大。例如，在性犯罪中，老年人性犯罪的对象多为智力存在障碍的女性或者懵懂的幼女，其对于被侵害的事实一般无能力或者无意识向他人告诉，从而导致老年人性犯罪的统计数据与实际案发数量存在较大差距。因此，即使有老年人犯罪的统计数据，统计数据与真实情况也存在较大差距，不能准确反映老年人犯罪的真实情况。这一问题难以回避，凡是存有犯罪黑数的领域，必然会导致相关大数据与结论的不协调。本书在面对这一不协调问题时会具体探讨犯罪黑数的影响，以更多地得其真相。

三　老年人犯罪发展趋势预测

基于我国老龄化、社会保障及老年人犯罪等问题的现状对老年人犯罪进行预测，老年人犯罪可能呈以下发展趋势：老年人犯罪的数量会不

---

① 吴宗宪、曹健主编《老年犯罪》，中国社会出版社，2010，第12页。

断增加，这已成为不可逆的趋势；老年人犯罪类型呈现多样化；老年人财产犯罪逐渐增多；老年人暴力犯罪增多；等等。

（一）老年人犯罪的数量增加已成为不可逆转的趋势

“老年潮”的到来是世界性的趋势，我国自2001年始逐步迈入老龄化社会，而且随着生活水平的提高，老年人寿命逐渐增长，老年人口数量大幅增加。从全国犯罪案件整体来说，老年犯罪仍占较小比重，但随着人口老龄化的加深、老年人口数量的增加，老年人犯罪绝对数量也会逐渐提高。根据前文所检索到的数据，从2012年开始，除2020年外，老年人犯罪案件量每年都有所增长。理论上说，随着年龄的增长，老年人犯罪的动机会显著降低。但是近年来，随着老龄化程度的加深，法院审理的刑事案件中，老年人犯罪的发案率呈上升趋势，老年人犯罪案件的增长率明显高于全部犯罪案件的增长率。犯罪学的研究表明，一定年龄人群中发生的犯罪数量通常具有某种特定的规律性，除非是产生一些重大的社会变化因素，否则这种规律性不会有明显突出的变化。[①] 在老龄化程度加深的过程中，老年人口基础数据大量增加，在增长率相对稳定的情形下，一般而言，老年人犯罪的数量也会随着老龄化人口的增加而不断增加。

（二）老年人犯罪类型呈现多样化

以往的老年人犯罪类型主要集中在毒品类犯罪、交通类犯罪、人身伤害类犯罪和财产类犯罪，而且财产犯罪往往集中于盗窃罪、诈骗罪。在821件侵犯财产类犯罪中，盗窃罪有538件、诈骗罪有136件，在财产类犯罪中占比为82.10%。但未来，老年人犯罪的类型可能会不断多样化。随着生活物质水平的不断提高和医疗条件的进一步改善，我国老年人的平均寿

① 白建军：《从中国犯罪率数据看罪因、罪行与刑罚的关系》，《中国社会学》2010年第2期。

命不断延长，老年人的身体素质比过去增强了不少。同时由于社会生活的变化，老年人有更多的参与其他社会活动的机会。所有上述这些变化都会导致老年人犯罪类型的变化，某些犯罪类型的案件比例会下降，而某些犯罪类型的案件比例会上升，甚至会出现未曾出现过的老年人犯罪类型。2018年老年人犯罪案由类型有 82 种，2019 年案由类型有 85 种，2020 年案由类型有 95 种，新增罪名如帮助信息网络犯罪活动罪、聚众扰乱国家机关工作秩序罪，以及协助组织卖淫罪、组织卖淫罪等。此外，或许针对一种犯罪，行为类型也会出现多种变化，其中最为明显的则为财产犯罪。比如，由于当下老年人体能与过去相比更为充沛，老年人在实施犯罪行为时，就会出现能偷则偷、偷不了则骗、骗不了则抢的多种方式以提高犯罪成功率。

（三）老年人财产犯罪逐渐增多

老年人财产犯罪中，从整体上看，案件数量呈增长趋势，2015 年之后，老年人财产犯罪数量每年在 200 件以上，且 2016 年之后一直在 250 件以上（见图 4 - 1）。社会学派认为，犯罪是由多种因素造成的，包括行为人的危险性格、社会因素等。老年人犯罪趋势的变化，深受一国的社会政治、经济发展、文化传统等社会因素的影响和制约。而老年

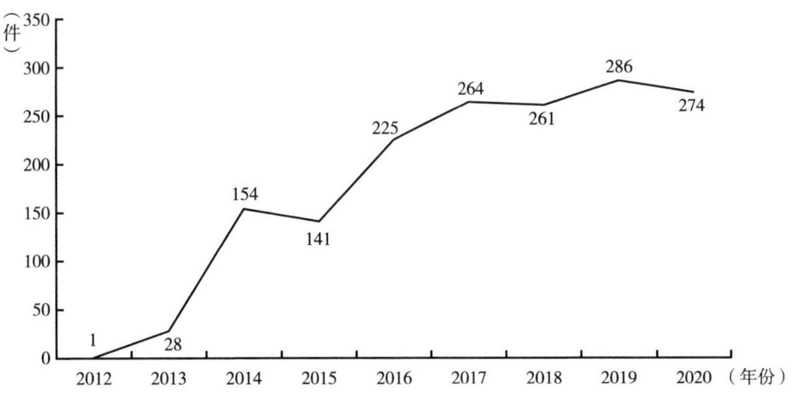

图 4 - 1　2012 ~ 2020 年我国老年人财产犯罪案件量变化趋势

资料来源："元典智库" 数据库。

人财产犯罪逐渐增多的原因之一或许是老年人的生活压力过大，我国的老年社会保障制度还需要进一步完善。国家和社会根据老年人的特殊需要和自身情况，通过国民收入的分配和再分配，依法对老年人的生活权利予以保障的社会安全保护制度，就是主流学说观点所定义的老年社会保障制度，主要包括养老保险、医疗保险和社会救助等内容。新华网与《半月谈》曾进行了一项题为“中国未来发展的主要挑战因素是什么?”的调查，“社会保障体系不完善”得票占比为53.9%，高居第三位。[①]在人民网发起的强国社区网络调查的十个议题中，民主政治、反腐倡廉、社会民生以及可靠的社会保障是网民最关心的。虽然我国目前在社会保障领域的改革取得重大成就，但是现行的农村社会养老保险制度体系还存在较多不足，使得大量老年人在进入城市后，不足以维持生计，或者“因病返贫”“因病致贫”而“因饥生盗”。

（四）老年人暴力犯罪案件绝对数量增多

在暴力型犯罪之中，本书中所讨论的老年人暴力犯罪主要为故意杀人罪与故意伤害罪。从暴力犯罪的统计数据变化来看，暴力犯罪其绝对数量增长缓慢趋于稳定。从2014年之后，虽然案件量整体有所增长，但每年的变化幅度较小（见图4－2）。

从社会整体来看，随着司法机关严厉打击恶性暴力犯罪，且在和谐社会和法治社会的宣传与构建的大背景下，人类的文明程度整体提高，暴力犯罪的数量将有所下降，但老年人采取暴力型手段的犯罪将可能相对增加。其原因一方面在于老年人身体素质提高，充沛的精力为暴力犯罪提供了条件；另一方面则基于法律和社会对老年人犯罪的宽容，而且在很多情况下人们可能都不相信老年人会犯罪，或者老年犯罪人在实施

① 参见《“每日调查”显示：网民关注腐败问题对未来中国发展形成的挑战》，新华网，2012年11月13日，http：//www. xinhuanet. com//politics/2012－11/13/c_ 113676582. htm，最后访问日期：2022年11月10日。

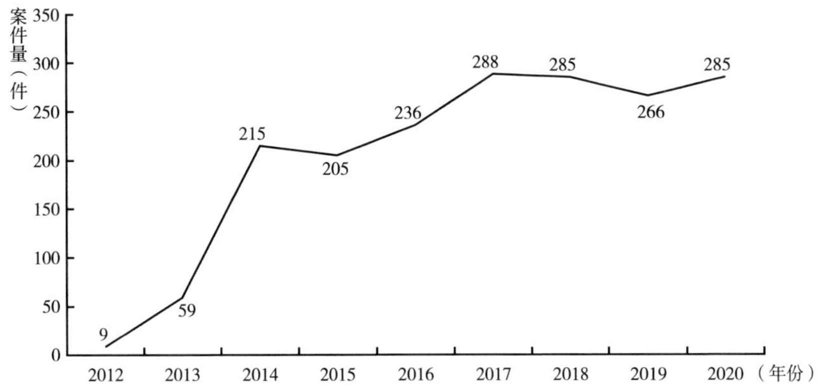

图 4－2　2012～2020 年我国老年人暴力犯罪（包括故意杀人罪与故意伤害罪）变化趋势

资料来源："元典智库" 数据库。

犯罪时对逃避刑罚制裁存有侥幸。曾有新闻报道，一女生报警称路过的一位老人摸了自己胸部，涉嫌猥亵，但由于老人一直否认，办案民警就此撤案，之后老人被控告猥亵多次，公安民警才相信老人的违法行为。① 还有一种情况为，纵使老年人实施了违法犯罪行为，但老年人以自己年龄大、身体不好等借口推卸责任，阻碍司法机关的调查。2018 年江西警方打掉了一个平均年龄为 79 岁高龄的犯罪团伙。据办案民警介绍，这个名为"刘家老年协会"恶势力犯罪集团 19 名涉案人员年龄最大的为 92 岁，最小的也有 68 岁，通过充当"地下出警队""地下调解队""地下医闹队"等角色，实施寻衅滋事、敲诈勒索、聚众斗殴、聚众冲击国家机关、非法拘禁等违法犯罪活动，称霸一方 19 年。公安机关称，在办案过程中，"战战兢兢"。② 基于上述多种原因，老年人恶性犯罪可能越来越多，暴力犯罪也可能逐渐增多。

---

① 参见《64 岁老人数次伸出"咸猪手"专挑年轻女孩!》，搜狐网，2021 年 12 月 6 日，https：//www. sohu. com/a/505821003_ 120002013，最后访问日期：2022 年 5 月 10 日。

② 参见《平均 79 岁"老年协会"涉恶，最大的 92 岁，称霸 19 年》，百家号，2021 年 12 月 6 日，https：//baijiahao. baidu. com/s？ id = 1655454598293244646&wfr = spider&for = pc，最后访问日期：2022 年 5 月 10 日。

（五）针对老年人的犯罪案件增多

此处主要指老年人以老年人为犯罪对象的案件增多，即犯罪主体是老年人，且他们以老年人为犯罪对象。该类型案件主要表现在养老、家政行业，诸如保姆或养老院护理等工作。老龄化的趋势带来的是养老行业的发展，由于其工作性质，老年人从业者人数较多，但目前针对养老、家政行业从业人员的资质监督、管理仍较为缺乏，保姆或者养老院从业人员虐待甚至杀害照顾对象的犯罪行为也不在少数，因之养老、家政行业的犯罪也是不可忽视的一个方面。《中华人民共和国刑法修正案（九）》在《刑法》第 260 条后增加一条，作为第 260 条之一，该条第 1 款规定，对未成年人、老年人、患病的人、残疾人等负有监护、看护职责的人虐待被监护、看护的人，情节恶劣的，处 3 年以下有期徒刑或者拘役。该规定为处罚保姆等养老从业人员虐待被看护人行为提供了法律依据。比如庞某虐待被监管人罪一案中[①]，被告人庞某 1953 年出生，以保姆身份看护被害人（男，77 岁），看护期间多次以辱骂、推搡、拍打、扇耳光等方式虐待被害人，致使被害人身体多处皮下出血、皮肤擦伤。经司法鉴定中心鉴定，被害人身体所受损伤程度为轻微伤。法院认为，被告人不仅没有按约定尽职尽责照顾、看护被害人，还采用暴力手段虐待 77 岁且身患疾病的被害人，其行为不仅侵害了被害人的身心健康，而且违背了监护、看护职责。最终被告人被处以虐待被监护、看护人罪，判处有期徒刑 1 年，并禁止被告人从事看护工作 3 年。

养老、家政行业之所以成为针对老年人犯罪的高发区域，主要基于以下原因：患病老年人往往自卫能力差、表达不清楚，甚至意识不是很清醒，保姆、照顾的人等作案容易成功，而且不容易引起受害人家属怀疑。尤其是，老人的子女对通过家政公司介绍签署了合同的保姆的信任

---

① 北京市房山区人民法院（2016）京 0111 刑初 630 号。

度比较强，对住家保姆具有一定的信任感，因而疏于对保姆的监督、检查，这为保姆作案提供了便利条件。此外，如前所述，当下对于养老行业、家政行业的从业人员存在监管漏洞，没有门槛限制。当前，社会对养老从业人员的需求量高，其在养老市场中供不应求，因此某些雇主对于养老行业的从业人员没有过高资质要求。养老行业从业人员素质的参差不齐，必然导致犯罪可能性的增加。

（六）老年人性犯罪可能会增加

老年人性犯罪是老年人犯罪中较为常见的犯罪类型，其在老年人犯罪中占比为3%，与故意杀人罪案件数基本等同。老年人性犯罪如此高发的原因与生理需求得不到满足具有密切关系。医学研究表明，从生理角度和生殖细胞实验观察，人的性欲可以持续到很高的年龄。[①]对于很多高龄老年人来说，虽然由于身体机能的日渐衰弱，性生活的频率会有所下降，但是他们的生理需求仍存在。而且，随着社会经济的发展和生活水平的提高，老年人身体素质比过去同龄人有了很大的提高，从而也会导致老年人的性欲进一步后延。同时，随着生活方式的变化和社会交往的增加，例如新媒体形式的发展，老年人受到外界刺激的可能性不断增加，而与此形成对比的是，很多老年人满足生理需求的正常途径没有增加。特别是对于男性老年人而言，其妻子因绝经期的到来而性需求降低，这样就会导致很多高龄老年人因生理需求得不到满足而实施性犯罪。这使得社会上多发专门针对老年人的卖淫行为，也部分解释了老年人犯罪中组织卖淫罪和协助组织卖淫罪的出现。

---

① 吴宗宪、曹健等：《完善老年福利体系视角：中国老年犯罪状况研究》，《社会福利》（理论版）2012 年第 3 期。

第五章　老年人犯罪原因

逻辑推理有其局限性，而实证研究恰恰可以证明我们的预设是正相关还是负相关。理论上的推理在于：中国正处于向老龄化社会转型的模式之中，75 周岁及以上的老年人绝对数量与相对比例都在不断上升；而在这个转轨的过程中，与其相配套的制度跟进较缓慢，无法适应巨变的社会发展。比如，正在改革的我国退休制度，已经逐步滞后于社会年龄层级，大量退休人员集中出现，而由此导致退休人员生活经济来源减少，无法实现其生活目标，甚至背离退休后的生活追求，这将有可能导致老年人犯罪数量在 75 周岁及以上年龄段呈现增长趋势。前几章的老年人犯罪数据以及老年人犯罪现状分析，从实证和逻辑两方面为我们呈现了老年人犯罪的整体情况。

正如西原春夫教授所论，犯罪行为的本源是人的意志。[①] 老年人的犯罪行为也是由老年人的心理外化而来，反映了老年人心理的变化。老年人的犯罪意志深受三种因素影响：生理因素、心理因素、社会因素。这三类因素是相互关联的。生理因素研究的是老年人犯罪过程，其身体机能的变化最终影响到心理，并导致一些心理变化和对环境的反应。此外社会因素也存在于环境中，对个体有一定的影响。换句话说，老年人的犯罪行为是不同类型、不同程度的因素综合作用的结果，必须全面分

---

① 〔日〕西原春夫：《刑法的哲学与根基》，顾肖荣等译，法律出版社，2004，第 95 页。

析，因为它既受年龄的生理变化影响，又受心理因素和社会因素的影响。

那么，老年人犯罪率日渐增长，其原因何在？本章结合前文的数据及已有的理论观点进行分析、论证、探讨。

一　生理因素

众所周知，人的老化，作为一种自然规律下的生理现象，是无法背离的，人的社会心理和社会行为会受人自身老化的重要影响，而这种影响又会导致一些人实施犯罪行为。世间万物，都会经历出现、成长、衰退、消亡这一过程，人类也不例外，这是自然规律，违反自然规律既不现实也不可能，这是一个自然的、不可抗拒的过程。第一，一般来说，人在进入老年之前，都会经历一个更年期的阶段。在更年期，无论男女都会出现生理功能上的衰弱、退化，有些人还会出现更年期症状，如高血压、心悸、脉搏加快、多汗、头痛、疲劳、排泄困难等。第二，更年期生殖功能的丧失也会导致生理上的不稳定，女性更年期症状比男性更明显。第三，当大脑中的神经细胞死亡，停止分裂繁殖时，随着年龄的增长，大脑会萎缩，大脑功能受到不同程度的损害，从而会影响到人脑的生理功能的发挥。而人的老化导致的生理变化会引起心理变化。虽然衰老的速度和程度因人而异，但每个人的身体组织和器官的衰老特征是有共性的。

（一）感官系统的变化

如前文数据分析所示，老年人暴力犯罪多由生活琐事等产生纠纷而引发，在故意伤害罪中，因家庭矛盾和邻里纠纷而发生的案件在故意伤害罪中占比为33.5%，在故意杀人罪案件中因家庭矛盾和邻里纠纷而发生的案件占比为49.0%。其主要原因是随着年龄的增长，人的感觉器官会发生明显的变化和减弱，从而导致许多心理变化，如对他人行为产生误解而冲动犯罪。如前文所说的不可违背盛衰之自然规律，对人类而言，这种规律具体表现为，随着年龄的增长，尤其是在人类年龄达到75周岁以后，人的视觉、听觉、嗅觉、味觉等感觉系统会发生变化，功能不断衰弱、退化，而各自退化的速度也不一样。在视力方面，视觉的适应性和灵敏度明显下降，所以老年人在阅读和书写时更多的是依赖阅读眼镜。在色觉方面，对绿色、蓝色两种原色的感知能力大大降低，但对红色和黄色的感知能力没有明显改变。在听觉方面，对频率较高的声波的获取会下降较多，对深层声音的感应下降较多，分辨和进一步识别振动发声的能力明显下降。嗅觉和味觉也有明显的变化，老年人一般对咸味比较敏感。触觉、痛觉、温度等皮肤感觉也有一定程度的降低。①

一方面，老年人对外接收信息的视觉和听觉器官的老化会导致视力和听力的下降，进而导致性格的改变，如表现为以自我为中心、固执、褊狭、幼稚；另一方面，老年人感觉器官的老化会导致接收外界信息能力和存储内部或外部信息能力的下降，从而导致设计和选择实施智力犯罪的手段比其他年龄段的人减少。他们常常把与自己无关的言语和手势理解为脏话或侮辱，看成是恶意的表现，因而暗自怨恨。当老年人被某种特定的情境或环境左右时，最终可能在这种被害意识的驱使下，寻求报复或实施犯罪。② 因此，老年人的暴力犯罪多表现为轻型的由琐事引起的激情型犯罪，且犯罪手段相对单一。

（二）肌肉骨骼系统的变化

正如前述所表明的，老年人犯罪案件中的被害人多为周边的熟人，

---

① 姜德珍等:《延缓衰老的奥秘——老年心理学漫谈》，中国经济出版社，2000，第22页。

② 梅传强主编《犯罪心理学》，法律出版社，2003，第190页。

比如在老年人猥亵儿童罪案件中，受害者多是老年人生活周边的邻居、熟人。其主要原因是，老年人生理机能衰退，其活动范围变窄，活动方式受到限制。人体的运动功能是依靠收缩四肢的骨骼肌来支配关节运动。随着年龄的增长，老年人肌肉纤维变细，水分减少，弹性降低，从而导致其收缩和伸展能力都明显下降。此外，老年人的骨的有机成分（如蛋白质）减少，无机成分（如钙盐）增加，也会导致其骨骼变脆，弹性和韧性下降，而这不仅会影响老年人运动反应速度和灵活性，而且容易发生骨折。老年人腰部迟钝、下肢弯曲、身材变矮小等都是老年人运动系统衰退的特征。老年人在 70 周岁之后也更容易患有帕金森病、亨廷顿病、平衡障碍等运动障碍。由于运动能力的下降，对外界的干扰能力实际上也会下降，因此老年人犯罪不太会选择暴力手段，实施暴力性犯罪相对于较年轻成年人的可能性较低，而且，即使选择暴力手段，受害者也多为儿童或其他老年人等弱势群体。

（三）老年人神经系统的改变

随着年龄的增长，人的大脑发生了很大的变化，这种生理性变化在一定程度上，会导致老年人认识系统的改变。人类的身体是一个非常复杂且高度集约化的系统，各个器官和系统的功能并不是独立的，它们之间是相互联系、相互制约的。神经系统作为中枢纽带，以直接或间接的方式调节和控制着它们，神经系统是人体中最主要的调节系统。由于人生活在不断变化的环境中，进而不断影响着身体的不同功能，神经系统必须做出快速、完善的调整，才使身体能够适应内外环境的变化。随着年龄的增长，脑细胞总数减少，神经系统中的神经细胞会出现流失，生理功能必然会反映这些大脑结构和新陈代谢的变化。对脑电图的规律探究表明，在 60～80 岁，脑电波活动的振幅和频率都会下降，75 周岁及以后，所带来的变化最明显。在大脑的后部，有一个特殊的结构叫基底神经节，这个结构具有重要的运动调节功能，脑部血流减少会使其功能大打折扣。老年人神经系统整体与部分的功能下降，会使其出现各种认知误区，例如，有的老年人会产生错觉，认为自己犯了罪不会被追究，或者犯了重罪会被轻判，还有的长辈觉得自己只有几年的寿命，宁愿牺牲自己的名声和自由来满足子女的不同需求。

（四）性系统的变化

在老年人性犯罪中，老年人性犯罪者基本为独居男性，其性欲长期受到压抑，得不到释放，最终扭曲变形，而走向犯罪的深渊。老年人性犯罪中除了上述独居因素而导致性需求无法得到满足之外，还有性功能变化的影响。人脑内分泌功能的高级中枢，是下丘脑及其相关的垂体。随着年龄的增长，这个部位的结构变化会更加明显。脑垂体分泌 7 种激素，进而影响性腺、甲状腺、肾上腺和胰腺等细胞，导致其内部的内分泌功能发生改变。性激素虽然不是影响人类性行为的唯一因素，但人类性行为会受到性激素重要影响，性功能随着年龄的增长而趋于下降，但并没有完全消失，人类对性的欲望和兴趣即使在晚年也能保持。换言之，性行为在老年人的精神生活中仍起着重要作用，老年人尤其是老年男性仍有性需求和性活动的条件。本书所统计的 75 周岁及以上老年人实施的性犯罪，在老年人犯罪案件中占比为 3%，与故意杀人罪案件数量基本一致。然而在现实生活中，老年人的性需求总体上没有得到充分的满足。部分丧偶男性不愿谈论自己的性生活，因为传统观念上认为老年男性性激素下降从而性欲减退，谈论性事是“为老不尊”。

二　心理因素

从老年人的生理变化过程来看，人脑的老化是心理活动老化的基础。因此，衰老不可避免地表明心理活动发生了与年龄有关的变化。一般来说，人脑的衰老是一个缓慢的过程，所以老年人的心理活动变化也是逐渐发展的。此外，随着年龄的增长，大脑的各种生理功能的退化都会不同程度地表现为心理活动的老化，一般代表着心理性能的下降，但各种心理性能的下降程度是不一样的，与大脑的位置和老化程度有关。例如，大脑海马区老化严重，导致海马硬化症发生，脑神经元坏死，脂褐素沉积，出现大量老年斑。神经元纤维交织，胶质细胞增生，严重损害大脑海马区的生理功能，使记忆力下降，特别对老年人的时间记忆有重大的影响，严重时可出现健忘、记忆缺陷和虚构记忆问题。其他的情绪危机，如情绪波动、焦躁不安、情感脆弱、暴怒等，也会随老化过程而出现。从精神医学的视角进行的老年人犯罪研究，主要是针对个罪进行的。如针对老年人性犯罪，犯罪学家结合精神科学的研究，提出了“性欲再燃说”、“性倒置说”以及“替代补偿说”多种理论。

也有学者从精神科学的角度对老年人盗窃、暴力犯罪进行解释。德国学者 Braunmuhl 认为，老年人的自我抑制能力衰退，对于自己想要的东西就会有更强的取得欲望。[①] 与此同时，随着年龄的增长，人们对新事物的适应能力不断降低，生活中层出不穷的新事物会给老年人带来压迫感，加之老年人对应激反应的耐受性较差，很容易诱发精神疾患，从而促使老年人实施暴力犯罪行为。Rhudick 就通过自然科学的实证研究，指出情感控制困难、工作能力减退、可塑性降低的现状，很容易使得个体产生自身与周遭环境的疏离感，从而诱发伤害行为。[②]

有些老年人存在精神障碍问题。这些人无法理性控制自己的行为，甚至出现思维异常的状况，从而使得自己在精神障碍状态下实施了手段残忍的暴力犯罪行为。[③] 日本的老年犯罪学研究也证实了这一结论，如金子仁郎教授就通过对老年罪犯的心理学研究指出，处于老年期的老年人社会活动减少，对事物的乐趣减退，随着社会关系圈的缩小以及亲友的离去，他们逐渐对自己的人生产生了一种绝望感，认为自己对于社

---

① 参见郑瞻培《老年和犯罪》，《国际精神病学杂志》1986 年第 3 期。

② 参见郑瞻培《老年和犯罪》，《国际精神病学杂志》1986 年第 3 期。

③ 朱大凤：《精神疾病患者违法犯罪 150 例案例分析》，《中国民康医学》2011 年第 18 期。

会、对于他人来说毫无意义。在无助感、精神障碍、物理疾病以及社会变动的交互影响下，老年人会将犯罪作为释放自我的手段。心理学角度主要是从老年人心理因素及精神状态出发。Rhudick 关于老年人性格的研究表明，偏执型、药物依赖型和冲动型倾向与死亡关系较为密切。情绪软弱持久、难以控制情绪、记忆力差、固执、缺乏工作能力、难以形成新的观念和习惯、保守等性格倾向，使人感到与环境不相适应，更容易受伤、自残和自杀，或实施违法犯罪行为。[①] 唐某故意杀人一案中[②]，被告人因对儿媳出轨，儿子与儿媳仍然生活在一起无法接受，在被害人孙女晕倒后，一时冲动就将孙女杀害。法院以故意杀人罪判处其有期徒刑 11 年。

“据国外学者统计，10% 的老人实施犯罪是因为患上脑组织、感情情绪和性格衰退综合征而造成的”[③]，老年精神病患者已成为危害社会的一大不安定因素。患有精神疾病的老年人无法控制自己的行为，在混乱的思维支配下，容易一时冲动，产生极端行为。关于性犯罪，也有不少研究表明，老年人性犯罪与精神疾病具有相关性。“1864 年，Legrand du Saullej 经过长期观察和研究后认为：在巴黎的公众道路及广场上，精神低能低下的老人经常出现猥亵行为。”[④] 除此之外，盗窃与暴力犯罪也与老年人精神状况有极大的关系。

（一）特殊精神疾病

一般认为，不同年龄段出现不同类型的偏差犯罪行为，需要不同的解释。因此，有学者认为，社会学和社会文化理论更适合解释年轻人或青少年的犯罪行为，但在老年犯罪领域中，应该更加侧重于从精神病理

① 参见郑瞻培《老年和犯罪》，《国际精神病学杂志》1986 年第 3 期。
② 贵州省黔南布依族苗族自治州中级人民法院（2018）黔 27 刑初 44 号。
③ 董纯朴：《世界老年犯罪研究特点综述》，《犯罪研究》2013 年第 6 期。
④ 董纯朴：《世界老年犯罪研究特点综述》，《犯罪研究》2013 年第 6 期。

学的角度，来解释老年人犯罪。一段时间以来，精神病学家一直指出，脑损伤、头部受伤和慢性癫痫会影响一个人的行为，导致犯罪。一些精神疾病，特别是阿尔茨海默病，会随着年龄的增长而病情加重，很可能在老年人的一些反社会行为中起主导作用。从这个意义上说，脑部器质性损伤、脑部器质性疾病和慢性脑损伤，即使是轻微的，也会引发判断力减退、控制力和抑制力下降等症状，这些症状往往在犯罪行为中起重要作用。精神障碍与老年犯罪行为发展之间的联系值得关注。老年人的精神障碍多为隐性症状，若是不能及时发现并予以积极治疗，则可能会导致恶性犯罪行为的发生。

（二）情感需求得不到满足

老年时期，外部生活环境的变化和内部生理功能的下降，导致了许多新的情感需求，如单身老人希望增强人际关系，希望得到家人的情感支持，希望再婚，等等。但就得到满足程度方面而言，这些情感需求得到的支持并不足够，主要原因是这些需求不容易被满足。这一方面是很多老年人长期远离工作和同事，在家缺乏社交活动；另一方面是子女忙于事业，无法保证充分有效的心理沟通。如果他们的需求得不到满足，就会感到挫折和被抛弃，而将紧张、恐惧和敌意的方式作为社会交往的手段。当不良情绪出现时，严重者会受其驱使而做出过激的犯罪行为。

（三）负面情绪增多

相关心理学研究表明：一方面，随着时间的推移，人的年龄不断增长，人们感到自己越来越无用，身体机能随着年龄的增长而下降；另一方面，随着退休后社会交往的逐渐减少，人们感到自己越来越不被社会和家庭所需要，为他人服务的能力越来越差，生活自理能力越来越差，同时被认为是需要照顾和帮助的人。感情和情绪会因此发生变化，甚至会由此引发孤独、抑郁、寂寞、绝望、嫉妒、失落和孤立等负面情绪。如果老年人不能及时与家人、朋友沟通，不能有效地疏导和调节自己的负面情绪，在长期的压力下情绪就会爆发，从而引发人际冲突，严重的还会出现犯罪行为。

（四）强烈的情感体验

如前文数据所示，在暴力犯罪中，老年人犯罪多因生活纠纷或者为泄私愤而激情犯罪，有预谋犯罪案件较少。这主要是因为：一方面，随着年龄的增长和大脑功能的衰退，老年人往往会出现不同程度的性格变化，如情绪波动、依恋等；另一方面，老年人的中枢神经系统往往会在以后的生活中变得过度活跃和兴奋，特别是老年人由于对环境的适应能力和应对变化能力较差，往往会有更强烈的负面情绪体验。因此，一些老年犯罪者往往热情、冲动。

老年人的性格特点主要表现如下。

1. 以自我为中心

这主要表现为固执，固执性越来越强，这与老年人的年龄增长通常会成正比。以自我为中心的心理变化是影响人际关系的一大因素，很多老年人都有这样的经历。以自我为中心的人往往只考虑自己的利益、考虑自己的得失。他们仍然以自己的经验来解释世界，盲目地坚持自己的观点。他们很固执，很难改变自己的观点。长此以往，这些以自我为中心的人就会被忽视，找不到真正的朋友，更加孤独、孤僻，人际关系紧张，出现攻击行为，甚至犯罪行为。

2. 疑心病

老年人的性格特征常表现为嫉妒、胡乱猜测、不信任等。其部分原因在于老年人感知能力的衰退而造成对外界事物认知的偏差。在老年期，老年人听力、视力等感官功能衰退，容易遗忘近期发生的事，抵抗能力有所降低，部分老年人自认为处于不安全的状态，而对周围的人或事产生猜疑，并有严重的被害心理。他们总是怀疑别人要侵害自己，并在他人并未实施任何侵害行为时，而采取所谓防御性的犯罪行为侵害他人，以保护自己。事实上，该预想的侵害行为完全是老年人疑心的结果，并非确有其事。疑心重导致老年人完全以自我为中心，不相信任何人，认为人人都可能伤害其自身，或者不重视自己，仅仅凭主观臆测就对别人抱有不信任心理。而这进而也会导致家庭成员之间反目、友邻关系逐渐疏远。比如在家庭关系中，老人由于逐渐与外界社会隔离而开始过度关注自己的身体，这种关注还会强加于家庭成员身上。若是家庭成员未加重视，或稍有疏忽，老年人就认为自己已经不受重视，没人关心，怀疑家庭成员将其视为累赘，若是这种情绪得不到疏解，长期积累就可能产生怨恨情绪。而这种怨恨最终可能因为某个偶然的事件爆发出来，其中可能的方式就是暴力犯罪行为。

3. 保守

老年人的思想会随着年龄的增长而变得保守，他们往往不能接受新事物。老年人由于记忆力和学习能力下降，不喜欢新事物，喜欢原有的习惯和思维方式。虽然老年人的经验比较丰富，但随着年龄的增长，他们的学习能力下降，对学习的态度也趋于保守，不愿意接受新事物，不愿意发展新思想。这就会导致他们对新的生活方式和观点不理解甚至厌恶，从而在很多问题上产生新旧思维方式的冲突。当他们无法面对并解决这种冲突时，就可能实施犯罪行为。

三　社会因素

赫希（Hirschi）的社会控制理论[①]指出，每个人都是潜在的犯罪者，与社会的联系是犯罪行为的动因，违反社会规范的犯罪行为的两面，都是社会联系的一种体现，如果这种联系很弱，个体就会有犯罪行为。

---

① 参见吴宗宪《西方犯罪学史》，警官教育出版社，1997，第706~707页。

社会无序理论也指出，个体实施犯罪行为，社会因素是这些行为的一部分。[①] 这一理论称，犯罪的真正动因是社会发展程度的不均衡，个体的行为不断受到社会的冲突与变化的影响。这一理论更加注重人类社会发展的基本环境，强调犯罪的主要原因是失去秩序的环境。社会关系的变化威胁了社会所形成的凝聚力，削弱了规范行为的作用。该理论强调，当人们共享基本的价值观和规范时，社会才会变得完整和有序。一个良好的社会秩序要想存在，必须有高度的内部凝聚力，才能使社会的个人和机构保持一致。如果公认的价值观和规范受到干扰、传统的制度和标准得不到尊重，就会出现社会混乱。其基础理论是，社会变化较快的时期，更容易导致社会体制失衡，冲突和混乱更容易发生和发展，丑闻也会随着冲突和混乱的发展而增加。

社会无序理论与社会控制理论二者颇有相似之处，最后的推导结论是：攻击性行为的原因与社会因素有着不可分割的联系。而这正好也可以用来解释老年人犯罪的实质侧面成因，即其是个人因素和社会因素综合作用的结果。一个人之所以会实施犯罪行为，不是单一因素单独作用的结果，而是多种因素综合作用的结果。因此，老年人犯罪也有社会方面的原因。犯罪属于一种社会现象，老年人犯罪自然也是如此。因此，从社会学的角度对老年人犯罪进行考察就是一条可选的路径。基于社会学的视角，理论研究的重心就在于犯罪现象与人类社会的相互关系以及犯罪的社会性，从整个社会的结构和功能需求出发，揭示了犯罪对社会秩序和社会发展与进步的危害。[②]

（一）社会保障制度的缺位

老年社会保障制度的不完善是老年人犯罪的重要因素之一。进入晚

---

① 刘强主编《社区矫正制度研究》，法律出版社，2007，第 37～38 页。

② 吴鹏森编著《犯罪社会学》，中国审计出版社、中国社会出版社，2001，第 82 页。

年后，老年人由于经济收入明显降低甚至没有经济收入，而只能依赖子女赡养，这种变化使得老年人变成子女的一大负担，成为“负担人口”。当子女赡养费不够时，老年人往往会采取其他措施弥补经济缺口，维持生活，在这个过程中，老年人就有可能实施违法犯罪行为。尤其在农村，老年人的养老金额度较低，而且一年只能领取一次，若是子女不赡养的话，生活会完全陷入困境。另外老年人由于身体素质下降，医疗开支几乎占了开支的一大部分，《中国城乡老年人生活状况调查报告(2018)》指出，虽然社会医疗保险几乎覆盖所有老年人，但由于老年人购买商业健康保险的比例较低，老年人医疗自负费用占总医疗费用的一半。“因病返贫”“因病致贫”现象并不少见。他们中的一些人为了生存的需要可能走上盗窃、诈骗的犯罪道路。虽然我国在城市和农村都建立了医疗保障体系，但相对来说覆盖面较低，老年人因为疾病不得不花费大笔金额。尤其是对于孤寡老人来说，其无儿无女无依靠，没有任何的经济收入，在陷入困难后可能会走上犯罪道路。这也是老年人财产犯罪在老年人犯罪中占比较高的原因，财产犯罪在老年人犯罪中占比为 16.08% 。

老年人社会保障，即根据老年人的特殊需要和个人情况，国家与社会通过国民收入的分配和再分配，保障老年人合法基本生活权利的一种社会保障制度，主要包括养老保险、医疗保险和社会救助。[①] 当前，尽管我国不断提高社会福利水平、完善社会福利制度，但不可否认的是现行的养老保险制度还有许多需要完善的地方。

我国台湾地区构建了多层次的养老保障体系制度。第一层老年福利津贴为兜底环节，是整个老年福利体系的最后一道防线，其主要针对的是已经没有劳动能力的老年人；第二层为社会养老保险制度，包括军人保险、公教人员保险、劳工保险及农民健康保险，实现了形式上的全社

---

① 吴宗宪、曹健等：《完善老年福利体系视角：中国老年犯罪状况研究》，《社会福利》（理论版）2012 年第 3 期。

会保险保障模式；第三层为职业退休金制度；第四层为个人支付的商业保险及个人储蓄、家庭互助等。[①] 我国大陆城乡之别明显，农村老年人可能因为生活中的“饥寒”而起“盗心”，农村老年人的社会保障制度需要进一步改革。

现行的社会保障制度不完善，缺乏灵活的养老制度，不仅不能满足老年人的基本需求，还会令部分老年人难以适应生活方式的变化，从而导致他们物质匮乏和精神痛苦，老年人不得不采取一定的措施来满足自己的日常生活。特别是在农村地区，老年人没有养老金和退休金，子女不愿意赡养，偷盗、诈骗案件因此屡见不鲜。此外，老年人健康状况的恶化，导致他们的医疗费用明显高于年轻人，他们往往因病返贫或变得更加贫困。在很多贫困户中，由于经济水平有限，贫困户中老年人健康消费的绝对值并不高，但老年人的健康消费在家庭消费中的比重却相当高。各种因素叠加在一起，可能导致他们从事非法或犯罪活动。

此外，老年人退休制度的不完善或许也助长了老年人犯罪行为的发生。退休标志着老年人完全进入老年期，是对老年人社会价值认定从有到无的一个衰减过程。而不同于有些国家采取的弹性退休政策，即在完全离开工作之前，先实行每天短时间的工作制，为退休的老年人提供缓冲机会，让退休者能够逐渐适应退休生活。我国采取的退休制度是一次性完全离开工作岗位，这样的制度迫使老年人必须在一两日或极短的时间内就变更自己几十年形成的生活、工作习惯，这种变化是短促的，以至于部分老年人难以立即适应退休之后的新角色，由此而产生实际角色与理想角色的认知差距。我国当前大部分单位没有建立起对退休老年人的关爱、心理疏导等制度措施，而这种制度的缺失可能更加加剧退休老年人对新角色的抵触。这种对新角色的不接受可能会导致老年人实施违法犯罪行为活动。在强制一次性的退休制度下，老年人难以适应新角

---

① 参见杨成洲、李明纯《台湾地区老年经济安全保障体系：演变、成效与挑战》，《现代台湾研究》2020 年第 2 期。

色，无法继续实现其社会价值，只能尽可能通过参与一些其他活动以消耗由于自我价值不能实现而过剩的精力，如果行为偏差，就可能偏离正轨而实施犯罪行为。

（二）社会负面文化的入侵

经过社会发展和文化建设，我国的社会文化环境是比较积极的，整体文化环境是风清气正的，但不可否认的是，在整个社会文化环境中还存在一些不健康的风气，各种激发社会矛盾的不健康文化导致消极的环境因素仍然存在。尤其是互联网的发展，导致这种负面的文化更广泛地传播。部分老年人退休之后处于无所事事的状态，更容易受到这些负面文化的影响。文化对犯罪的具体影响是通过具体的文化因素作用于个人，从而影响人的行为，[①] 当老年人自我控制能力下降时，为了追求物质享受或者寻求刺激等而铤而走险，其更容易受到社会文化中不良因素的影响。还有的老年人本就没有保持正确的生活态度，在负面文化影响之下，更容易走上犯罪的道路。

此外，老年人犯罪中犯罪人学历普遍较低也是其易受社会负面文化影响的一个原因。一般来说，一个人最终是否会犯罪，并不是由教育水平决定的。但是从某种程度上说，一个人的文化程度越低，越容易受到不良文化的影响，越容易走上犯罪的道路。比如，前文所提到的，老年人犯罪中初中以下学历的占据主体地位。这些学历较低的老年人法治观念较为淡薄，对行为手段没有辨别能力，发生冲突时会选不合理的方式，并且常常选择违背法律的方式以解决冲突。

（三）社会生活的隔离

一个人之所以在晚年才开始实施犯罪，部分原因就在于他们被变化

---

① 张小虎主编《中国犯罪学基础理论研究综述》，中国检察出版社，2009，第164页。

的社会生活所隔离，他们不适应新的社会环境。老年人一旦对社会适应产生困难，就会导致负面的情绪，而这种负面的情绪就可能促使犯罪行为的发生。因此，很多老年人犯罪在很大程度上就是老年人退出社会后产生不适应导致的。

被社会隔离一方面是老年人生理机能、精神状态衰退而导致其应对问题和解决问题的能力不如从前，难以适应飞速发展的社会；另一方面则是因为对离休、退休的不适应，无法适应退休之后的生活方式。本部分主要集中于社会原因，因此此处主要讨论退休制度对老年人犯罪行为的影响。

美国犯罪学家艾伦·A. 马林恰克（Alan A. Malinchak）从犯罪学和老年学角度提出两个理论，即解除理论（Disengagement Theory）与活动性理论（Activity Theory）。解除理论认为，老年人被迫退休会产生心理失落感，而这种心理失落感是容易导致老年人心态失衡并最终犯罪的导火索。老年人自身不愿意而被迫退休，带给老年人不满和打击，使他们有了实施越轨行为的借口。[①] 活动性理论是基于解除理论进一步得出的，认为老年人在退休之后仍要参与能够展现自我价值的活动，以作为对退休生活的弥补，若是缺失这些活动，就容易导致老年人实施越轨行为。上述两种理论都强调了老年人离休、退休之后，与社会重新建立联系的重要性。“老年人在退休后应当积极参加活动，这样不仅可以加强个人的自我意识，而且可以使生活更加满意。通过参与活动，老年人可以获得心理上的满足感，也可以获得其自身的社会价值。”[②]

部分老年人离退休之后，因为无所事事，感到不再被社会所需要，而产生诸多不适应。比如，老年人认为自己还有工作能力，精力足够胜任工作，而不愿离开工作岗位，但强制的退休制度却让其无可奈何。丧

---

① 王震、王鼎：《论退休对老年人犯罪的影响——以马林恰克的经典理论为视角》，《三峡大学学报》（人文社会科学版）2012 年第 5 期。

② 杨鸿台：《预防与矫治准老年人违法犯罪的社会政策制订与立法完善》，《犯罪研究》2014 年第 3 期。

失了工作也意味着丧失了地位和人际关系，再加之子女都忙于自己的事业，使得老年人感到自己不再被社会和家庭需要。而且退休之后，生活变得百无聊赖，老年人的生活失去中心，个人的价值得不到实现，有的人可能从其他活动中寻求自我价值的实现，其中，包括参与违法犯罪活动。另外，在离开工作岗位之后，老年人交流的范围圈缩小，参加社会活动、与他人的交流机会也减少，而这种被社会隔离的现状就会产生空虚感、无助感。这种负面情绪会加重老年人的心理压力，一旦这种压力不能及时有效地加以疏解，就可能以冲突的形式爆发出来，进而导致老年人实施违法犯罪行为。除此之外，离退休时产生的心理不平衡也可能促使一些人实施犯罪行为。对于部分工作时具有权力的人来说，退休就意味着自己所掌握的权力要被移交，自己再也无法享受权力带来的种种好处。因此有部分临近退休的老年人会利用自己掌握的权力进行职务犯罪。对于之前不掌握权力的普通工作人员而言，对于退休之后经济保障、生活状况的担忧也会让他们产生非常强烈的焦虑感。严重的焦虑情绪可能会使老年人变得难以心平气和地处理问题，而这种心理变化就可能导致犯罪行为的发生，尤其是暴力犯罪。

（四）家庭环境的影响

家庭内部矛盾在导致老年人犯罪因素中也比较突出。夫妻关系问题导致老年人犯罪不在少数，而且多为故意杀人、故意伤害等暴力恶性事件。这其中的因素也是多样复杂的。“老来伴”有时也伴随着冲突的持久不间断。很多老年人由于长期积怨，在某个偶然事件的激发后彻底爆发，进而发生恶性事件。该类型的恶性事件通常是由女性老年人实施的。其主要原因是在传统的家庭关系中，一直是以男性为主，男性是一家之主，女性有时甚至是处于被压迫的地位。随着年龄的增长，积怨已久，可能看淡生命，因为怒气而产生犯罪。此外，离、退休后，老年人心理状态的变化也容易导致恶性犯罪的发生。一方面对于没有工作的新生活方式不适应，感到失落，若是没有其他调剂生活的方式，往往会觉得生活单调无聊而郁郁寡欢，而这些感受最容易被影响的就是配偶。例如，容易激动，吹毛求疵，因为生活中的小事而不断争吵，这导致夫妻之间的关系急剧恶化，若没有及时得到疏解，极易最后导致犯罪行为。黄某故意伤害一案中[①]，被告人在家中因琐事与妻子（被害人）发生口角，被害人遂以被告人欠别人钱不还为由一直责骂，在二人争吵的过程中，被告人将被害人推倒在地，并用家中的铁锹一端打被害人的头部，致使被害人死亡。法院认定被告人构成故意伤害罪，判处有期徒刑14 年。

亲子关系的变化也导致老年人犯罪的发生。不管在社会还是家庭中，地位往往由经济实力所决定。而老年人在家庭中经济地位的下降则可能引起亲子关系的变化。在城镇地区，老年人退休后其经济收入主要来源于退休金，然而退休金只是原来经济收入的 40% ~50%；而农村地区，很多老年人以从事农业为生，在体力无法支撑劳动后，生活只能完全依赖子女赡养，由家庭的赡养者完全转变为被赡养者。这就使年轻人取代老年人确立了在家庭中的核心地位，一家之主易主。如后辈缺乏尊老爱老的社会品德，则老年人无依无靠，悲观无望下可能出现报复心理。在段某故意杀人一案中，被告人段某犯罪时 82 周岁，与被害人系爷孙关系，案发前二人关系一直不和。因被害人要抱自己的女儿、关堂门的声音过大等，引起被告人的不满，而发生争吵。在此过程中，被害人多次蹬踢被告人的卧室门，并扬言要杀害被告人，家人将二人劝开。次日，被告人仍将被害人扬言要杀死自己的话铭记在心，并想到被害人曾经殴打过自己，就持菜刀将还在睡觉的被害人杀害，被害人因急性大失血死亡。法院认定被告人构成故意杀人罪，判处有期徒刑 15 年。

另外值得一提的是“老年空巢”现象。对于孤寡老人来说，当他们遇到挫折时，没有人可以安慰他们，没有人可以倾听他们的诉说，这

---

① 贵州省镇宁布依族苗族自治县人民法院（2019）黔 0423 刑初 142 号。

样负面情绪就会长期积累，当受到意外因素刺激时，就会爆发性地释放出来，从而发生严重的犯罪行为。台湾南开科技大学段伴虬教授对岛内老年人犯罪的社会原因进行了深入研究，发现老年人与现代社会隔离，如老年父母对科技产品不熟悉，与子女较疏远，城市化后邻里之间情感淡化，从而在孤独和恐惧中，他们的情绪会转化为挫折感，以犯罪形式呈现出来。研究发现，很多骚扰和性侵类老年人案件都是源于老年犯罪人无聊或“证明自己”的欲望，对象是不够坚强的年轻女孩。有些偷盗行为也是可控制的，其中一些案件是老年人想摆脱孤独，试图通过犯罪活动吸引他人的注意力。

自古以来，犯罪原因是最难寻找的，有共性更有个性。老年人犯罪原因尤其如此，我们只能在某种程度上对大数据背后可能的原因进行列举，当然还需要更深度地挖掘。

第六章　完善老年人犯罪的刑法规定

在某种意义上，刑法对于老年人犯罪及刑事责任的规定最能体现一个国家、社会、公民对于犯罪老年人的态度、包容度等价值理念，基于上述大数据反映出的老年人犯罪现状、国内外学界对于相关问题的研究成果、一些国家刑法对于老年人犯罪的规定，我国现行《刑法》关于老年人犯罪及刑事责任的规定部分需要完善。

一　立法方向：对老年人犯罪的宽宥化处理

对老年犯罪人予以宽宥化处理符合刑法基本理论要求，并且具有长久生命力和发展的可能性。无论是基于报应主义哲学还是功利主义哲学或是人道主义哲学的根基及导向，不管是体现刑法的工具性价值，还是为了契合刑法的正义、公平宗旨，或者为了提高司法资源的利用，都可得出对老年人应当从宽适用刑罚的结论。老年犯罪人宽宥化处理的根本原因就在于老年人刑事责任能力的变化，随着年龄的增长，老年人的辨认能力和控制能力都在下降，在此前提下，立法可做出从宽规定，这样也符合近代以来刑法的罪责均衡原则。比如在纪某盗窃一案中[①]，被告人先后三次盗窃了1150穗玉米，经鉴定，被盗玉米的价值仅为325元。

---

① 辽宁省北票市人民法院（2020）辽1381刑初88号。

法院认为被告人多次实施盗窃行为，从而认定其构成盗窃罪。对涉案价值为325元的盗窃行为予以刑事制裁，这样的刑事制裁是否具有合理性？作为保障法、次位法，在现代法治社会中，刑法应该保持其谦抑性，因此对这样的行为实施刑事制裁，民众会认为刑法过于严苛，而可能产生对刑法的背离。

此外，在我国当下的政策中，亲属的前科记录可能影响后代的事业、职业的选择，所以不可否认，将大量老年人入罪还可能对老年犯罪人的家属造成影响。因而，应坚持轻罪刑事政策，坚持对老年犯罪人的宽宥化处理。法律本身具有一种事实性与有效性的张力。[①] 刑法要保持自身的合法性，就必须从事实性与有效性出发，适应国民期待，在共同体的价值共识基础之上，贯彻我国宽严相济的刑事政策。当下更应适用对轻罪扩张“严而不厉”的刑事政策，这也符合“宽严相济”的刑事政策。主要理由如下。

（一）老年人刑事责任能力的降低

刑事责任能力的基础是辨认能力和控制能力。辨认能力是指一个人对自己行为的性质、意义和后果的认识能力。控制能力指一个人按照自己的意志支配自己行为的能力。辨认能力和控制能力随着个体年龄的增长而从无到有，一般情况下，当达到一定年龄时，社会个体就具有了辨认和控制自己行为的能力。但当社会个体步入老年期，老年人由于智力退化等因素，脑与神经系统结构发生退行性改变，经常患有各种疾病，心理上经受孤独寂寞感，其认识能力、记忆能力下降。这些生物性的客观自然规律必然会影响一个人对其行为的辨别能力和选择、决定能力。因此，随着老年人生理机能以及心理机能减退，其辨认能力和控制能力

---

① 参见〔德〕哈贝马斯《在事实与规范之间——关于法律和民主法治国的商谈理论》，童世骏译，生活·读书·新知三联书店，2014，第288页。

也有减弱的趋势。

既然我国《刑法》第17条、第18条规定了对未成年人和精神病人的从轻、减轻处罚，那么从逻辑及人道角度都应当对老年人有从宽处罚的规定，这也是刑事政策的必然走向。2011年《刑法修正案（八）》第1条规定，在刑法第17条增加一条，作为第17条之一："已满七十五周岁的人故意犯罪的，可以从轻或者减轻处罚；过失犯罪的，应当从轻或者减轻处罚。"虽然这一规定体现了对于75周岁及以上的老年犯罪人的法定从宽，但是否对于年龄的规定需要再降低些，还有待探讨商榷，或者是否如对未成年犯罪的规定一样，划分年龄段，以此为依据承担犯罪后的刑事责任？另外，还有关于老年人其他刑事责任能力，是否也应当有相关的规定？

（二）基于刑罚目的的考量

古典主义论者认为刑罚的目的在于报应，根据行为人侵害的社会法益对其施以惩罚，实证主义学派认为刑罚的目的在于预防功能，犯罪在于行为人具有危险性格，因此施加刑罚就是为了矫正行为人的危险性格，消除行为人的再犯可能性，实现社会防卫目的。预防功能理论上有特殊预防和一般预防之分，贝卡里亚（Beccaria Marchesedi）提出，"对犯罪分子施以刑罚的真正目的并不是在精神或肉体上对犯罪分子进行摧残折磨，也不是为了将已经存在的罪行加以毁灭，刑罚最重要的目的在于防止犯罪分子再次实施犯罪行为来伤害公民，并规诫公民不要重蹈覆辙"①。所谓特殊预防，是指通过对犯罪人适用刑罚，教育矫正犯罪人，防止其再犯罪。所谓一般预防是指通过对犯罪分子适用刑罚，使社会上潜在的犯罪人认识到犯罪的必然结果就是处以刑罚，威慑潜在的犯罪

① 〔意〕切萨雷·贝卡里亚：《论犯罪与刑罚》，黄风译，中国法制出版社，2010，第2页。

人，预防其再走上犯罪的道路。单纯讲报应功能，导致刑法只关注社会的危害程度，而忽视犯罪人的个人特征，可能会导致犯罪圈扩大，刑法会过度介入社会；单纯讲预防功能，导致犯罪人沦为工具实现社会预防目的，可能会产生重刑主义。因此要实现刑法的法律效果和社会效果，必须综合二者进行考虑。由于报应功能只考虑行为人的犯罪行为，因此对于老年人犯罪来说必须从预防的目的出发进行宽宥化处理的论证。

1. 对老年人犯罪宽宥化处理有助于实现刑罚一般预防的目的

第一，一般预防其目的是使社会上潜在的犯罪人认识到犯罪的必然结果就是刑罚，威慑社会上潜在的犯罪人不要走上犯罪道路。西方中世纪的刑罚让人“观赏”，就是为了威慑。“行刑是要召人来看的，如果召不来人，行刑就达不到它们的目的了。”① 这种将人作为工具的做法已被弃置，代之以更文明的观念及制度。当下，人们的观念是刑罚的威慑作用不在于刑罚的严厉性，而在于刑罚的不可避免性。而且，对于一般预防来说，刑罚的适当性也是影响其目的实现的关键因素，所以一般预防要求对犯罪人施以适当的刑罚，既不能一味追求重刑，注重刑法的打击效果，矫枉过正，也不能片面追求刑罚的轻缓化，消解刑法的权威性。因此对于老年犯罪应当施以合理的刑罚，反之，如果对老年人施以无期徒刑或者死刑，则可能使社会一般人认为刑法过于严苛，甚至引起社会一般人的反感，产生抵触和对立情绪，刑法的权威性也会在公众心目中大大降低，不利于刑罚一般预防目的的实现。

第二，一般预防还在于教育和鼓舞广大人民群众勇敢与犯罪做斗争，防止社会上潜在的危险分子实施犯罪。对老年人予以宽宥化处理，体现了刑法的人道内涵，表明刑法不只是统治阶级的工具，同时还增加社会大众对刑法的认同感，有动力与罪犯做斗争，阻止犯罪活动的发生。

第三，一般预防最重要的还有安抚功能，防止被害人一方进行私力

① 参见〔美〕理查德·扎克斯《西方文明的另类历史》，李斯译，海南出版社，2002，第87页。

报复。基于“以眼还眼，以牙还牙”传统的复仇观念，被害人在受到侵害后，最原始最强烈的心理反应就是实施报复。但已有大量调查表明，仅有个别被害人或许会产生并且在最初时寻求报复，绝大多数被害人并没有如此苛刻，张某扣案[①]中长达10多年的报复心理属于极端个例。而且在当下法治社会、和谐社会的构建下，在遭受侵害后，被害人往往会寻求公力救济，只有公力救济得不到满足的情况下才会被迫选择私力救济，刑罚的“严而不厉”全面体现了公力救济，是实现安抚功能的最好路径。

因此，对老年犯罪人进行从宽处罚，并不违背公众心中朴素的正义感，也不会触及被害人报复性心理的底线，反而通过采用刑事和解等处理机制，积极推动犯罪人向被害人赔偿，更有利于修复犯罪人与被害人之间的关系，而且对于家庭之内的犯罪，通过调解、和解程序，更有助于家庭关系的稳定。老年人犯罪所产生的社会危害后果较小，刑法对其犯罪行为的苛责较低；老年人犯罪具有特殊性，尤其是暴力犯罪，往往由于激情产生，再犯可能性较低；对老年人施以较轻的刑罚就可以发挥一般预防的作用。“报应刑”[②]、“教育刑”[③] 还是“人道刑”[④]，针对老年人犯罪的刑罚治理，也在考验国

---

① 2018年2月15日12时20分许，陕西汉中市南郑区新集镇王坪村14组（原三门村2组）发生一起杀人案件，犯罪嫌疑人张某扣（男，35岁）持刀将邻居王某新（男，71岁）及其长子王某军（47岁）当场杀死，王某新三子王某军（39岁）被刺伤后抢救无效死亡，张某扣作案后潜逃。

② 报应主义，又称报应刑主义（Theorie der Vergeltungsstrafe）、绝对理论（Absolute Theorie），为古典学派所掌握，认为刑罚的本质在于对犯罪的报应，表明刑罚是国家对犯罪这种危害的反对和否定。

③ 教育刑主义是以主张刑罚的本质是教育而非惩罚的思想为核心而构成的刑罚学说，是西方国家刑法学中的一种刑罚理论，属于目的刑主义中特殊预防论的一派学说，亦称教育刑论。奠基者为德国刑法学家、刑事社会学派创始人李斯特（Franz von Liszt）。以犯罪社会学理论为基础的教育刑主义认为，犯罪绝非犯罪人自由意志的结果和天生固有因素所决定的结果，而是不良社会环境的产物。

④ 刑罚人道主义是在对犯人执行刑事处罚的同时体现的人道主义精神。既然犯了法，就要接受应有的处罚，但也要考虑事情的经过、原委，从而做出适当的处罚，这既符合法律，又以人为本。

家治理社会的政治智慧。对老年犯罪人施加死刑，可能会引起社会的不良反应；处理老年人犯罪，监禁刑罚并非实现预防目的的唯一手段，多采用缓刑、减刑、假释以及非监禁、非刑罚处罚等宽宥方法，或许效果更佳。

2. 对老年人宽宥化处理是基于特殊预防目的的考量

第一，老年犯罪人的人身危险性和再犯可能性都较小。由于绝大多数的犯罪都需要健康的身体和敏锐的思维来支撑，而不同于其他成年犯罪人，在达到一定高龄的情况下，老年人身体机能的衰退以及由身体机能的衰退带来的精神机能的退化，导致其犯罪能力逐渐下降，人身危险性也就必然降低。此外，很多老年人犯罪都属于激情犯罪，是在特定的环境中激发出来的，而并非全是有预谋的恶意犯罪，因此，老年人再犯的可能性也低于其他成年人犯罪。因此，没有必要对老年人施以与普通成年犯罪人同样的刑罚。

第二，对老年人宽宥化处罚同样可以实现预防老年人犯罪的目的。人类学派和社会学派的观点认为，刑罚的目的不仅仅是报应，更是实现社会防卫，因此刑法最重要的功能就是教育和矫正犯罪人。人到古稀之年，神志模糊，对其适用某些刑罚，丧失了改造的意义，同时还会失去社会同情。[①] 因此，在不违背罪责相适应原则的前提下，对老年犯罪人从宽适用刑罚，让其更早地回归社会和家庭，不仅有利于减少司法资源的消耗，使司法资源集中精力办要案、重案，而且有助于实现对老年犯罪人的惩罚与改造。

（三）老龄化趋势的必然要求

随着我国老龄化进程不断加快，老龄人口也在快速增长，因此老年人犯罪在我国犯罪比例中也会逐渐增长。一味地对老年人犯罪予以刑事

---

① 马克昌主编《犯罪通论》，武汉大学出版社，1999，第 269 页。

处罚，一方面，这会导致刑事案件会大量增加，基层司法人员的工作压力过重；另一方面，对老年犯罪人施加严苛的刑罚，不仅会引起老年犯罪人本身的不满甚至仇恨情绪，也会使老年犯罪人的家人和其他相关人员产生对社会的离心倾向，引起新的社会对抗情绪。因此，对老年犯罪予以从轻、减轻或者免除处罚，甚至将情节轻微的老年人犯罪非犯罪化处理，不仅有利于司法资源能够集中于其他严重的犯罪类型，也会使多个家庭感受到刑事法律的关怀和社会的温暖，有利于促进社会的稳定与和谐，实现法律效果与社会效果的有机统一。

（四）基于自古以来“悯老恤老”传统文化的考量

我国古代法律对于老年人犯罪减轻和免除处罚以及其他宽缓的措施都做了十分细致的规定，比如汉代的《王杖诏书令》中就规定“年七十以上，人所尊敬也，非首，杀伤人，毋告劾，它毋所坐”。其意思是指，七十岁以上的老年人，除首恶和故意杀人罪及故意伤人罪之外都不承担责任，而且不会因连坐制度受牵连。在现代社会，“家有一老，如有一宝”的观念也为社会大力提倡。在家庭中，排除少数个别对老年人不尊重的家庭，很多老年人都在家中占有极大的分量，在社会中，其因为人生经验的丰富，而作为年轻人的人生导师，整个社会对于老年人都持尊重的态度，由公交车上的老年人专座也可见一斑。因此，对老年人宽宥化处理是基于传统文化的需求。

（五）与老年犯罪人受刑能力相适应

受刑能力虽然没有一个明确的概念界定，但是在我国现行立法中关于受刑能力的规定却并不罕见。如我国《刑法》第 53 条第 2 款关于罚金的缴纳，对于因遭受不能抗拒的灾祸等原因缴纳罚金确实有困难的，经人民法院裁定，可以延期缴纳、酌情减少或者免除。《刑事诉讼法》

第265条规定：被判处有期徒刑或者拘役的犯罪分子，有严重疾病需要保外就医，怀孕或者正在哺乳自己的婴儿，生活不能自理且适用暂予监外执行不致危害社会的，可以暂予监外执行；对于怀孕或者正在哺乳自己婴儿的妇女被判处无期徒刑的，可以暂予监外执行。上述规定即是对于没有受刑能力的犯罪人实行的替代性措施。从上述规定中也可以看出，无受刑能力主要是指在客观条件上无法履行刑罚。因此立法者针对老年人进行刑罚立法时，必须充分考量犯罪分子的受刑能力，所制定的刑罚必须与老年犯罪人的受刑能力相适应，不能采取一刀切的标准与一般犯罪主体没有区别。刑罚的功能不是报复。刑罚作为一种“必要的恶”，其目的在于“教育、改造罪犯，预防犯罪”，而不是用“复仇”思想来予以刑事制裁。刑法制裁的最终目的都是预防相类似或者其他的犯罪行为再次发生。当然，从轻处罚也不等于以牺牲社会正义的方式换取文化的传承。司法实践证明，特殊的生理和心理特点决定了老年人对刑罚的容忍度较低，一些重刑，包括较长时间的监禁刑和死刑，对于身体素质越来越差的老年犯罪人来说，不仅执行起来很困难，即使执行完毕，刑罚本身也失去了意义。其实，刑罚发挥作用的关键在于刑罚的及时性和不可避免性，“罚”是“罪”的必然结果，做到“违法必究”，但并没有硬性地要求个案的处理必须严格依照法条进行处理，单纯追求“执法必严”。从这个角度上说，老年人的宽宥化处理并不会丧失刑罚的预防功能，也更不会造成老年人犯罪率上升。

（六）刑罚执行经济性原则的必然要求

1. 刑罚执行经济性原则的基本内涵

“如果一个生产过程以尽可能低的投入成本生产出一定水平的产出，即生产者在生产过程中能以较低的成本生产出一定水平的产出，则认为该生产过程是有效率的。同样，如果一个生产过程能使给定的投入组合产生的产出量最大化，那么这个过程也被认为是有效率的。”[①] 这种对经济效率的定义所产生的机制，在法律中同样被用于将效率作为基本价值。具体而言，效率在法律上是指“在一定数量的投入上实现收益的最大化，即以最少的资源消耗获得相同的效果，或者以相同的资源消耗获得最大的效果”。经济性在刑罚执行中的重要性，即努力以尽可能少的司法资源消耗，减少执行乃至不执行，实现预防和打击犯罪的最大社会效益[②]，其核心在于刑罚执行成本与刑罚执行效果比值最大化。而刑罚执行的成本是国家很大的一项支出，其中包括：监狱设施投入；警察经费投入；改造犯罪人经费投入；罪犯生活费用投入；罪犯劳动必需的生产设施和生产经费投入；其他专项投入；等等。[③] 有一个调查表明，执行完毕一个 3 年有期徒刑，我国在该罪犯的身上至少需要投入 5 万元。[④] 因此，刑罚执行的经济性原则具体包括以下方面：第一，刑罚执行应当尽量避免和减少，能不用则不用，能少用则少用；第二，在需要执行刑罚的情况下，在罪刑法定原则和罪责刑相适应原则指导下，可以不实际执行刑罚代替刑罚执行方式。

2. 刑罚执行经济性原则的必然要求

如上文所述，老年人犯罪再犯能力弱，对其适用较重的刑罚，可能完全得不到教育矫正的效果，国家却要为此消耗大量的人力、物力和财力，投入与收益完全不成正比，因此对老年犯罪人在刑罚公正的基础上予以宽宥化处理，完全是刑罚执行经济性原则的必然要求。为了缓解监禁的投入压力，在执行监禁过程中，对于有劳动能力的往往会强制其劳动，一方面创造收入，另一方面通过劳动矫正犯罪人不劳而获的心态。但是就老年犯罪人来说，通常情况下老年人的劳动能力可能会完全丧失，就算没有丧失，也是大幅减弱，因此对老年人施以监禁刑，非但不能强制老年犯罪人劳动、

---

① 狄小华、李志刚：《刑事司法前沿问题：恢复性司法研究》，群众出版社，2005，第 256 页。

② 马克昌主编《刑罚通论》，武汉大学出版社，1999，第 498 页。

③ 马克昌主编《犯罪通论》，武汉大学出版社，1999，第 269 页。

④ 聂晶：《降低我国监狱行刑成本初探》，《犯罪与改造研究》2009 年第 12 期。

创造财富，其可能还要成为社会的负担。若是老年犯罪人身体不好，则可能还需要国家供养，更增添了社会压力。若是对老年犯罪人施以非监禁刑或者从宽处罚，让其早早地回归家庭，由家庭承担老年犯罪人的教育改造，则不仅可以在一定程度上减轻国家的负担，使司法机关能够集中资源应对更严重的犯罪，也能避免老年犯罪人受监禁刑的负面影响。

（七）符合国际立法潮流

当前，不管是英美法系还是大陆法系的很多国家，对于老年人犯罪后的刑事责任都规定得相对轻缓，犯罪非刑罚化和刑罚非监禁化是各国都在积极响应并在司法实践中广泛践行的一种趋势。

主要有以下几种。一是对老年人犯罪从宽或者免除处罚。如《墨西哥刑法》第34条规定，70周岁及以上的老年人犯罪的，免除处罚。二是刑罚执行的轻缓规定。如《日本刑事诉讼法》第482条规定，被判刑人年龄在70周岁及以上时，可经一定程序批准而停止执行剥夺自由刑。《法国刑事诉讼法典》第751条规定，对被判刑时65周岁以上的人，不得宣告司法强制。三是放宽适用缓刑的条件。如《巴西刑法典》第77条规定，适用缓刑的条件为被判处不超过2年剥夺自由的罪犯，且暂缓执行的期限为2～4年；但若是年满70周岁的罪犯，则刑期放宽至被判处不超过4年的剥夺自由刑，暂缓执行刑罚期限延长至4～6年。四是对适用死刑的年龄上限进行规定，要求对达到一定年龄的老年人不得适用死刑。俄罗斯规定在做出判决时65周岁及以上的男子不得判处死刑；哈萨克斯坦规定与俄罗斯规定一致。我国台湾地区规定行为人满80周岁，不得判处死刑或者无期徒刑。菲律宾刑法规定，年满70周岁的犯罪分子不适用死刑；蒙古国刑法典规定，55周岁及以上的妇女和60周岁及以上的男子不适用15年及以上的徒刑。[①] 因此，尽管各国的风俗

---

① 参见郭晓红《当代老年人犯罪研究》，中国政法大学出版社，2011，第124～125页。

习惯、传统文化及价值观念有很大差异，但是将老年人犯罪与一般成年人犯罪区别看待，对老年犯罪人予以较大的宽宥化处理，已是全球通行的一项基本原则。

二 老年人犯罪的立法比较分析

（一）我国老年人犯罪立法历史沿革

1. 我国古代关于老年人犯罪的规定

对老年犯罪人予以宽宥化处理也是我国自古代以来的立法传统。西周时期，《周礼·秋官司寇》中规定“一赦曰幼弱，再赦曰老耄”。《礼记·曲礼》解释其为“七十曰老，而传，八十九十曰耄，七年曰悼。悼与耄，虽有罪，不加刑焉”①。具体来说，就是指7周岁及以下的儿童、70周岁及以上的老年人犯罪，虽然触犯了国家法律规定，但是对其不施加刑罚。《周礼·秋官司寇》针对盗窃罪规定“凡有爵者，与七十者，与未龀②者，皆不为奴”③。其意思是指，有官职的，70周岁及以上的老年人及年龄在七八岁及以下的儿童，犯盗窃罪的，都不会被贬为奴隶。

在春秋战国时期，对60周岁以上老年人犯罪的，如果是犯轻罪的，则根据社会伦理对其从宽；如果是犯重罪的，则根据法律的具体规定予以从宽处罚。也就是《法经》中所规定的，“年六十以上，小罪情减，大罪理减”④。

汉朝时期，对老年犯罪人从宽处罚的年龄较为严格。西汉时期，对老年人犯罪予以从宽的年龄从汉惠帝时期的70周岁到汉景帝时期的

① 陆心国：《晋书刑法志注释》，群众出版社，1986，第17页。
② 未龀指未换牙，年龄为男八岁、女七岁。
③ 辛子牛：《汉书刑法志注释》，群众出版社，1984，第25～27页。
④ 赵秉志：《犯罪主体论》，中国人民大学出版社，1989，第66页。

80 周岁。汉惠帝时期规定“昭民年七十以上，若不满十岁，有罪当刑者，皆完之”[①]，在汉景帝时规定“年八十以上……颂系之”[②]。此外，汉宣帝时期对老年犯罪人从宽处罚的罪名范围也做了规定，“朕念夫耆老之人，发齿堕落，血气既衰，亦无暴逆之心，今或罹于文法，执于囹圄，不得终其年命，朕甚怜之。自今以来，诸年八十，非诬告杀伤人，它皆勿坐”。[③] 也就是说，80 周岁及以上的老年人，除了诬告罪及故意杀害或伤害他人外，不会追究其他犯罪的刑事责任。

东汉时期，汉光武帝进一步对老年人犯罪予以宽宥，缩小了追究老年人刑事责任的犯罪圈，只追究老年人亲手实施故意杀人的刑事责任，“年未满八岁或八十岁以上，非亲手杀人，皆不坐”[④]，而且对于老年犯罪人实施强制措施也更为宽容，“男子八十以上，十岁以下……自非不道，诏所名捕，皆不得系”[⑤]。此外，还有上文中提到的汉代《王杖诏书令》的规定“年七十以上，人所尊敬也，非首，杀伤人，毋告劾，它毋所坐”。

三国、魏晋、南北朝时期关于老年人犯罪问题的规定则几乎全部从汉朝继承而来。如《晋律》中规定“若八十，非杀伤人，它皆勿论，即诬告谋反者反坐”[⑥]，《北魏律》中大幅限制了刑讯年龄“八十及九岁，非杀人不坐，考讯不逾四十九”[⑦]。

唐朝的《唐律疏议》作为中国古代法制的集大成之作，较为全面地规定了老年人犯罪及刑罚，之后的各朝各代也大多以此为蓝本进行老年人犯罪的规制。《唐律疏议》中将老年人犯罪规定为 70 周岁以上，并将刑事责任年龄细化为减轻刑事责任年龄、相对负刑事责任年龄以及

---

① 《汉书·惠帝记》卷二，中华书局，2012，第 77 页。
② 《汉书·刑法志》，中华书局，1983，第 1106 页。
③ 张保来、崔嵬：《中国历代刑事责任年龄考》，《天中学刊》1995 年第 4 期。
④ 《十三经注疏》，北京大学出版社，1999，第 947 页。
⑤ 《后汉书·光武帝纪》，中华书局，2007，第 47 页。
⑥ 《晋书·刑法志》卷三十，中华书局，1974，第 915 页。
⑦ 《魏书·刑法志》，中华书局，2017，第 3127 页。

无刑事责任年龄。减轻刑事责任年龄为70周岁以上，即指70周岁以上的老年人若是犯流罪以下的刑罚，可以用钱换取不执行刑罚，“诸年七十以上，十五以下，及废疾犯流罪以下，收赎”①；80周岁至90周岁为限制刑事责任年龄，具体言之，涉及造反、违逆皇帝及杀人应当被执行死刑的80周岁以上的老年犯罪人可以向皇帝请求减轻刑罚；对于偷盗及伤人者可以用金钱赎刑；90周岁以上则为无刑事责任年龄，“九十以上，虽有死罪，不加刑”②，90周岁以上的老年人，即使犯了应当判处死刑的罪，也不追究其刑事责任。在唐天宝元年，修改了80周岁以上老年人刑罚执行后果：“八十以上及笃疾人有犯十恶死罪、伪造、劫盗、妖讹等罪至死者，请矜其老疾，移隶僻远小郡，仍给递驴发遣。其犯反逆及杀人，奏听处分”③。具体意思指80周岁以上的老人若是犯了十恶死罪或者伪造等其他罪至死者，将其发送到偏远小县，而且为其提供驴代步。对于反逆和故意杀人的行为还要通过上报皇帝听取处分。

宋朝的规定相对于唐朝来说严厉许多，再次将老年人犯罪的从宽年龄提高至80周岁以上，规定80周岁以上的老年人虽然涉及犯死刑之罪，也不执行刑罚，“八十以上十岁以下及废疾、侏儒之类，虽犯死罪亦散禁”。④

元朝的老年人犯罪从宽年龄则又降为70周岁，“民年七十以上，十五以下不任杖罪听赎”⑤，即70周岁以上的老年人实施犯罪的，不施以杖罚，可以用现金赎刑。

明朝对于不同年龄段的老年人施加的刑罚进行了不同的规定。“凡诬告人罪，年在七十以上，十五以下及废疾者，依律论断，例应充军瞭哨口外为民者，仍依律发遣。若年八十以上笃疾有犯应永戍者，以子孙

---

① 《旧唐书·刑法志》卷五十，中华书局，1975，第2133页。

② 《旧唐书·刑法志》卷五十，中华书局，1975，第2133页。

③ （宋）窦仪等：《宋刑统·明例律老幼疾·及妇人犯罪》卷四，吴翊如点校，中华书局，1984，第60页。

④ （清）徐松：《宋会要辑稿·刑法六之五一》，中华书局，1957，第67页。

⑤ 《元史·刑法志》，中华书局，1976，第2605页。

发遣；应充军以下者，免之。”“凡年七十以上，犯流以下，收赎。八十以上，盗及伤人者，亦收赎。八十九犯死罪，九十事发，得勿论，不在收赎之列。九十以上，虽有死罪，亦不加刑。”①

清朝规定80周岁以上若凡杀人罪应判死刑时应上请皇帝待批；90周岁以上的人可依律免罪，但犯反逆罪除外。②

2. 民国至新中国成立前

1928年颁布的《中华民国刑法》规定：“满八十岁人之行为，得减轻其刑。”“满八十岁人犯罪者，不得处死刑或无期徒刑，本刑为死刑或者无期徒刑者，减轻其刑。”③ 1932年《赣东北特区苏维埃暂行刑律》规定“聋哑人或未满二十岁或满八十岁人犯罪者，得减本刑一等或二等”④。1939年《陕甘宁边区抗日战争时期惩治汉奸条例》规定“犯第二条各款之罪，年龄在十四岁以下八十以上者得减”⑤。

3. 新中国成立后

1954年制定的《中华人民共和国劳动改造条例》第60条规定“年龄在55岁以上的，已经失去对社会危害可能的服刑罪犯，可以准许取保监外执行”。1979年4月16日由最高人民法院、最高人民检察院、公安部联合出台的《关于清理老弱病残犯和精神病犯的联合通知》提出，年老衰竭、神志模糊的服刑老年罪犯，除判处死刑缓期两年执行期间的以外，凡有家庭依靠的，均可依法分别给予监外执行。此外，还提出对这些老年罪犯原判有期徒刑已执行刑期1/3以上，原判无期徒刑已实际服刑10年以上，并有悔改表现的，即可予以假释。1982年2月18日，公安部通知各地执行《监狱、劳改队管教工作细则》，其中第18

① 王兴亚：《明代的老年人政策》，《南都学坛》1994年第4期。

② 胡兴东：《中国古代死刑制度史》，法律出版社，2008，第433页。

③ 王觐：《中华刑法论》，中国方正出版社，2005，第114页。

④ 韩延龙、常兆儒编《中国新民主主义革命时期根据地法制文献选编》（第三卷），中国社会科学出版社，1981，第36页。

⑤ 韩延龙、常兆儒编《中国新民主主义革命时期根据地法制文献选编》（第三卷），中国社会科学出版社，1981，第59页。

条提出服刑改造期间的罪犯，年龄在60岁以上，身体有病，已失去危害社会可能的，除判处死刑缓期两年执行期间及罪恶民愤很大的以外，都可以准许监外执行。

考察我国历代关于老年人犯罪的规定，不难发现老年人犯罪的从宽年龄大多为70周岁或者80周岁。此外，除反逆、故意杀人罪等社会恶性非常严重的犯罪之外，对于老年人犯有其他罪行的，都予以从宽处理，包括直接不追究刑事责任，或者以现金赎刑等。除了判处的刑罚有所轻缓外，在传唤、讯问等诉讼过程中也予以宽宥化处理，例如未经允许不得征召、在讯问过程中不得刑讯逼供等。在古代对于老年人如此的宽宥化处理，与我国传统观念“尊尊”密切相关。传统观念的“尊尊”在当下的社会中则转化为“尊老”，因此对老年犯罪人予以宽宥化处理是自古代社会以来一以贯之的，而且我国现行立法也较为全面地规定了对老年人犯罪予以从宽处理。

4. 我国现行关于老年人犯罪从宽的立法制度

2010年2月8日最高人民法院印发的《关于贯彻宽严相济刑事政策的若干意见》中规定，对于老年人犯罪，要充分考虑其犯罪的动机、目的、情节、后果以及悔罪表现等，并结合其人身危险性和再犯可能性，酌情予以从宽处罚。还有上文中提到的《刑法修正案（八）》对老年人从宽处罚的规定及《治安管理处罚法》中的相关宽宥处理规定。

（1）关于老年犯罪人免予死刑的规定

《刑法修正案（八）》第3条规定：“审判的时候已满七十五周岁的人，不适用死刑，但以特别残忍手段致人死亡的除外。”对老年人废除死刑已经成为国际社会的潮流，并且将老年罪犯免受死刑处罚作为衡量一个国家人权保障的重要标准，我国刑法规定了对老年罪犯不适用死刑的年龄及其他情节。《世界人权宣言》《公民权利和政治权利国际公约》等人权公约没有明确规定对老年人犯罪不得适用死刑，我国现行《刑法》保留了对老年人适用死刑的条件，国家应当考虑未来的立法是否废除对老年罪犯适用死刑。

立法做出规定后，关键的就是要如何进行适用的问题。这里需要理解两个关键的内容，即“审判的时候已满七十五周岁”中“审判的时候”该如何界定，以及“特别残忍手段”规定得过于原则、抽象化，该如何界定老年人是否使用了“特别残忍手段”，这两点对于老年犯罪人的处遇至为关键。如前文所述，老年人的生理机能及心理机能随着年龄的增长处于不断退化状态，年龄越大退化越严重，而且年龄也是完全不可逆转的，因此也就意味着老年人年龄越大，越需要全社会给予体恤。据此，关于第一个问题，笔者认为，“审判的时候已满七十五周岁”不仅包括一审、二审和死刑复核期间已满 75 周岁的老年犯罪人，还包括在审查起诉、开庭审理期间未满 75 周岁，被羁押或者被变更强制措施一段时间之后才年满 75 周岁的老年犯罪人。

基于我国“少杀、慎杀”的死刑刑事政策，关于“特别残忍手段”笔者认为至少应该包括以下几个方面。第一，犯罪人的主观心态必须是直接故意，即在实施犯罪行为时，必须是积极主动地去追求犯罪结果的发生，对于间接故意及过失所导致的犯罪后果不应认定为对老年人判处死刑的前提条件。第二，实施“特别残忍手段”故意杀人或故意伤害的行为与“致被害人死亡”具有直接的因果关系，也就是说犯罪人对被害人实施了“特别残忍手段”与“致被害人死亡”必须是同一个被害人，且被害人的死亡是由老年犯罪人的犯罪行为直接引起的。如果仅仅是一般的犯罪行为而造成被害人的死亡或者是虽然使用了特别残忍的手段，但是没有直接造成被害人死亡的，都不是适用死刑的前提条件。在现行立法下，对于老年人犯罪死刑的认定可根据三个阶层。第一阶层，若是没有采用特别残忍手段致人死亡的，则不适用死刑，因此老年人故意杀人罪的量刑则以无期徒刑为基准。若是老年犯罪人还有其他如自首、认罪认罚等从宽情节，则在无期徒刑的基础上予以从宽处理。第二阶层，若是老年犯罪人使用特别残忍手段致人死亡的，则以死刑为量刑基准，若老年犯罪人有其他从宽情节的，则不适用死刑，其中也包括不适用死缓，而适用无期徒刑。第三阶层，若是老年犯罪人使用特别残忍手段致人死亡的，又无其他从宽情节，则可适用死刑。但司法实践中，对于老年人故意杀人罪的认定，有不少案件以死刑为量刑基准予以从宽处理而认定为无期徒刑，在155件故意杀人罪案件中，有38件的老年人被处以无期徒刑，但没有适用死刑。

从司法实践来看，对于75周岁及以上的老年犯罪人适用死刑的案例为零，因此彻底废除对老年犯罪人执行死刑可能并不会引起刑罚适用的不公平与社会舆论的强烈抗议，并且出于我国“宽严相济”的刑事政策的考量及《刑法修正案（八）》所提出的指导思想，也理应对审判时已满75周岁的老年犯罪人适用免除死刑。“死刑的均衡配置，是所有罪刑均衡意义中最为重要的配置，是第一均衡。”① 因此，减少老年人犯罪的死刑配置，可为真正实现罪刑均衡做出一定贡献。

（2）对年满75周岁的老年犯罪人从轻或从宽处罚

《刑法修正案（八）》第1条规定，在刑法第17条后增加一条，作为第17条之一：“已满七十五周岁的人故意犯罪的，可以从轻或者减轻处罚；过失犯罪的，应当从轻或者减轻处罚。”随着年龄的增长，老年人身体各器官快速老化，感官能力逐渐降低，社会交往也限制在周围的邻居或亲属朋友，精神孤独感增强，因此老年人的认知和控制能力也有所下降。另外，从现代刑罚目的来看，犯罪的老年人除了极个别的情况，比如累犯、惯犯等，一般来说社会危害性不大。如前文数据所表明的，老年犯罪人中累犯和具有前科的人数较少，被告人有前科的有638件，被告人是累犯的只有188件。此外，由于老年犯罪人自身身体状况原因和激情犯罪的概率较大，再犯的可能性很低，刑罚的特殊预防目的完全可以通过非刑罚措施或者行政处罚实现。而就一般预防来说，除了极个别的恶性暴力犯罪之外，如果对于老年犯罪人处以严苛的刑事制裁，基于传统的“尊老敬老”观念，其社会认同度不高，公众情感一

① 参见白建军《罪刑均衡实证研究》，法律出版社，2004，第312页。

般也难以接受，因此所实现的刑罚的一般预防的效果就可能大打折扣。

（3）扩大老年犯罪人缓刑的适用

缓刑作为一种刑罚制度，能够缓和短期自由刑的刚性与严厉，体现人道主义内涵与现代法治的要求：通过开放的社区矫正方式，可以避免监禁过程中的“交叉感染”所导致的监狱化；减少监禁成本，同时还具有一种自我督促和对外警示的作用。而且能与我国的“教育、感化、挽救”的刑事政策有效贯通，集中体现了由“国家刑法”向“市民刑法”的转变，体现了刑罚社会化的巨大优势。

《刑法修正案（八）》规定：“对其中不满十八周岁的人、怀孕的妇女和已满七十五周岁的人，应当宣告缓刑。”该规定实际上是对老年人缓刑适用的扩大。《刑法修正案（八）》对于缓刑的修改，其旨在对老年人等特殊群体给予特殊保护，即在同时具备宣告缓刑的条件下，对于一般的犯罪人只是“可以”宣告缓刑，而对于老年犯罪人，则和未成年人、怀孕的妇女一样，“应当”宣告缓刑，这从实质上来说就是扩大对于老年犯罪人适用缓刑的范围。从老年犯罪人犯罪情况来看，其犯罪情节多轻微，危害后果较小，认罪态度较好，刑罚适用较为轻缓，多为3年以下有期徒刑，因此适用缓刑的概率应该较高。但我国当前老年犯罪人适用缓刑的概率并不是很高，被判处缓刑的老年人犯罪案件占老年人犯罪案件的65.95%，各省（区、市）的老年人犯罪案件适用缓刑的比例也在60%左右。因此，提高老年犯罪人适用缓刑概率仍有较大的空间。

（4）对于符合条件的老年人可以适用社区矫正

所谓社区矫正，是指依法在社区中监督、改造和帮扶犯罪人的非监禁刑执行制度。[①] 相对于监狱而言，作为一种非约束性的刑罚执行方式，社区矫正由《刑法修正案（八）》正式引入我国刑法典：对判处管制的犯罪分子、宣告缓刑以及假释的犯罪分子在缓刑考验期限内和假释考验期

---

① 吴宗宪主编《社区矫正导论》，中国人民大学出版社，2011，第3页。

限内，依法实行社区矫正。将社区矫正正式纳入刑法典，也是为了贯彻宽严相济的刑事政策，进一步促进我国监狱执行结构的合理化，提高司法效率，降低社会成本。这是中国监狱制度社会化的重要一步。[①]

由于老年人犯罪往往是激情犯罪，或满足一己私欲，或宣泄消极情绪，加之上文的论述，再犯可能性低，因此对其施以监禁刑一方面教育改造的意义有限，另一方面增加大量监禁成本。因此对于符合条件的老年犯罪人适用社区矫正可以有效减少和避免监禁刑带来的不利影响，也更符合老年人犯罪的独特性。

针对老年人社会影响的特点和情况，刑法对老年人的权益进行了系统的保护。对老年人犯罪的刑事制裁予以从宽，符合现代刑法的人道主义趋势，对保障人权具有重要意义，有助于贯彻宽严相济的刑事政策，这也是对中国优秀传统法律文化的回归，体现了中国刑法的进步。[②] 如上所述，从刑法的历史发展来看，中国有赦免老年人犯罪的立法传统。在刑事领域，对于定罪，《刑法》规定了统一的评价，在坚持罪刑法定原则的前提下，老年人实施的犯罪行为应当按照刑法规范体系予以认定；但在量刑层面，法官具有一定的自由裁量权，在审判过程中，在定罪量刑方面，可以对特殊群体采取适当的从宽处罚，从而实现刑法的社会保障功能与人权保障功能。

（二）国外刑法关于老年人刑事责任的规定

在国外，随着世界范围内老年犯罪人数在总犯罪人数中所占的比例不断提高，以及刑法对人权保障功能的重视，在刑事立法中对老年犯罪人从宽处罚已成为国际共识。联合国经济及社会理事会在《死刑和保护死刑犯的权利的保障措施执行情况》中倡导各成员国应当在本国刑法中

---

① 张先昌、刘新媛：《中国传统法中老龄犯罪宽宥的考察》，《法学》2011 年第 11 期。

② 王子伟、徐海：《论现行刑事立法对传统法律文化精华的继承——以现行〈刑法〉对几类特定犯罪人的立法疏漏为视角》，《法律适用》2011 年第 9 期。

对可判处死刑和执行死刑的最高年龄进行限定。在这一号召的引领下，许多国家从免除刑罚、限制某些刑罚种类的适用、明确禁用死刑的年龄、从宽适用缓刑和假释等不同方面进行了特殊规定。而对于国外立法的考察，与国际老年人立法接轨，吸收国外的先进经验，也可为我国老年人犯罪立法提供经验。

1. 减刑

一些国家在其刑法中明确规定对老年人犯罪减刑。例如，《越南刑法典》第46条规定，老年人犯罪是减轻刑事责任的情节之一。[①]《菲律宾刑法典》第13条规定，年满70周岁的老年犯罪人是减轻刑事责任的情节之一。[②]《瑞典刑法典》第29章第5节规定，在确定适当的处罚时，法院除了考虑犯罪的刑事价值外，还要考虑被告是否会因其年龄或健康状况而遭受不合理的困难。[③]《芬兰刑法典》第6章第7节规定，罪犯的年迈、体弱或者其他个人情况也是减刑的理由。[④]在英美法系中也将老年人犯罪作为一个量刑情节，《关于英国刑罚体系和量刑制度的考察报告》提到，在英国法官看来，刑罚的目的是防止犯罪分子再次实施犯罪，因此在上述要求下，要实现刑罚的目的，刑罚的制定必须根据犯罪分子个体的差异而制定不同的刑罚。如果对犯罪分子判处非监禁刑更有利于犯罪分子回归社会，则应对犯罪分子处以非监禁刑。犯罪分子的个体差异、年龄、认罪悔罪情况都应是法官在判处犯罪分子刑罚以及刑罚轻重时所应考量的因素。[⑤]《巴西刑法典》第65条规定，“定罪时年满70周岁”这一情节在任何情况下都是确定刑罚性质和严重程度的减刑情节。[⑥]韩国《刑法》考虑到犯罪人年龄以及生

---

① 《越南刑法典》，米良译，中国人民公安大学出版社，2005，第18页。

② 《菲律宾刑法》，杨家庆译，北京大学出版社，2006，第4页。

③ 《瑞典刑法典》，陈琴译，北京大学出版社，2005，第58页。

④ 《芬兰刑法典》，肖怡译，北京大学出版社，2005，第24页。

⑤ 中国政法大学刑事法律研究中心、英国大使馆文化教育处主编《中英量刑问题比较研究》，中国政法大学出版社，2001，第212~214页。

⑥ 《巴西刑法典》，陈志军译，中国人民公安大学出版社，2009，第30页。

理、心理状况影响刑事责任，认为从特殊预防的角度看，老年人不仅不适应惩罚，而且没有必要通过刑事制裁实现特殊预防目的。为此，刑事诉讼法规定了在量刑和执行中对老年人的特殊措施，韩国《刑事诉讼法》第 471 条第 1 款规定，对于被判处惩役、禁锢或拘留的人，如果年龄在 70 周岁以上的，按照宣告刑罚的法院相对应的检察厅检事或管辖被宣告刑罚的人所在地的检察厅检事的指挥，可以停止执行刑罚。[①]

2. 限制刑罚种类适用

在一些国家，某些制裁可能不适用于年龄较大的罪犯。例如，《俄罗斯联邦刑法》第 49 条规定，对 55 周岁以上的女性和 60 周岁以上的男性不得判处强制性工作和限制自由刑；同时，该法第 57 条和第 59 条规定，对审判时年满 65 周岁的男子不能判处无期徒刑或死刑。[②] 根据《菲律宾刑法》第 47 条，70 周岁以上的死囚可免予死刑。[③]《罗马尼亚刑法典》第 64 条规定，终身监禁不适用于定罪时年满 60 周岁的人。在这种情况下，终身监禁改判为最高刑期的重监禁并附加最长期限的禁止行使特定权利。[④]《蒙古国刑法》第 52 条规定，50 周岁以上的妇女和 60 周岁以上的男子不得被判处 10 年以上的监禁；60 周岁及以上的人不适用死刑。[⑤]《法国刑法典》第 70 条规定，对于年满 60 周岁的老年犯罪人，不能判处流放、有期重惩役和无期重惩役的刑罚。[⑥]《法国刑事诉讼法》第 751 条规定，不得对定罪时年满 65 周岁的人采取司法强制措施。自从废除了流放和刑事监护制度后，如果被定罪者年满 65 周岁，就不再适用“流放”的处罚。[⑦]《阿根廷刑法》第 10 条规定，60 周岁

---

① 〔韩〕金日秀、徐辅鹤：《韩国刑法总论》，郑军男译，武汉大学出版社，2008，第 739 页。

② 《俄罗斯联邦刑法》，赵微译，法律出版社，2003，第 284～289 页。

③ 《菲律宾刑法》，杨家庆译，北京大学出版社，2006，第 12 页。

④ 《罗马尼亚刑法典》，王秀梅、邱陵译，中国人民公安大学出版社，2007，第 18 页。

⑤ 《蒙古国刑法典》，徐留成译，北京大学出版社，2006，第 13 页。

⑥ 张静宇：《我国老年人犯罪刑罚适用从宽论》，西南大学硕士学位论文，2009。

⑦ 〔法〕卡斯东·斯特法尼等：《法国刑法总论精义》，罗结珍译，中国政法大学出版社，1998，第 402 页。

及以上的人可以在家中服刑;[①] 1969 年《美洲人权公约》第 4 条规定，70 周岁及以上的人不得被判处死刑;[②] 1984 年联合国经济及社会理事会《关于保护死刑犯权利的保障措施》第 3 条规定，“犯罪时未满 18 周岁的人，孕妇或新生儿母亲或患有精神疾病的人不应被判处死刑”。联合国理事会注意到，缔约国尚未通过“判处死刑”的原则。1989 年联合国理事会进一步加强了这一原则的效力，规定“不得判处或执行死刑的最高年龄”，“对智力迟钝者和严重智力迟钝者，在判刑或执行阶段应暂停适用死刑”。[③]

3. 放宽适用缓刑、减刑、假释的条件

除了放宽刑罚和限制某些制裁措施的适用外，各国法律规定放宽对老年人犯罪的减刑、缓刑和假释的条件。例如，《土耳其刑法典》规定，一般成年人适用缓刑的条件为 6 个月以下监禁刑，而针对 70 周岁及以上的老年犯罪人则放宽至 1 年以下监禁刑[④]；又如《最新意大利刑法典》规定，一般成年人适用缓刑的条件为不超过 2 年的有期徒刑或者拘役，而针对 70 周岁及以上的老年犯罪人则放宽至 2 年 6 个月以下。再如《巴西刑法》规定，普通成年人判处监禁以上刑罚的犯罪人不能适用缓刑，但是如果是超过 70 周岁的老年人犯应判处 2 年以下徒刑的，可以对其适用缓刑。[⑤]

《西班牙刑法》第 92 条规定，对于已经达到或可能达到 70 周岁的犯人，如果他符合所有条件，除了已经服满 3/4 或 2/3 的刑期外，可以给予缓刑。[⑥]《罗马尼亚刑法》第 71 条规定，被判处监禁或严格监禁的人，服刑期满 2/3 或重监禁刑期满 3/4 的，应根据其未执行的刑期，考

---

① 《阿根廷刑法典》，于志刚译，中国方正出版社，2007，第 4 页。
② 参见《1969 年美洲人权公约》，http：/61. 145. 119. 78： 8082/show. as － px? id = 312&cid = 32，最后访问日期：2022 年 11 月 10 日。
③ 〔英〕罗吉尔 · 胡德：《死刑的全球考察》，刘仁文、周振杰译，中国人民公安大学出版社，2005，第 213 页。
④ 《土耳其刑法典》，陈志军译，中国人民公安大学出版社，2009，第 22 页。
⑤ 《最新意大利刑法典》，黄风译，法律出版社，2007，第 61 页。
⑥ 《西班牙刑法典》，潘灯译，中国政法大学出版社，2004，第 37 页。

虑其年龄、健康状况、所犯的罪行和以前的定罪情况，并规定在其服满刑期前，如有进步，可以缓刑释放。同时，该条第 2 款规定，年满 60 周岁的男性罪犯和年满 55 周岁的女性罪犯，正在服刑的是监禁或严格监禁的 1/3 以上或者重监禁刑执行 1/2 以上的刑期，可以假释。该法第 72 条规定，终身监禁的服刑人员在服刑 20 年后，坚持参加劳动，认真遵守纪律，犯罪记录明显好转的，可以假释。同时，该条第 2 款规定，年满 60 周岁的犯人，符合第 1 款规定的条件的，可以在服刑 15 年后假释。[①]《菲律宾刑法》规定，年满 65 周岁或以上的罪犯如未在诉讼过程中，则可以使用监禁替代措施。[②]《越南刑法典》第 59 条规定，如果有特殊年龄或体弱多病等减刑的理由，可以在法律规定的有效执行期之前给予减刑。[③]《希腊刑法典》规定，对于一般的犯罪分子办理减刑、假释的，需要执行原判刑罚的 2/3，而当犯罪分子的年龄已满 70 周岁时，只需执行原判刑罚的一半就可以申请办理减刑、假释。[④]

此外，在刑罚执行方面，1950 年《日本刑事诉讼法》第 482 条规定，被判处刑罚的人，年龄在 70 周岁及以上的，可经一定程序批准而停止执行剥夺自由刑。[⑤] 1970 年，联邦德国还专门建造了一所老年犯罪人监狱，关押 60 周岁及以上老年男性罪犯，这所监狱的环境以及物质条件要优于一般监狱，管理制度也较一般监狱宽松。[⑥]

三 完善老年人犯罪刑法立法

我国的刑事政策在许多方面展开、落实，如当下的“少捕慎诉慎押”的司法政策、未成年人司法保护政策等，但尚未制定单独的老年人

① 《罗马尼亚刑法典》，王秀梅、邱陵译，中国人民公安大学出版社，2007，第 20 页。
② 中华人民共和国司法部编《亚太地区矫正现状与展望》，工商出版社，2000，第 239 页。
③ 《越南刑法典》，米良译，中国人民公安大学出版社，2005，第 25 页。
④ 《希腊刑法典》，陈志军译，中国人民公安大学出版社，2010，第 1 ~ 186 页。
⑤ 《日本刑事诉讼法》，宋英辉译，中国政法大学出版社，2000，第 108 页。
⑥ 苏晨辰：《老年犯罪人刑罚立法完善研究》，辽宁大学硕士学位论文，2022。

犯罪从宽的刑事政策。完善刑事立法的相关老年人犯罪的实体与程序及执行的规定等，都是我们应当努力的方向。随着中国已经进入老龄化社会，即将进入中度老龄化社会，而且部分地区，如北京已进入中度老龄化社会，老年人的数量与日俱增，老年人犯罪的数量也在不断上升。鉴于老年人生理、心理特点，在家庭和社会中相对处于弱势，同时，老年人犯罪的人身危险性和社会危害性又不同于其他成年犯罪人，因此，刑法应当从宽处理，这具有重要的历史意义和现实意义，符合当今世界刑法的发展趋势，符合现代刑事制度。一方面健全和完善我国现行的刑事司法结构，另一方面促进对弱势群体的特殊保护，增强民族认同感，从而尽可能地推进和谐社会的目标，实现政治、法律和社会效果的统一。黑格尔曾言，法是某种神圣的东西，仅仅因为它是绝对概念的定在。① 在修改我国刑法时，应考虑就老年人犯罪从轻处罚进行立法，建立合理、完善的老年人犯罪从轻处罚的法律制度，使老年人犯罪从轻处罚的做法进一步制度化、法律化。但是，需要注意的是，对老年人犯罪从宽处罚制度的出台和完善，不仅仅是一个刑法问题，其作为从宽处罚制度基础的刑罚目的和刑法的人道主义原则，也与当今中国社会的政治、经济、文化、态度等方面的发展密切相关。维护老年人的合法权益是一项有组织的社会工程，也是我们每个人的共同责任。只有当我们的社会建立起尊重人权、崇尚人道主义的良好风气，全面、理性地认识刑事制裁的目的和功能时，才能建立起合理、科学的老年人犯罪刑事制度，在刑事司法系统积极推进中国刑事司法的人性化、现代化和国际化。

为了有效地预防和恰当地处理老年人犯罪，必不可少的即是老年人犯罪立法科学化。针对老年人犯罪，最为根本性的刑事法律对策，不外乎建立、完善老年犯罪方面的刑事立法。一个建立、完善老年犯罪刑事立法方面的重要内容就是在刑事实体法中，恰当地规定老年罪犯的刑事责任。《刑法修正案（八）》新增了对老年人的宽宥处理，但是，刑法

---

① 〔德〕黑格尔：《法哲学原理》，邓安庆译，人民出版社，2016，第 83 页。

将老年人犯罪从宽处罚的年龄限制在年满 75 周岁，相比国际通行的以 60 周岁或 65 周岁为老年人犯罪年龄界限，相对较高；而且与我国《老年人权益保障法》规定的 60 周岁以上的为老年人不一致。因此规范老年人刑事责任问题是在老龄化趋势下，应对老年人犯罪问题的当务之急。

（一）关于刑事责任年龄

1. 从宽处罚年龄起点

学界关于老年人刑事责任的规定颇有争议[①]，有学者认为，已满 60 周岁不满 70 周岁老年人犯罪的，可以从轻、减轻处罚；70 周岁及以上老年人犯罪的，应当从轻、减轻处罚或者免除处罚[②]。

世界卫生组织规定“60 周岁及以上为老年人”，我国《老年人权益保障法》也明确规定“本法所称老年人是指六十周岁以上的公民”。但是我国《刑法》把老年人刑事责任轻缓化规定的起点限定为 75 周岁，且没有区分不同年龄段。《刑法》规定：“已满七十五周岁的人故意犯罪的，可以从轻或者减轻处罚；过失犯罪的，应当从轻或者减轻处罚。”一方面，区分故意、过失，作为老年人犯罪后刑事责任轻缓化的一个标准，具有合理性，因为故意犯罪和过失犯罪的罪责程度区别较大，且《刑法》重点处罚的是故意犯罪，所以对于故意犯罪如果从轻处罚的话，则对于过失犯罪应当减轻处罚。但另一方面，以 75 周岁为从宽处罚的起点，且采取“一刀切”的形式，其合理性需要论证。虽然《刑法》具有特殊性，但是其特殊性的规定也需要结合司法实践、刑事政策等多重因素加以考量。

在司法实践判例中，如前所述，对于老年人犯罪从宽处罚的认定存

---

① 参见王震《老年人犯罪刑事责任研究》，经济管理出版社，2021，第 72 ~ 75 页。

② 王震：《老年人犯罪刑事责任研究》，经济管理出版社，2021，第 75 页。

在多种标准。重庆市二中院依据的是《刑法》的规定，即以 75 周岁为标准对老年人量刑进行从宽。如在颜某某故意伤害罪一案中[①]，针对辩护人提出的被告人已 62 周岁，属老年人犯罪的意见，法院认为被告人未满 75 周岁，不符合依法可以从轻处罚的条件。也有法院认为只要年满 60 周岁的人实施的犯罪就可以认定为老年人犯罪。如在郑某某故意伤害罪一案[②]中，法院认为本案属于 60 周岁以上老年人犯罪，依法对被告人予以从轻处罚。但多数法院将 65 周岁及以上老年人实施的犯罪认定为老年人犯罪。在规范性法律文件中，最高人民法院和最高人民检察院出台的量刑指导意见与刑法规定一致；但各地出台的地方性量刑指导意见实施细则，则基本将老年人犯罪从宽处罚的年龄限定为 65 周岁及以上（具体数据见前文）。

以往，理论界关于老年人刑事责任年龄的研究多数停留在逻辑演绎，并且呈现出对其他学科领域的完全依赖，比如直接借鉴世界卫生组织的规定，采用 60 周岁的标准。那么老年人犯罪从宽处罚年龄起点的认定应当是以 60 周岁、65 周岁还是 75 周岁为标准？

首先，立法和司法考虑老年人犯罪从宽处罚在于老年人生理和心理特征的特殊性，因此根据我国《老年人权益保障法》或者世界卫生组织的老年人定义，似乎也具有可行性，而且从社会的一般认知来看，也基本认为 60 周岁及以上的即为老年人。《刑法》之所以对老年人犯罪从宽处理，不仅是因为行为人为老年人，还在于老年行为人的刑事辨认能力和控制能力有所减弱，从罪责刑相适应的角度要求其承担完全的刑事责任过于严苛。但不是只要是老年人，《刑法》就必须对其予以从宽处罚，老年人的刑事责任能力是由高到低逐渐减弱的过程，这个过程是缓慢的，与未成年人的刑事责任能力由无到有的过程有所区别。其次，从我国《刑法》的严肃性和我国目前的立法现状考虑，老年人犯罪从

① 重庆市第二中级人民法院（2018）渝 02 刑初 47 号。
② 台州市黄岩区人民法院（2021）浙 1003 刑初 15 号。

宽处罚的年龄认定标准为60周岁及以上不具有现实可能性和刑事合理性。再次，2020年10月14日，国家卫健委发布统计公报，2019年我国居民人均预期寿命达到77.3岁。换言之，75周岁以上的老年人在一般情况下，可能患有多种生理疾病或精神疾病，其辨认能力和控制能力逐渐降低到无，对其仍旧施以刑事制裁可能不符合现代法治精神和人道主义要求。因此，我国《刑法》将老年人犯罪从宽处罚年龄规定为75周岁则表现为过高。最后，本书认为，按照国际较为通行的标准，以及结合上述司法实践的判例、各地的量刑指导意见、社会一般认知，避免老年人犯罪从宽处罚年龄的认定过低或者过高，老年人犯罪从宽处罚的年龄认定从75周岁降低为65周岁为宜。

2. 设立老年人犯罪相对刑事责任年龄、无刑事责任年龄

我国《刑法》对于未成年人刑事责任年龄规定了四个层次。一是完全不负刑事责任年龄，即不满12周岁的人。二是相对不负刑事责任年龄，分为两个层次：已满12周岁不满14周岁只负故意杀人罪、故意伤害罪两个重罪致人重伤或死亡的刑事责任，程序上还要经最高人民检察院核准追诉；已满14周岁未满16周岁，除《刑法》第17条第2款规定的犯罪，不负刑事责任。三是完全负刑事责任年龄，即已满16周岁的人。四是减轻刑事责任年龄，对于上述应当被追究刑事责任的不满18周岁的人应当从轻或者减轻处罚。这个区分标准完全体现了法律规定未成年人的刑事责任能力从无到有的过程，所以对老年人犯罪的刑事立法，也应考虑到在大数据分析中我国老年人犯罪人数随着年龄增加不断减少，犯罪老年人的特殊预防必要性随着年龄增长而减少。老年人刑事责任能力与其年龄成反比，应当对老年人犯罪实行轻缓化处理。作为一项制度要求，老年犯的从宽处罚情节（减轻）应被纳入刑法总则，法官在量刑时应考虑不同的定罪情节。① 由于老年人的身心状况随着年

① 王震、沙云飞、顾静薇：《老年人犯罪的概念与刑事责任年龄上限关联性研究》，《政治与法律》2012年第7期。

龄的增长而变化，因此，可以根据老年人的年龄，区分从轻和减轻的情节。一般来说，随着年龄的增长，认知能力和刑事责任能力都有下降的趋势，但由于身心能力、知识水平、社会环境等方面的差异，同龄老年人的刑事责任能力可能不尽相同。但考虑到老年人的普遍情况，在刑法总则中可对刑事责任能力做出一般性规定。

具体可参考未成年人刑事责任年龄段划分，将老年人犯罪从宽处罚的年龄划分为：从宽的处罚起点为 65 周岁，免除处罚的起点为 80 周岁。

首先，从宽处罚的起点为 65 周岁。第一是参考国际立法例，第二是根据我国司法实践较为通行的做法，第三是基于我国老龄化情况和我国人均预期寿命，综合考虑确定 65 周岁比较科学。其次，免除处罚的起点为 80 周岁。一方面，“免除”处罚条件应当比“从轻、减轻”处罚条件更为严格，所以年龄上大于 65 周岁是必然的。另一方面，基于我国《刑法》中关于刑罚设置的考虑——我国《刑法》规定单个有期徒刑的期限最高为 15 年，如果从宽起点是 65 周岁，排除死刑、无期的适用，单一犯罪最高适用 15 年有期徒刑，即使完全执行实刑，最高也是 80 周岁，所以 80 周岁及以上的老年人犯罪被免除处罚，比较合理。

虽然建议 80 周岁是免除处罚的年龄起点，对老年犯罪进行宽宥化处理，但是免除处罚的条件应当更为严格，否则无法有效发挥刑法的社会功能，刑法的严肃性和权威性也会遭到破坏。比如，在某些犯罪中，尤其是毒品等严重性犯罪，犯罪集团可能雇佣老年人实施犯罪行为以规避刑事处罚。我国《刑法》第 49 条规定，怀孕的妇女不适用死刑，因此不少毒品犯罪分子为了规避刑事制裁，组织、雇佣孕妇参与到毒品犯罪之中，而涉案孕妇也可以受到宽宥化处理。同理，《刑法》对老年犯罪人的从宽处罚规定也可能沦为老年犯罪人或其背后利益集团的保护伞。此外，正如上文所述，未成年人的刑事责任能力是逐渐发展完善的，其刑事辨认能力和刑事控制能力并不健全，在主观认识上只是可能对大是大非的严重犯罪具有认识，对于其他具体的行为是否具有刑事违法性并没有清晰的认识，因此《刑法》规定年满12周岁不满14周岁的未成年人只有经过最高人民检察院核准追诉才能追究其故意杀人罪、故意伤害罪致人重伤、死亡的刑事责任；对年满14周岁不满16周岁的未成年犯罪人只追究《刑法》第17条第2款规定的严重犯罪。老年人的刑事责任能力是从有到无逐渐减弱的，对其从宽处罚或者免除处罚应当比照未成年人犯罪的相关规定。因此，一方面，参考国外免除处罚的立法例，再结合我国《刑法》第17条关于未成年人相对刑事责任年龄的规定，对涉及《刑法》第17条第2款规定的犯罪应当追究未成年犯罪人的刑事责任，老年人犯罪也可参考《刑法》第17条规定，只要达到80周岁，触犯《刑法》第17条第2款以外的犯罪的，可以免除处罚，但是触犯《刑法》第17条第2款规定的犯罪不能免除处罚。另一方面，对老年犯罪人仍旧根据其主观态度决定对其是否“应当”或“可以”从宽处罚。这既基于我国现实的国情，也考虑《刑法》第17条第2款规定的犯罪的严重性，还涉及老年人刑事责任年龄上限的需求。综上，本书建议，对立法修改提出建议为：已满65周岁，故意犯罪的，可以从轻或者减轻处罚；过失犯罪的，应当从轻或减轻处罚；已满80周岁的，除《刑法》第17条第2款规定的犯罪应当追究刑事责任之外，可以免除处罚。其中，过失犯罪是“应当”从轻或减轻刑罚，而故意犯罪是“可以”从轻或减轻处罚，“免除”处罚也是“可以”。

（二）关于刑罚种类——是否适用死刑、无期徒刑

死刑作为一种剥夺生命刑，其存废之争在刑法理论界和社会上一直聚讼不已。我国一直贯彻的是保留死刑、限制死刑的刑事政策，对于老年犯罪人并没有完全取消对死刑的适用，对于以特别残忍手段致人死亡的75周岁及以上的老年犯罪人仍有适用死刑的可能性。但是我国目前对老年犯罪人适用死刑的数量极少，在2018年至2020年没有一例。但是为什么还要保留对老年犯罪人死刑的适用，而不是同未成年犯罪人的

规定一致，直接免除死刑的适用？

第一，死刑的保留在我国具有社会因素。在我国对于最严重的犯罪给予最严厉的刑事制裁仍具有最广泛的社会基础。对于各种恶性犯罪，喊打喊杀、不杀不足以平民愤等社会情绪高涨，此时对于社会公众来说，也没有关注犯罪主体的特殊性，这样就导致在我国废除死刑存在很大社会阻力。正如有学者提出的，在我国尚且不存在废除死刑的社会基础时，一味盲目追求文明、人道而断然废除死刑，则可能会引起社会公众抗议甚至导致短时间内私人报复的泛滥。从某些国家死刑政策废除的反复也可知道这并不是杞人忧天。[①] 第二，这是由老年人的刑事责任能力决定的。即老年人一般具有基本的辨认能力和控制能力，其刑事责任能力较为完善，而对于老年人免予死刑的一个重要原因在于人道主义原则。未成年犯罪人免予死刑的原因一方面在于其刑事责任能力的不完善，另一方面也在于我国对未成年犯罪人一直所秉持的“教育、感化、挽救”的刑事政策，对未成年犯罪人免予死刑首要原因还在于其刑事责任能力的不完善。

虽然我国《刑法》保留了死刑，但我国还坚持“慎杀”的刑事政策，限制死刑的适用。首先，对犯罪分子予以刑事制裁的根本目的不是为了报复，死刑剥夺了犯罪人的生命，若是扩大死刑适用的范围，将使得刑法教育改造目的无法实现，而沦为赤裸裸的报复法。其次，限制死刑的适用也是为了更好地体现死刑的威慑力。只有严格限制死刑适用，才可以尽可能地利用死刑对犯罪产生强烈的威慑力，使其在最终被废除前，现实地、功利地为惩治犯罪发挥最大的作用。另外，死刑的限制也是政治要求。执政者应当维护人民利益，如果不限制死刑就可能出现滥用死刑的现象，国家在刑事治理上就失去了民众的支持。

废除死刑是不可逆的世界潮流，我国死刑政策会逐渐向废除死刑过

---

① 赵秉志、郭理蓉：《死刑存废的政策分析与我国的选择》，载赵秉志主编《刑事政策专题探讨》，中国人民公安大学出版社，2005，第291、292页。

渡。在立法上，会减少适用死刑的罪名，提高适用死刑的标准；在司法上，严格限制死刑的适用，对于应当判处死刑的犯罪分子，为其找到不判处死刑的理由，以减少适用死刑的数量。具体到老年犯罪人，其为社会的弱势群体，在我国传统的“悯老”“恤刑”思想以及国际规则影响下，对老年人犯罪适用死刑应当有所限制，甚至取消对老年犯罪人适用死刑的规定。人的生理机能和行为能力在成长过程中表现为从无到有，在老年期表现为从有到无。因此，在一定年龄的前提下，老年人的行为能力与未成年人的行为能力是相似的，均为不完全的，设置死刑年龄上限在法律和逻辑上都不存在障碍。

根据国际规则，对满足一定年龄的老年犯罪人完全废除死刑适用。联合国经济及社会理事会于 1984 年 5 月 25 日批准的《关于保护死刑犯权利的保障措施》及外国与地区的有关立法，都将老年人不纳入死刑适用对象的范围。联合国理事会在其 1989 年 5 月 24 日的 1989/64 号决议第 2 款第 c 项建议“会员国规定可判处死刑或予以处决的最高年龄”。1996 年 7 月 23 日的 1996/15 号决议中重申了对死刑的限制，而这一限制的具体措施就是 1989/64 号决议补充提出的“确立一种最大年龄限度，超过这一限度，任何人便不得被判处死刑或者被执行死刑”。65 周岁及以上的犯罪老年人，对其不适用死刑和无期徒刑。《俄罗斯联邦刑法》第 59 条第 2 款规定法院判决时已满 65 周岁的男性不适用死刑[①]。哈萨克斯坦规定对 65 周岁及以上的人不得执行死刑。参考国外立法例，不少国家对 65 周岁及以上老年犯罪人即免除死刑的适用，在我国当前立法现状下，直接按照国外的立法规定可能不具有现实可能性，因此我们主张可以免除 75 周岁及以上老年人犯罪适用死刑，删除“以特别残忍手段致人死亡”的例外适用。

另外，废除死刑是人道主义和中国传统法治思想的体现。死刑是极刑，最为残酷，冲击人类的人道主义观念，它不符合刑罚人道主义倾

---

① 王恩海：《老年人犯罪：域外考察与借鉴》，《检察风云》2013 年第 10 期。

向。毕竟老年人已处暮年，对其实施和青年、中年、壮年人同样的刑罚处罚，未能体现刑罚的人道性。我国传统法治思想中也存在对满足一定年龄老年人免予适用死刑的规定。如《永徽律》规定："八十以上、十岁以下及笃疾，犯反、逆、杀人应死者，上请；九十以上，七岁以下，虽有死罪，不加刑。""耆老之人，发齿堕落，血气既衰，亦无暴逆之心"，老年人犯罪手段残忍程度、再犯的可能性、犯罪的比例都比一般成年人明显要低，加之我国传统的尊老、敬老的观念，社会公众对于老年人犯罪具有较高的包容度，从而对老年犯罪人免予死刑的适用易于被社会所接受。

再者，免除死刑是刑法的教育改造目的要求。如果刑法的目的是预防犯罪，防止再犯，那么从老年人的精神、体力、智力角度来看，如果对其判处较重刑罚，与实施较轻的刑罚相比较，没有明显的差异，死刑不应该是仅仅体现犯罪行为的报应，而应该是对犯罪造成的社会损失的最大补偿，包括经济损失和社会心理损失。抛弃狭隘的古老的报应刑理念，死刑对于老年犯罪人而言并不是必要的手段，无期徒刑、有期徒刑、拘役、社区矫正、罚金等刑罚同样可以是对于老年犯罪人而言的合适的、相符的刑罚，完全可以起到预防老年人犯罪、补偿社会损失的作用。对老年人适用极刑，除了满足一种机械而无用的刑罚欲望之外，没有任何意义，无法体现对犯罪人教育改造的目的。

因此，对老年人犯罪完全免除死刑的适用无论在逻辑上还是司法实践中都具有可行性。此处的免除死刑适用包括死刑立即执行和死刑缓期两年执行。对老年犯罪人废除死刑后，可通过无期徒刑替代。但对老年犯罪人来说，无期徒刑也无异于死刑，而且在监禁过程中无疑会大幅增加监狱的管理成本，所以在审理可能判处死刑、无期徒刑的老年人犯罪案件时，应当尽可能寻找从轻或减轻的量刑情节。2009 年 8 月 3 日最高人民法院《关于审理故意杀人、故意伤害案件正确适用死刑问题的指导意见》提出，对由婚姻家庭、邻里纠纷等民间矛盾引发的案件，要慎重适用死刑。老年人故意杀人罪中多是由上述因素引发的，因此一般应当对老年人故意杀人罪适用无期徒刑。在无期徒刑的基础上从轻、减轻处罚而判处为有期徒刑，继而在执行的过程中通过充分发挥减刑政策，减少老年犯罪人在监狱的执行时间，充分体现对老年犯罪人的宽宥，也能有效降低监狱的成本。当然，老年犯罪人可以完全免除死刑的适用，但仍有适用无期徒刑的可能性，对于犯罪情节极其恶劣的老年犯罪人，没有从宽的量刑情节时，可以适用无期徒刑。

（三）充分发挥非刑罚处罚制度

刑罚的目的不单是为了报复犯罪，立法机关在对老年犯罪人制定刑罚措施时，其最终目的在于帮助老年犯罪人回归社会，而不是仅仅在于打击犯罪，对老年犯罪人予以刑事制裁。与其他年龄段犯罪主体相比，老年犯罪人承受刑罚的能力较弱，再犯可能性和人身危险性都较低，从处罚必要性、司法资源紧缺，以及处理案件效率的角度，在可以对老年犯罪人不适用刑罚时，应尽量选择不适用实体刑事制裁。《刑法修正案（八）》将扒窃、入户盗窃等行为都纳入盗窃罪之内，而这对于老年人犯罪来说影响重大。因为对于老年人来说，盗窃罪是所犯罪名数最多的，将盗窃罪的范围扩大意味着老年人的犯罪数量也会大幅度增长。当然，这并不意味着不对老年犯罪人施加任何制裁，而是通过其他非刑罚手段以实现刑罚的效果。我国《刑法》规定，对于犯罪情节轻微不需要判处刑罚的，可以免予刑事处罚，并根据具体情况对其予以非刑罚处罚方法处置，包括训诫或者责令具结悔过、赔礼道歉、赔偿损失，或者由主管部门予以行政处罚或者行政处分。上述处罚措施行为模式简单，或者只需要以支付金钱的方式承担责任，对老年犯罪人影响较小。基于老年犯罪人特殊的受刑能力，非刑罚方法可以成为老年人犯罪的常用措施。该制度既体现了对老年犯罪人的从宽处罚，又可以实现惩罚犯罪的目的。

非刑罚处罚方法是用来替代刑罚手段对犯罪分子施加制裁的措施，

与刑罚处罚方法相比，在老年人犯罪中非刑罚处罚方法的优势在于，虽然对犯罪分子实施制裁的方式更加轻缓，却与刑罚处罚方式所达到的效果一样，都能实现惩罚犯罪分子的目的。此外，在“少捕慎诉慎押”刑事政策指导下，非刑罚处罚方法的适用可以提高不起诉适用质量。在相对不起诉案件数量增长的背景下，司法实践中相当多的不起诉案件存在“不诉了之”的现象，行刑衔接机制不紧凑，致使不起诉的社会效果和对不起诉人以及社会公众的法治效果大打折扣。因此，非刑罚处罚措施的适用不仅可以强化对老年犯罪人的法治教育，也能重拾被害人对法治的认同感。扩大对老年犯罪人非刑罚处罚的适用范围，不仅能最大限度地保护老年犯罪人的人格尊严，而且能与世界老年人犯罪刑罚轻缓化的思潮相一致，同时由于非刑罚处罚方法无须对老年罪犯进行监禁，使其在家人的陪伴下能够尽快地回归社会，实现以较小的成本获取较大的成效。

老年人犯罪治理就应当充分发挥非刑罚处罚制度的作用。

第一，充分利用现有的非刑罚处罚方法。首先，在老年人犯罪刑事侦查、审判过程中，对犯罪情节轻微的案件要做出免予刑事处罚的判决，或者将案件终止在提起公诉阶段。其次，在具体执行过程中，要注重非刑罚处罚方法的执行效果。训诫包括口头训诫和书面训诫。训诫的目的是“诫”，而非“训”，因此在对老年犯罪人训诫时，避免假大空式的说教，而应针对危害后果、法律责任、对家庭的影响等方面进行，在训诫结束后，还应当由老年犯罪人出具书面检讨书，签字并存档。此外，针对老年人犯罪中熟人犯罪较多的现象，训诫也正是一个修复社会关系、消除心理隔阂的良好契机。对于做出免予刑事处罚或不起诉的案件，虽然已经取得被害人谅解、达成刑事和解，但是心理隔阂不一定得到消除，因此在训诫过程中组织被害方在场见证，更能缓和双方之间的关系。在责令具结悔过时，要避免形式化，应当告知犯罪人具结悔过的法律后果，要求其深刻反省自己，保证悔改，并在具结书中有针对性地列明具结义务，要求老年犯罪人积极参与社会治理，提高其社会责任感，强化法治教育效果。对于需要行政机关做出行政处罚或行政处分的，法院或检察院应当依法发出司法意见或检察意见。

第二，可增加《刑法》规定之外的其他非刑罚处罚的方法。虽然我国现行《刑法》规定了非刑罚处罚的种类，但是，在面对日益增加的老年犯罪人时，由于老年犯罪人的自身特性，司法机关在具体适用时仍面临着困境，比如对于经济困难的老年犯罪人来说，要求其赔偿损失可能会难以实施。因此，在现行立法规定的情形下，可以在司法实践中，对老年犯罪人适用其他类型的非刑罚处罚方法。例如，可以责令犯罪情节轻微、有劳动能力的老年犯罪人参与一些力所能及的社会劳动，常见的如负责清扫所在社区的卫生，积极参与到志愿服务行列，为社区居民服务，等等；为了保证执行效果，有关机关应定期对其进行检查或者要求老年犯罪人定期向有关公安机关或者司法机关汇报其近期思想及活动情况。这种改造方法不仅体现了刑罚的人道主义精神和个别化原则，也有利于和谐社会的构建。

（四）关于刑罚裁量

1. 老年人犯罪是否成立累犯

犯罪情节的严重危害性以及刑罚适用的不可避免性是运用刑事制裁的前提，但是当对公民权利的负担进行限制时，必须符合比例原则。具体内容包括，(1) 目的正当性，即要求限制手段必须是为追求正当目的；(2) 适当性原则，即限制手段必须能够实现其所追求的目的；(3) 必要性原则，即限制手段应当是产生干预最小、带来负担最少；(4) 狭义比例原则，即要求衡量限制的权利损害与目标利益。[①] 累犯制度的设立是为了打击仍具有社会危害性和再犯可能性、主观恶性较大的犯罪分子，对于不能实现累犯制度目的的犯罪分子则要避免适用累犯加重的处罚。

---

① 劳东燕：《刑事政策与功能主义的刑法体系》，《中国法学》2020 年第 1 期。

《刑法修正案（八）》将未成年犯规定在累犯的但书里面，规定未成年人犯罪不成立累犯，即是满足比例原则的要求。未成年人由于生理、心理条件的不成熟，对自己实施的违法犯罪行为在刑法上缺乏完整的辨认能力和控制能力，因此不能根据未成年犯在未成年时期实施的犯罪行为而认定其主观恶性较大；此外我国一直坚持“教育为主，惩罚为辅”的保护未成年人政策，对未成年犯的保护是人道主义刑罚的必然要求。故而对未成年人适用累犯加重量刑的制度既不符合正当性，又对未成年人产生较大负面影响，破坏国家长久以来的未成年人刑事政策。同理，老年犯罪人作为弱势群体，也应当得到刑法的特别保护。但是老年犯罪人并没有成为累犯制度的例外。老年人由于生理功能各方面的衰退，再犯可能性较低，当然也有个别例外，但不能以个别例外的存在而否定大多数老年人再犯可能性较低的可能与事实，若与其他成年人一样适用累犯制度，不太符合累犯的设立目的，也与对老年人犯罪轻缓化处理的趋势相背离。此外，随着老年犯罪人承受刑罚和实施违法犯罪行为能力不断衰弱，纵使不对老年犯罪人适用累犯制度，只通过非刑罚处罚方法或者轻微的刑事制裁也能让老年犯罪人感受到刑法的威慑，并使其能够快速地回归社会，对老年犯罪人适用累犯制度不符合必要性原则。除此之外，对老年犯罪人适用累犯制度，也意味着对老年犯罪人的量刑会加重，如本可以判处缓刑的而加重为实刑，老年犯罪人受身体状况和精神状况的影响，其执行成本提高，其所产生的负面影响可能大于所要实现的利益，因此对老年犯罪人适用累犯制度也不符合狭义的比例原则。而且如前文数据所示，老年人犯罪中累犯占老年人犯罪整体比例并不高，老年被告人为累犯的案件只有 188 件，因此取消对老年人累犯的规定并不会产生过大影响，对社会也不会造成不良后果，而对其适用累犯制度所产生的意义极小，因而笔者主张对老年犯罪人也应该适用不成立累犯的规定。

2. 减少剥夺自由刑的适用

对老年犯适用监禁刑应尽量减少，在我国老年人犯罪中，适用监禁刑的比例大概为34%。《法国刑法典》规定老年犯罪人若是判处被剥夺自由的刑罚可以在收容监狱内执行；《日本刑事诉讼法》规定被判刑人年龄在70周岁及以上时，可经一定程序批准而停止执行剥夺自由刑；《俄罗斯联邦刑法》规定55周岁及以上的妇女及60周岁及以上的男性不得被判处强制性工作，不得被判处限制自由及终身剥夺自由。[①] 实施监禁和非监禁刑罚在罪犯的经济成本上差异很大。在美国，监禁一名60周岁及以上的罪犯，平均每年的费用为7万美元，约为监禁一名普通罪犯费用的3倍。在中国，执法部门的统计数据没有公布，很难获得相关信息。不过，有研究者估计，中国罪犯的年均监禁成本可能超过1万元，但这只是指监狱运行的各种成本，并不包括监狱建设的投资。如果将监狱建设费用计算在内，国家每年关押犯人的平均费用可能会更高。因此得出结论，监禁是一种昂贵的选择。把一个犯人关在戒备森严的监狱里的费用，相当于在社区监督20~25名缓刑犯和受训人员的费用。

老年犯由于生理和心理特点，往往难以适应监狱生活，生活难以自理。如果老年犯被判处完全剥夺自由或无期徒刑，在监狱里服刑会很困难。因此，为了更好地改造老年罪犯，应减少监禁刑的使用，优先考虑缓刑、管制刑、剥夺政治权利，放宽假释、减刑的条件，使社区矫正在改造老年罪犯中充分发挥积极作用。同时，随着社区工作与社区矫正的普及和完善，社区矫正对老年罪犯的监督和改造，不仅有利于降低量刑成本，避免监禁的不良影响，而且符合老年罪犯的身心特点，有利于老年罪犯的改造。如李某盗窃罪一案中[②]，被告人多次在水果店窃取果蔬，每次只是诸如一个洋葱、几根香蕉或者一根胡萝卜等，作案6次，总价值只有200元，那么对于该种行为施以刑罚则过于严苛。若是着重于教育老年犯罪人，要求其强制劳动，可能会达到更好的预防犯罪效

---

① 王恩海：《老年人犯罪：域外考察与借鉴》，《检察风云》2013年第10期。

② 绍兴市上虞区人民法院（2019）浙0604刑初951号。

果。由于社区矫正的惩罚性较小，采用社区矫正也为服刑人员重新融入社区创造了更有利的环境，使他们能够更好地利用社会资源解决问题，提高技能和能力，保持与家庭和社区的联系，从而帮助他们重新融入社会。

除了对老年犯减刑外，还可以试行家庭监禁，家庭监禁又称软禁，是将罪犯关在家中一定时间的较为软性的制裁措施。这意味着罪犯在某个时间点被判处监禁，但服刑地点是在其家中（如同监狱），而不是在监狱等机构。家庭监禁是替代监禁的一种方式，它限制了犯罪人的人身自由，将犯罪人关在家中一定时间，在一定时间后往往允许符合条件的犯罪人外出工作或进行其他合法活动，但被允许外出的犯罪人通常要在夜间或周末回家。目前软禁在美国很普遍，特别是在少年犯中，也逐渐适用于成年犯。软禁一般适用于生活条件相对稳定、每天需要在家待上几个小时或整天被关在家里的低风险罪犯。其作为一种中间刑罚，适用于那些反社会但不至于被判处监禁的罪犯。这就避免了老年犯在监禁过程中对家人和自己造成的伤害，也克服了传统缓刑对老年犯缺乏控制的问题。

关于对罪犯的限制程度，家庭监禁可分为三大类。第一类也是限制最少的一类是宵禁，要求罪犯在晚上 7 点至早上 7 点之间必须在家。第二类要求罪犯除医疗或法律要求等特殊情况外，任何时候都必须在家。第三类，是配用电子监控的家庭监禁。带有电子监控装置的家庭监禁在 20 世纪 80 年代末迅速流行起来，部分原因是电子拘留的费用比监禁的费用低。美国某州 1987 年的一项研究表明，监狱中每个犯人每天的费用是 26 美元，而电子监控的费用是每个犯人每天 3 ~ 4 美元。家庭监禁期间对犯人的监管通常由假释官进行，假释官每月与犯人进行多次私下接触，并不定期地进行检查，以确保犯人在家中待了一段时间。

在我国，可以尝试将家庭监禁和社区矫正结合起来，解决老年犯的监禁问题。采用家庭监禁的方式，一方面，可以减轻监狱和社区的压力，降低监狱的成本；另一方面，可以使当事人与家庭保持一定的接触，避免了当事人入狱后可能出现的与家庭和子女分离的风险，也可以在家庭中对当事人进行矫正，使其以积极的态度度过刑期，有助于避免社会不和谐。另外，老年犯的家属在老年犯年老时对其进行照顾，使其感受到温暖，有助于其重新融入社会和家庭。同时，社会工作者与相关部门合作，通过社会工作个性化干预的模式，根据老年罪犯的犯罪原因、心理需求以及身体、心理、行为和环境等因素，有针对性地实施监狱方案，使其受到个性化的惩罚，充分实现刑罚的补偿目的与矫正效果，体现出司法过程中的人道主义。①

3. 扩大老年犯罪人的缓刑适用范围

对老年犯罪人扩大适用缓刑，一方面是与老年人的身心特点更加吻合，更有利于老年人合理安详地度过其人生的最后时光，另一方面也有利于对老年犯罪人的改造，降低老年犯罪人的人身危险性，防止其再次走入歧途。美国俄勒冈州的一项调查表明，在该地区，缓刑这种执行方式，成功的概率高达 90%。此外，缓刑这种刑罚方式的成本相较于监禁刑毫无疑问会更低。根据美国刑事执法研究所的统计，2010 年，美国监狱在押犯中每人每天的平均花费是 61.04 美元，年花费为 22280 美元；缓刑的平均日花费是 3.03 美元，年花费为 1106 美元。监禁花费是缓刑花费的 20 倍。② 我国的老年人犯罪缓刑适用率，根据前文的大数据，目前相较于其他经济发展水平相差不多的国家，是非常低的。此外，适用缓刑的标准差异地方性特征非常明显，有的法院适用缓刑率较高，但部分地区适用缓刑的比例非常低。在我国整体重刑主义的导向使得缓刑适用比例较低的情形下，老年人犯罪被判处缓刑的比例相对其他犯罪主体较高，这反映出我国老年人犯罪中由于绝大多数的犯罪老年人实际上危险性确实不大，犯罪整体也呈现危害轻微的特点，因此建议适当降低缓刑适用年龄。

---

① 孙光宁、李莉：《老年人犯罪从宽处理制度研究——以〈刑法修正案（八）〉为背景》，《湖北社会科学》2012 年第 5 期。

② 刘强主编《社区矫正制度研究》，法律出版社，2007，第 181 页。

扩大老年犯罪人缓刑适用范围包括两个方式，其一为降低老年犯罪人缓刑适用的年龄，其二为提高老年犯罪人缓刑适用的刑期条件。关于缓刑，我国现行《刑法》第 72 条中规定："……已满七十五周岁的人，应当宣告缓刑……"根据前文建议关于老年人犯罪轻缓化处理的刑事责任年龄从 75 周岁降至 65 周岁，此处也建议做出相应的调整。缓刑是指对原判刑罚附条件不执行的一种刑罚制度。我国刑法所规定的一般缓刑是指人民法院对于被判处拘役、3 年以下有期徒刑的犯罪分子，根据其犯罪情节和悔罪表现，认为暂缓执行原判刑罚，确实不致再危害社会，规定一定的考验期，暂缓其刑罚的执行，如果被判缓刑的犯罪分子在考验期内没有发生法律规定的应该撤销缓刑的事由，原判刑罚就不再执行的制度。《刑法》规定对已满 75 周岁的老年人、未成年人与怀孕的妇女若满足缓刑适用基本条件的，应当宣告缓刑，原因在于老年犯罪人随着年龄的增长，刑事责任能力和人身危险性逐渐降低，再犯可能性较小。域外立法也多体现这一特点，如前述提到的《土耳其刑法典》《最新意大利刑法典》等。在我国刑事立法中，则可以考虑对被判处有期徒刑 5 年以下的老年犯罪人适用缓刑，进一步放宽老年犯罪人适用缓刑的条件。

4. 扩大罚金刑适用

在大陆法系的国家，罚金刑一般被规定为主刑，而且主要是作为短期自由刑的替代措施存在的。德国罚金刑的适用比例占已生效的刑事案件 70% 以上，在有的国家甚至更高，达到 90% 以上。在法国，所有的轻罪、违警罪的罚金刑只能单独科处，只有重罪可以并科罚金。而在我国罚金刑仍是附加刑，适用比例不高，且以并处为原则，单处为例外。罚金刑的适用在我国司法与立法及学界理论存在断层。理论上，罚金刑可以作为短期自由刑的替代刑罚得到极大的认可。立法上，罚金刑的重要性也通过适用罪名的数量在刑法中的比例不断扩大而凸显出来：由 1997 年的 36.9% 增加到现行刑法的 45%，其中有 117 个罪名要求并处罚金刑，有 95 个罪名可以单处罚金刑。但是在司法实践中，罚金刑的适用率并未体现出理论和立法上的重要性。在老年人犯罪中，判处单处罚金刑的案例只有39件，在犯罪类型上，罚金刑主要集中于财产犯罪及妨害社会管理秩序犯罪上。财产罪中主要为盗窃罪和诈骗罪，盗窃罪案件有25件；妨害社会管理秩序罪中则主要是滥伐林木罪和非法占用农用地罪。由上可见，罚金刑在司法实践中完全没有发挥其应有的优势，尤其是针对贪利犯罪及轻罪案件。

以罚金刑替代短期自由刑的合理性还有讨论的余地，但这也确实给我们提供了一个新思路，即将罚金刑提升为主刑，为罚金的适用提供充分的空间，也鼓励司法机关对于明显轻微的案件，能够单处罚金的应该单处罚金，尤其是对于老年人犯罪而言，当所涉及的是轻型财产类型的犯罪时，可以对老年犯罪人单处罚金，而使其避免承担自由刑的负担或者缓刑所带来的权利限制。例如，王某盗窃一案中，被告人69周岁，入户盗窃被害人唱词机一部，价值仅90元，事后主动投案，法院判处被告人拘役5个月，缓刑10个月，并处罚金1000元。又如李某盗窃一案，被告人多次在水果店窃取果蔬，每次只是诸如一个洋葱、几根香蕉或者一根胡萝卜等，作案6次，总价值只有200元，法院判处被告人拘役4个月，缓刑6个月，并处罚金1000元。虽然两个被告人没有被判处实刑而宣告了缓刑，但缓刑的考验期内仍然被限制了部分权利，而且还可能会被重新执行刑罚。老年犯罪人的犯罪情节明显轻微，而且基于老年人贪利的心态，处以罚金就有足够的威慑力，实现预防目的，没有必要施以主刑。

（五）关于刑罚执行——减刑、假释条件进一步放宽

目前，我国立法对老年人适用减刑、假释以及暂予监外执行的门槛较高。在2018年至2020年的老年人犯罪案件中，适用假释的案件只有46件。

我国现行《刑法》第78条规定了“可以减刑”和“应当减刑”，

由于老年犯罪人自身的身体状态、精神状态以及犯罪情节，大部分老年犯罪人难以达到应当减刑的法定条件，因此，现行的应当减刑条件对于老年犯罪人的价值微乎其微，但因为老年人的剩余生命有限，需要比一般成年人更多的减刑次数、更大的减刑幅度，才可能在有生之年更好地回归家庭、回归社会，因此减刑对老年犯罪人意义又非常重大。现行的减刑制度对老年犯罪人适用范围较窄。而且，减刑后的实际执行刑罚时间对于老年犯罪人来说较长。如《刑法》规定对于判处无期徒刑的犯罪人执行刑期不能少于 13 年，而对于已满 75 周岁风烛残年的老年犯罪人来说，减刑对其几乎没有任何的意义。在假释的层面上，与减刑条件类似，被判处无期徒刑的犯罪分子，实际执行 13 年及以上的才可以假释，而且对于累犯以及故意杀人、强奸、抢劫等重大刑事犯罪被判处 10 年以上有期徒刑的不得假释。最高人民法院在规定未成年犯适用假释时可以比照成年罪犯依法适度从宽处罚，而对于老年罪犯适用假释的制度上与普通成年人并无差别。这种无差别的假释适用制度，没有充分考量老年犯罪人的受刑能力，未能体现出对老年人在执行刑罚时的宽容性。

因此，司法机关应当尽快制定老年犯罪人的减刑、假释、暂予监外执行的认定标准和认定程序，从实体规则和程序上做出明确规定，为其提供法律依据和政策支撑。对患有严重疾病需要保外就医的老年罪犯，应适当放宽保外就医的条件，适时给予暂时释放；对服刑期满后丧失再犯罪能力的老年罪犯，应适当放宽给予减刑、假释的条件。《西班牙刑法》规定服刑期间表现良好、回归社会后不会造成危害者可以实施假释。但对于年满 70 周岁或者在服刑期间将年满 70 周岁的罪犯，虽然不符合前条规定，若是符合除已服完 3/4 或 2/3 之刑罚以外的各项规定的，可以予以假释。此外，对于达到一定年龄（如 85 周岁及以上）的老年罪犯，可以通过社区矫正在家服刑。这种替代刑罚的措施，一方面可体现中华民族尊老敬老的传统美德，彰显中国刑法对老年人的人性化考虑，另一方面也能有效缓解执法机关的压力，更有效地利用司法资源。

2016 年 11 月 14 日颁布的《关于办理减刑、假释案件具体应用法律的规定》第 20 条规定："老年罪犯……应当主要考察其认罪悔罪的实际表现。对基本丧失劳动能力、生活难以自理的上述罪犯减刑时，减刑幅度可以适当放宽，或者减刑起始时间、间隔时间可以适当缩短，但放宽的幅度和缩短的时间不得超过本规定中相应幅度、时间的三分之一。"第 39 条规定："本规定所称'老年罪犯'，是指报请减刑、假释时年满六十五周岁的罪犯。""基本丧失劳动能力、生活难以自理、假释后生活确有着落的老年罪犯"的假释从宽条件，对老年罪犯的生理条件要求过于严格。虽然放宽到 65 周岁，但这种严苛的生理状况要求严重限制了减刑的资格，对于身体状况不佳但不符合"基本丧失劳动能力、生活难以自理"的老年人，很难给予减刑，因此在现有基础上应进一步放宽对老年犯的减刑、假释条件。

根据我国现行《刑法》的规定，对于假释的，必须执行刑罚的一半以上，无期徒刑的，必须执行 10 年，此外减刑的幅度也过小。而对于老年人而言，由于其剩余的生命有限，这种规定对其没有太大的实际意义，因此可以对老年人做出一些较为宽缓的规定，如规定老年人需要假释的，只要执行原判刑罚的 1/3，对于老年人减刑的幅度也应该进一步增大。

此外，在司法实践中可发挥法官的自由裁量权，加大对老年犯罪人的从宽处罚力度。《墨西哥刑法》第 34 条规定 70 周岁及以上的老年人在犯罪时丧失理性可免除处罚；《荷兰刑法》第 2 章第 3 条规定 70 周岁及以上的老年人在犯罪时丧失理性可免除处罚。① 我国对老年人犯罪的从轻处罚力度还稍显不足。我国从犯罪人不同的主观态度出发，对已满 75 周岁的人规定了不同的处罚力度。这一规定体现了犯罪人主观恶性程度及社会危害性程度不同，但可能为了与我国已满 14 周岁不满 18 周

① 王恩海：《老年人犯罪：域外考察与借鉴》，《检察风云》2013 年第 10 期。

岁的规定相适应，从轻力度仅限于“从轻或减轻处罚”，则有商榷的空间。我国《刑法》对又聋又哑的人或者盲人犯罪可以从轻、减轻或者免除处罚，结合老年人犯罪的具体情况，完全可以赋予法官免除处罚的裁量权。

（六）老年罪犯特赦常态化

2019 年，在新中国成立 70 周年之际，全国人大常委会通过了新中国成立以来的第九次特赦决定，其中年满 75 周岁、身体严重残疾且生活不能自理的罪犯也在特赦之列。与第八次特赦对象基本一致，即特赦范围不再局限于政治犯，还包括其他无再犯可能性、犯罪情节相对较轻的罪犯，比如未成年罪犯和老年罪犯。上述老年罪犯基本上已经丧失了再犯罪能力，没有特殊预防的必要性，因而没有继续服刑的必要性，对他们予以特赦，符合我国自古以来的“悯老恤幼”的文化传统和国际上的人道主义原则，也是对其不具有再犯罪危险性的肯定。特赦制度是在国家举行重大喜庆活动期间对部分罪犯进行特赦的制度，是对国家重大喜庆活动的庆祝，因此特赦制度是非常态的。但从其实际效果以及具体针对的对象来说，特赦制度可以通过细化规定，而将此项制度在刑罚实践的运用当中予以常态化。

特赦制度由于缺乏具体的实体规则和程序规定，因此其实施具有不确定性，并且表现为长期沉寂，正如有学者提出的，“特赦之重启不免有些突兀，而且又在悄无声息间施行完成，它留给世人的是一副十分模糊的面貌，似乎仅仅是一个偶然性的政治决定”①。自 1975 年以来，特赦制度长达 40 年再未启用，其间，有学者多次呼吁在国家重大节庆之际实施特赦，但直到 2015 年为纪念中国人民抗日战争暨世界反法西斯

① 高铭暄、储槐植、赵秉志、阴建峰：《在建国 70 周年之际实行特赦之建议》，2019 年 7 月 3 日，https：//mp. weixin. qq. com/s/VyBCcsu - GLaKtY79Y_ - xgw，最后访问日期：2022 年 5 月 15 日。

战争胜利70周年，才重启了特赦制度。因此，通过推动特赦的常态化、制度化运行，可以有效发挥特赦的独特价值。在具体适用对象上，则可以将符合一定条件的老年人纳入特赦的常态化对象。第八次特赦和第九次特赦都将年满75周岁、身体严重残疾且生活不能自理的服刑罪犯纳入特赦罪犯中，而这也为以后对符合一定条件的老年犯罪人特赦的实施提供了良好的经验。

（七）刑法立法建议

综上，笔者提出如下立法建议。

一是建议修改《刑法》第17条之一为：已满65周岁，故意犯罪的，可以从轻或减轻处罚；过失犯罪的，应当从轻或减轻处罚；已满80周岁的，除本法第17条第2款规定的犯罪应当承担刑事责任之外，可以免除处罚。

二是建议修改《刑法》第49条第2款为：犯罪时已满75周岁的，不适用死刑。

三是建议修改《刑法》第65条，删减第1款为：被判处有期徒刑以上刑罚的犯罪分子，刑罚执行完毕或者赦免以后，在5年以内再犯应当判处有期徒刑以上刑罚之罪的，是累犯，应当从重处罚。增加第2款为：过失犯罪和不满18周岁的人犯罪不成立累犯；已满65周岁，除犯本法第17条第2款规定的犯罪之外，不成立累犯。将现有第2款改为第3款。

四是建议修改《刑法》第72条第1款为：对于被判处拘役、3年以下有期徒刑的犯罪分子，同时符合下列条件的，可以宣告缓刑，对其中不满18周岁的人、怀孕的妇女，应当宣告缓刑；对于被判处拘役、5年以下有期徒刑的、已满65周岁的犯罪分子，同时符合下列条件的，应当宣告缓刑。

五是建议修改《刑法》第78条第1款为：被判处管制、拘役、有期徒刑、无期徒刑的犯罪分子，在执行期间，如果认真遵守监规，接受教育改造，确有悔改表现的，或者有立功表现的，可以减刑；报请减刑时年满 65 周岁的，或者有下列重大立功表现之一的，应当减刑……

六是建议修改《刑法》第 81 条第 1 款为：被判处有期徒刑的犯罪分子，执行原判刑期 1/2 以上，被判处无期徒刑的犯罪分子，实际执行 13 年以上，如果认真遵守监规，接受教育改造，确有悔改表现，没有再犯罪的危险的，可以假释；报请假释时年满 65 周岁的，应当假释。如果有特殊情况，经最高人民法院核准，可以不受上述执行刑期的限制。

第七章　基于大样本数据的老年人犯罪刑事诉讼程序研究

一　老年人的特殊性在刑事诉讼程序中的体现

对于老年人犯罪，我们进行刑事一体化的研究与处置至关重要，如果仅仅局限于刑法规定的实体层面和犯罪学研究层面，远远不够。所有刑事犯罪，无程序法的规定，实体法难以实现其真正的价值，即便定性量刑，也还有许多欠缺。在刑事诉讼程序中，必须对老年人犯罪进行相对应的处理，在学术研究基础上，采取相应的措施。

从前文大数据分析可以看出，通过对一般老年人犯罪的处罚整体趋“宽”来实现宽严相济的刑事政策。改革实体处理结果的同时还需要刑事诉讼程序做出相应的改革，比如，通过改革审前羁押和处遇制度，引入事前审查程序，促进老年人犯罪的刑事和解，保护老年人作为弱势群体的辩护权，加大非法证据排除的审查力度，加强诉前审查，能不诉的尽量不诉，提高简易程序、认罪认罚程序的适用率，提高司法运行效率，将老年罪犯带入社区中通过社区矫正进行改造，以显示对老年罪犯的宽容等。刑事诉讼法与实体法规定如两条并行铁轨，解决老年人犯罪问题缺一不可。

2020 年 10 月 22 日，上海市静安区人民检察院发布《涉老年人刑事案件检察工作白皮书》，其专办组出台了《老年人犯罪专业化办案工作规定》，建立了涉老案件法律援助全覆盖常态化机制，探索建立认罪认罚从宽制度诉前介入机制，确立区域化一体联动机制，完善与公安、法院、司法局、退管办相关单位定期联络制度，强化沟通协作，构建多元化、立体化权益保护体系①，这可作为司法实践的范例。

老年人犯罪本身具有的特殊性就在于其主体的特殊性及引申出的行为特殊性，这种特殊性必须在贯彻宽严相济刑事政策之中得到体现，而且整体制度设计偏向于从宽。但我国《刑事诉讼法》目前对老年人犯罪案件的立案、侦查、起诉程序未做明确规定。因此，涉及老年人的刑事案件只能按照刑事诉讼法的一般规定来处理。而该统一处理的结果就导致，我国老年人犯罪审前羁押率仍相对较高，如前述大数据显示，老年人犯罪案件适用逮捕强制措施的有 1446 件。尤其是在党和国家贯彻“少捕慎诉慎押”刑事政策背景下，审前羁押性强制措施的适用没有更好地体现国家政策。

老年人由于身心状况在审前程序中被视为弱势群体，体现在以下几个方面。第一，审前程序会干扰老年人的日常生活，使其脱离正常生活轨迹。审前程序对老年人适用之后，老年人就会被迫离开自己熟悉的日常环境，面对令人生畏的环境，诸如恐慌等不良心理现象更容易产生。这种心理作用使侦查人员无法对其充分进行审讯，超出常规的心理压力会导致其身心健康受损，严重时甚至危及生命，特别是对于患有高血压、心脏病等疾病的老年人来说，更是如此。第二，如果司法机关在预审阶段把关不严，侦查人员可能会采用非正常手段破案，造成严重后果。第三，其他犯罪嫌疑人对于被羁押老年人可能造成伤害，使其成为新的受害者。此外，一些老年人出狱后可能会受到亲友的歧视或

---

① 《上海市静安区检察院发布〈涉老年人刑事案件检察工作白皮书〉》，百家号，2020 年 10 月 22 日，https://baijiahao.baidu.com/s?id=1681248220227526588&wfr=spider&for=pc，最后访问日期：2022 年 5 月 15 日。

忽视。①

基于这些原因，必须对老年犯罪人与成年犯罪人区别对待，建立特殊的刑事程序，在侦查过程中给予老年犯罪嫌疑人特殊的诉讼权利。因此，如何在刑事司法系统内适当对待老年罪犯的问题至关重要。一些地方已尝试解决这一问题。例如，2009 年 7 月，由上海市静安区人民检察院牵头，出台了《涉案老年人司法保护工作规定》（在 2012 年 6 月进行了修订），对涉案老年人进行全方位、综合性、分类别、专门化的法律保护。此外，还要注意对待老年人的方式，在办案中不偏不倚地体现司法的人性化，应充分考虑老年人的生理、心理特点及其在社会中的作用。在查处老年犯罪嫌疑人时，应参考社会调查评估和案件处理情况，在会见时可以联系老年犯罪嫌疑人的子女、其赡养人或者提供法律援助的律师到场。对未被批准逮捕的老年犯罪嫌疑人，应当有不被逮捕的理由，并努力积极维护其合法权益。对年事已高、居住较远或交通不便的老年犯罪嫌疑人，应到老年犯罪嫌疑人家中询问，在不影响其正常生活和工作的前提下，充分保护其隐私。在适当情况下，应让老年犯罪嫌疑人信任的亲友了解相关法律问题，并告知其到场，以减少当事人心理压力。必要时，老年犯罪嫌疑人入院后可由专业心理医生进行心理辅导，以缓解心理压力。上海市静安区人民法院的这一规定和上述做法，充分考虑了老年罪犯的生理、心理和社会特点，体现了中国传统文化中的尊老精神及大众化的和谐社会理念，值得推广。慎重、妥善地办理老年人犯罪案件，司法程序与司法策略应适应老年人的生理和心理特点，注重说服教育，消除敌意，尽可能避免使用暴力性强制措施，规范询问语言，保护老年人的自尊心。

① 徐光华：《老年人犯罪立法的宽容度度衡》，《求索》2010 年第 2 期。

二　刑事诉讼程序中对老年人犯罪的处置原则

在刑事诉讼中，应系统地体现对老年人犯罪“从宽”的刑事政策。“刑事政策”一词起源于德国，1800 年，德国学者费尔巴哈在其著作《刑法教科书》中首次使用了这一术语。虽然该词目前在世界范围内被广泛使用，但无论是理论研究还是各国刑事政策实践，对该词的理解都远未统一。如“刑事政策探讨的问题是，刑法如何制定，以便其能最好地实现保护社会的任务”。①另外还有在学科意义上的理解，在刑事法学范畴内使用；也有从我国特色刑事政策出发，坚守它是党的政策在刑事领域中的体现，本书主要在此意义上使用刑事政策。

科学的刑事政策必须立足于各国政治、经济、文化等方面的实践，从内容和形式的结合上，才能找出刑事政策与其他社会规范和刑法规范的区别，才能更直观地了解该范畴的内外特征。从这个角度看，科学界定刑事政策，明确了刑事政策与其他社会政策和刑法规范的区别，才能使人们较为直观地把握这一范畴的内外特征。本着这一思路，笔者认为，就我国而言，学科意义上的较为科学完整的刑事政策是对犯罪的全方位反映，党的政策在刑事领域中的体现是刑事政策的最高级别，其权力性明显，通过立法或司法解释被法律化，当然具有法律效力。另外解决犯罪问题的方式方法还包括刑法、刑事诉讼法、监狱法或其他民事的、行政的、经济的法规在内的全方位的预防控制犯罪的所有策略、方针、措施②，这是广义的刑事政策。

---

① 参见〔德〕汉斯·海因里希·耶赛克、〔德〕托马斯·魏根特《德国刑法教科书》，徐久生译，中国法制出版社，2017，第 32 页。

② 李卫红：《刑事政策学》（第二版），北京大学出版社，2018，第 161 页。

（一）宽严相济刑事政策对老年人犯罪的程序处置

宽严相济作为一项刑事政策，贯穿刑事司法各个领域，而不仅仅指实体上的从宽处罚。在刑事程序中，即主要是从犯罪的立案开始到刑罚的执行为止的一连串的刑事司法过程中对犯罪人的处遇；还包括实施犯罪行为后行为人未被直接带入司法程序而采取其他的处置方式对其进行处理的过程与结果①。

对于宽严相济刑事政策的理解主要是明确“宽”、“严”以及“相济”三者的含义。“宽”指轻缓，包括两层含义，即该轻而轻、该重而轻。该轻而轻是罪刑均衡原则的应有之义，也符合公正的要求。该重而轻，当行为人所犯罪刑较重时，行为人若是具有自首、坦白、立功等法定或酌定情节，则法律上予以宽宥。“宽”在刑事程序中的体现，比如在强制措施的适用上避免审前羁押，或者检察机关通过不起诉制度让刑事程序终结在审查起诉阶段。

“严”是指严格、严厉。严格意在强调刑罚的必然适用，该作为犯罪处理的一定按照犯罪处理，该适用刑罚的一定予以刑罚制裁。严厉指较重刑罚的适用，是指该重而重。在刑事程序中，则体现为对有社会危害性的行为人要适用逮捕强制措施等，并起诉、审判、执行在法定限度内，从严惩处。

宽严相济刑事政策最为重要的还包括“相济”。“宽”和“严”的区分是宽严相济刑事政策的基础，强调对社会危害性程度不同的犯罪予以不同严厉程度的刑事制裁措施。“相济”则强调对于犯罪的处理，应当有宽有严，而且在宽与严之间还应当具有一定的平衡，互相衔接，形成良性互动②。

---

① 李卫红：《刑事政策学》（第二版），北京大学出版社，2018，第 262 页。

② 陈兴良：《宽严相济刑事政策研究》，《法学杂志》2006 年第 2 期。

宽严相济刑事政策在老年人犯罪的程序处置中则主要体现“宽”的层面，即在程序上各种从宽处理措施。2010 年 2 月 8 日最高人民法院印发的《关于贯彻宽严相济刑事政策的若干意见》中提出，“对于老年人犯罪，要充分考虑其犯罪的动机、目的、情节、后果以及悔罪表现等，并结合其人身危险性和再犯可能性，酌情予以从宽处理”。2006 年 12 月 28 日最高人民检察院通过的《关于在检察工作中贯彻宽严相济刑事司法政策的若干意见》中提出，在对“有逮捕必要”条件正确把握和理解时，要考虑主体是否属于未成年人或者在校学生、老年人、严重疾病患者、盲聋哑人、初犯、从犯或者怀孕、哺乳自己婴儿的妇女等；对老年人犯罪案件，符合不起诉条件的，可以依法适用不起诉，并可以根据案件的不同情况，对被不起诉人予以训诫或者责令具结悔过、赔礼道歉、赔偿损失。但如上所述，宽并不意味着一味从宽，老年人刑事责任能力并不是全无，老年人身份不是从宽的必然条件。对于老年人恶性犯罪案件，若具有逮捕或刑事制裁必要性，则应当逮捕；应当起诉的就移交法院。

在刑事诉讼程序中贯彻宽严相济刑事司法政策，笔者认为首先要根据老年人生理和心理状况实行专门针对老年人犯罪案件的审前程序。老年人在面对国家威权时，容易出现惊慌、恐惧等心理，这种心理影响，既不利于公安司法机关查清案件事实，也可能使患有高血压、心脏病等疾病的老年人身心健康受到影响，甚至出现生命危险。尤其是被采取羁押性强制措施后，老年人的身体状况更令人担忧。即便是没有采取羁押性强制措施，只要涉入刑事司法程序，部分老年罪犯就会受到周围亲朋好友的歧视和冷落。因此，在审前程序中，应当对老年罪犯采取不同于其他成年人的处理原则，设立特殊的刑事诉讼程序。其次，要重视老年罪犯在刑事诉讼中的诉讼保障，如老年罪犯的辩护权。老年罪犯由于受教育程度等限制，不了解法律；再加之其特殊状况，为社会上的弱势群体，因此在刑事审判过程中可以扩大指定辩护权的适用对象范围。

（二）“少捕慎诉慎押”刑事政策对老年人犯罪的程序处置

2021年4月，中央全面依法治国委员会在有关文件中明确提出“少捕慎诉慎押”刑事司法政策，并提出要依法推进非羁押强制措施适用。“少捕慎诉慎押”是党和国家确立的刑事司法政策，是宽严相济刑事政策在刑事诉讼程序中的具体要求，是继认罪认罚从宽制度之后确立的一项重大的刑事司法政策。在我国当前刑事司法过程中，存在过度依赖羁押性强制措施的现象，本该优先适用的取保候审与监视居住等非羁押强制措施适用比例较低；此外，按照我国刑事司法实践习惯，“有逮捕则有判决”，而羁押中轻罪案件较多，羁押后判轻刑率较高。对可能判处较轻刑罚、没有社会危险性的犯罪嫌疑人、被告人适用逮捕强制措施，与逮捕措施适用的条件相背离。另外，司法实践中还存在“关多久判多久”“一押到底”的不合理现象，甚至限制了起诉、定罪、量刑，影响了司法公正。因此，“少捕慎诉慎押”刑事政策有助于改变刑事司法过程中这些不合理的习惯做法。这一政策还要求在惩罚犯罪的前提下，加强人权司法保障，减少社会对抗，促进社会和谐。具体言之，就是要求对多数轻罪案件的犯罪嫌疑人、被告人慎重逮捕、羁押、追诉，要将取保候审、监视居住作为主要方式，充分发挥相对不起诉的功能，及时变更、撤销不必要的羁押。老年人犯罪正好是该政策执行的重点，最高人民检察院在解释这一政策时，也提出老年人犯罪的案件应当成为适用该政策的重点。①

“少捕”是指，对绝大多数的轻罪案件要体现从宽，慎重羁押，加强对逮捕社会危险性的审查，依法能不捕的不捕，尽可能适用非羁押强制措施，尽可能减少对犯罪嫌疑人羁押候审。老年人犯罪多为轻缓型犯罪，犯罪后自首率较高，阻碍刑事程序运行的社会危险性较低，因此，

---

① 赵喜：《少捕慎诉慎押，如何正确理解、精准适用？最高检这么说》，新京报网，2022年2月9日，https：//m. bjnews. com. cn/detail/1，最后访问日期：2022年5月15日。

在处理老年人犯罪中，对于羁押性强制措施的适用应当更为慎重。在决定是否对老年犯罪人采取逮捕强制措施时，除了考虑刑期条件和证据条件外，更重要的是要考察老年犯罪人是否还具有社会危险性。只有对具有社会危险性的老年犯罪人，才能予以逮捕强制措施。而且老年犯罪人由于老年人的身份，本就可以成为不适用羁押性强制措施的一个考量因素，在对“有逮捕必要”条件认定时，应当考虑“主体是否属于未成年人或者在校学生、老年人、严重疾病患者、盲聋哑人、初犯、从犯或者怀孕、哺乳自己婴儿的妇女等”。[①] 最高人民检察院于 2019 年 12 月 30 日公布的《人民检察院刑事诉讼规则》规定，对于年满 75 周岁的老年犯罪嫌疑人涉嫌罪行较轻且没有其他重大犯罪嫌疑的，可以做出不批准逮捕或者不予逮捕的决定。当然，重大刑事案件，由于侦查取证难度较大，在当前情况下，适用羁押性强制措施实际上有着刚性需要，这一点难以改变。但是对于轻微刑事案件的羁押性强制措施适用比例偏高，这需要进行相应改变。如李某交通肇事罪一案中[②]，被告人李某已满 75 周岁，在驾驶电动三轮车变车道时与被害人相撞，致被害人死亡，在到案后，被告人如实供述自己的行为，认罪认罚，没有辩解，其家属在审理期间积极赔偿被害方损失，取得被害人近亲属的谅解，最后法院判处被告人有期徒刑 2 年，缓刑 2 年。从犯罪情节及法院判决结果来说，被告人几乎没有被羁押的必要性，但在侦查起诉阶段被告人仍旧被采取了逮捕强制措施。

“慎诉”是指检察机关应当充分发挥相对不起诉功能，依法行使起诉裁量权，做好审前把关、分流，对于轻罪案件尽快结束刑事诉讼程序。老年人犯罪情节轻微，与邻里、亲友等纠纷引发的案件较多，社会危害性较小，且一般能达成和解、取得当事人谅解，相对不起诉的适用可能性较大。因此对于可诉可不诉的老年人犯罪案件，依法适用不起

---

① 樊崇义：《适应犯罪生态变化　推进少捕慎诉慎押》，《检察日报》2021 年 12 月 30 日，第 3 版。

② 江苏省灌云县人民法院（2018）苏 0723 刑初 510 号。

诉，并可以根据案件的具体情况，对老年犯罪人适用非刑罚处罚措施。而且，刑事诉讼程序本身对于老年犯罪人来说也是一种惩罚，不起诉决定并不是完全地放任老年人犯罪。刑事诉讼程序的严肃性以及一定程度的隔离和昭示，也代表着国家对其犯罪行为的反对态度并施加惩罚，因此对于一般无再犯可能性、情节不严重的老年犯罪人在经历刑事诉讼程序、对其犯罪行为具有清晰认识，并弥补了其犯罪行为所造成的损失后，则可以选择不施加更加严厉的刑事制裁。此外，在具体运行过程中，检察机关工作规则应当为不起诉决定的做出提供支持与便利。现行工作规则要求不起诉决定的做出要经过检察长批准等较为复杂的程序，检察人员要承担更多的责任，这导致检察人员不愿也不敢做出不起诉决定，因此，在鼓励慎诉的政策下，应适当调整检察机关相关工作规则。

“慎押”是指加强对犯罪嫌疑人、被告人的羁押必要性审查，及时变更、撤销不必要的羁押，对于适用逮捕强制措施不当的、不合理的、不必要的，不能继续羁押的，应当及时撤销或变更。羁押性强制措施的审查不仅体现在审查起诉阶段，在侦查、审判阶段也应当注重对羁押必要性进行审查，提出变更强制措施的建议，如在具体执行过程中，对于老年犯罪人由于疾病等原因而不适宜继续羁押的，人民检察院在办案过程中应当依职权主动进行羁押必要性审查，看守所也可以向有关机关提出变更强制措施的建议，有关机关应当立即予以审核，视情况依法变更强制措施。

“少捕慎诉慎押”刑事政策的贯彻能够有效减少刑事程序中犯罪人被害化现象的发生，有效保障犯罪人的基本权利，也是体现对老年犯罪人宽宥处理的一个重要层面。在具体实施过程中，则要求谨慎适用羁押性强制措施，以取保候审为原则，以羁押性措施为例外，避免因社会利益的考量而侵犯公民权利。79 周岁林某某涉嫌寻衅滋事罪一案即是反面案例的典型①。林某某与妻子因土地确权和征地纠纷，阻碍承包公司

① 郭吉刚：《79 岁“寻衅滋事”老人死于看守所：因重病多次申请取保遭检察院拒绝》，新黄河，2022 年 5 月 6 日，https：//api. jinantimes. com. cn/h5/content. html? catid = 204&id = 2731416&fx = 1，最后访问日期：2022 年 11 月 10 日。

施工而在 2021 年 9 月 8 日因涉嫌寻衅滋事罪被公安机关刑事拘留，同年 10 月 15 日被批准逮捕。在被捕前，林某某就患有高血压三级（极高危），伴有高血压性心脏病、双侧颈总动脉斑块、腔隙性脑梗死多种高危急慢性疾病，此外他还是乙肝表面抗原携带者，并患有胆结石、前列腺增生、脂肪肝等多种基础性疾病。在羁押期间，林某某多次反映每天凌晨三四点时心跳很快，且不时犯有头晕、头痛等症状，有医生根据其病例材料及症状认为，林某某可能会出现脑梗死、心肌梗死等各种危及生命的突发疾病。11 月 9 日，林某某辩护律师向检察院口头申请取保候审，但检察院认为取保候审的前提是具有生命危险，因而拒绝了辩护律师的申请。11 月 14 日，辩护律师又向检察院提交了书面的《取保候审及羁押必要性审查申请》。就在当天，林某某因突发胰腺炎而被看守所人员紧急送至医院，治疗了 8 天。该事件后，看守所因不堪重负也向检察院建议变更为取保候审，但检察院认为林某某不符合保外就医条件而拒绝了看守所的变更申请。检察院向法院提起公诉后，林某某辩护律师又多次向法院提出变更强制措施的申请，但均被驳回。2022 年 4 月 27 日，林某某在看守所内发生意外身亡，开庭日期原定为 2022 年 5 月 12 日。若是按照少捕、慎押政策，严格根据《刑事诉讼法》的规定处理，本可以避免悲剧的发生。

首先，在第一次采取强制措施时，就可以适用取保候审。《刑事诉讼法》规定，适用逮捕的前提条件之一为采取取保候审不足以防止发生社会危险性。换言之，对于采取取保候审不致发生社会危险性的就可以采取取保措施。林某某只是因为自家所耕种的土地被征用而对承包商施工进行阻挠，是由土地确权引发的纠纷，他主观恶性较低，也没有故意扰乱社会秩序，若是行政机关能够有效解决土地确权纠纷，则林某某也不会进行阻碍。其次，在被逮捕后，根据辩护律师和看守所的申请，检察机关和法院要进行羁押必要性审查，对不适宜继续羁押的，及时变更强制措施。根据《刑事诉讼法》的规定，对于患有严重疾病、生活不能自理的犯罪嫌疑人、被告人，采取取保候审不致发生社会危险性的，可以取保候审。最高人民法院于 2021 年 3 月 1 日实施的《关于适用〈中华人民共和国刑事诉讼法〉的解释》规定，对于患有严重疾病、生活不能自理的被逮捕的被告人，人民法院可以变更强制措施。司法实践对于严重疾病标准的认定一般以保外就医的条件为标准。林某某住院期间，被诊断为高血压三级（极高危），并伴有糖尿病，符合高血压危险分层中的“极高危”，此外，颈动脉超声报告显示其靶器官受损，因此林某某符合保外就医的条件——高血压病达到很高危的程度，合并靶器官受损。而且在林某某出院后，由于其生活自理能力较差，看守所不得不将其列为重点监护对象，每日监测其血压和血糖，且林某某的日常生活起居都需要他人帮忙才能完成，给看守所带来巨大的羁押成本、压力和风险。林某某的身体条件已经不适于继续羁押，且将其取保候审也不足以发生社会危险性，检察机关和法院本应当及时变更强制措施。

（三）针对老年人犯罪的具体原则

老年人犯罪领域的刑事政策应体现国家对老年人犯罪行为的评估与保护老年人权益和社会利益之间的平衡。因此，关于老年人犯罪的刑事政策基本原则构成了司法实践中处理老年人犯罪的指导思想和理论基础。对老年人犯罪刑事政策的基本原则，必须从以下几个方面进行分析和研究。第一，对老年人犯罪刑法和整个司法制度的基本问题要有很强的概括性，并能在一定程度上体现老年人犯罪刑法和整个司法制度的特殊性。第二，它应该作为一个普遍的准则，准则应体现整个老年刑事司法体系的基本精神。第三，要有科学性。针对老年人犯罪的刑事政策是我国基本刑事政策的一部分，既要保证其程序和方法的科学性，又要保证其内容的科学性。针对老年人犯罪的刑事政策必须遵循犯罪学预防、打击和控制犯罪的基本原则和要求，在制定政策时必须考虑到老年人的生理和心理特点，兼顾社会利益和老年犯罪人的权益。

1. 彻底调查原则

彻底调查原则是指老年人犯罪的刑事案件中，法院对犯罪事实和原因进行全面分析。彻查主要包括对犯罪事实的查清，审查各类证据，发现老年被告人犯罪的原因，以便法院有针对性地采用协商的方法，做出合法合理、有理有据、社会效果与法律效果相统一的判决。在涉老刑事案件的司法审判中，要想更好地教育和改造老年犯，不仅要考虑到老年人犯罪的严重性和危害性，还要了解老年人犯罪的客观和主观原因。[①]换言之，在老年人犯罪侦查和审判过程中，除了对事实和证据的收集和审查外，还要对涉嫌犯罪活动的主观和客观原因以及老年犯罪人的生活状况和家庭关系进行调查。对于上述背景的调查，则能查明犯罪人的主观恶性，以衡量其量刑。比如，对于老年人犯罪中常见的非法种植毒品原植物罪，不少老年人只是种植少量的毒品原植物用于自用。在黄某非法种植毒品原植物一案中[②]，被告人黄某因听说罂粟果可以治疗牲畜腹泻，遂在自留地中种植罂粟苗 760 株。被告人最终被判处有期徒刑 7 个月，缓刑 1 年，并处罚金人民币 1000 元。在该案中，基于被告人犯罪原因简单，只是出于日常生产生活需要，主观恶性较低，因此在量刑上应当予以考量。

2. 及时处理原则

及时处理原则是指尽快查处老年人犯罪。从处罚犯罪方面而言，“惩罚犯罪的刑罚越是迅速和及时，就越是公正和有益”[③]，效率与公正具有统一性。诉讼效率越低，诉讼程序的持续时间就越长，被害人和被告人的权利遭受损害的可能性也就越大。首先，对于犯罪嫌疑人、被告人而言，尤其是被采取羁押性强制措施的犯罪嫌疑人、被告人，在法院的生效裁判做出之前，他（她）们的人身自由被限制，其财产等权益

---

① 曹化：《检察视野下老年人犯罪案件社会调查问题研究》，《云南大学学报》（社会科学版）2020 年第 2 期。

② 贵州省修文县人民法院（2018）黔 0123 刑初 90 号。

③ 〔意〕切萨雷·贝卡里亚：《论犯罪与刑罚》，黄风译，北京大学出版社，2008，第 47 页。

也处在不确定的状态，而且要承受较大的精神压力，其名誉和信誉也会受到影响。刑事诉讼程序对于犯罪嫌疑人、被告人来说也是一种惩罚。其次，对于被害人而言，被害人在刑事诉讼中一般都有强烈的追诉愿望，希望被告人被施以刑事制裁，只有这样，他（她）才能感觉到自己的合法权益得到国家的承认和保护，其遭受的精神创伤在一定程度上才能够得到缓解。相反，诉讼拖延则会导致被害人认为其合法权益没有受到及时充分的关注，对其权益保障以及人格尊严的维护也没有表现出应有的关心与尊重，而产生受到不公正待遇的感觉。因此，由于老年犯罪嫌疑人、被告人的生理和心理的局限性，司法机关必须确保案件的快速处理，保证案件的质量和社会影响，使未被羁押的无辜老年人尽快回归社会。及时调查并采取纠正行动，可避免老年犯罪嫌疑人被无辜定罪的风险，保持其对司法正义的合理期待。对于认罪认罚的案件，案件清楚无争议的轻型案件，适用速裁程序，比如危险驾驶罪案件中，一般案情简单、事实清楚，可以通过适用速裁程序提高案件解决效率，避免老年犯罪人受刑事审判程序所累。

3. 尽量适用非监禁刑原则

对于老年犯罪人，在处罚时应该尽量适用财产刑和资格刑，这也是我国刑罚体系与刑罚结构[①]的要求。根据我国《刑法》第 52、第 53、第 59 和第 60 条的规定，财产刑包括罚金和没收财产。处罚金和没收财产都是从经济上剥夺犯罪分子犯罪能力的刑罚方法。所谓资格刑就是剥夺犯罪人享有或行使一定权利的资格的刑罚。根据我国《刑法》第 54 ~ 58 条的规定，资格刑就是指剥夺政治权利。剥夺政治权利是指人民法院依法判处剥夺犯罪分子参加国家管理和参加一定社会政治生活的权利的刑罚方法。根据我国《刑法》第 54 条的规定，剥夺政治权利是指剥夺犯罪分子的以下权利：①选举权和被选举权；②言论、出版、集会、结社、游行、示威自由的权利；③担任国家机关职务的权利；④担任国有公司、

① 参见储槐植《刑事一体化论要》，北京大学出版社，2007，第 35 页。

企业、事业单位和人民团体领导职务的权利。考虑到老年人的心理和生理特点，对某些轻微的犯罪行为，可以尽可能地适用非监禁刑。

4. 双向保护原则

双向保护原则是指在处理老年人犯罪时，社会法益保护与老年犯罪人权益保护并重，换言之，就是在坚持保护社会整体利益不受到大的冲击和破坏的前提下，最大限度地保障老年犯罪人的权益。双向保护原则本是一项少年司法的基本原则，其基本含义在于“少年司法应视为是在对所有少年实行社会正义的全面范围内的各国发展进程中的一个组成部分，同时还应视为有助于保护青少年和维护社会的安宁秩序”（《联合国少年司法最低限度标准规则》第1.4条）。由于老年犯罪人与未成年犯罪人在刑事政策中的相似性，因此，本书建议将该原则运用于老年人犯罪领域。

具体言之，双向保护原则就是要求在坚持罪刑法定的前提下，对老年人犯罪刑罚的适用更为轻缓化。犯罪是对法益的侵害，对犯罪的老年人予以刑事制裁是为了保证社会正义的实现，维护社会公共利益；但刑法的介入也需要坚持比例原则，在维护社会公共利益的前提下还要重视老年人权益的保护。审查是为了维护社会利益，判断对老年犯罪人的刑法介入手段是否具有正当性，对老年犯罪人施加刑事制裁或刑事制裁的种类是否必要，以及对老年犯罪人施加的刑事诉累是否少于所实现的利益。在社会公共利益实现的前提下，重视老年犯罪人的权利保护，在刑事诉讼中体现对老年犯罪人的倾斜保护，也便于老年犯罪人改造、回归社会及安度晚年。对于老年人犯罪应坚持宽严相济，以宽为主。

三　老年人犯罪中刑事诉讼程序的改革措施

（一）改革具体的侦查措施

老年人刑事案件的侦查，是侦查机关为查清老年人犯罪的事实和原因，依法采取专项侦查或强制措施。结合老年人的特点，为切实保障老年人的权利，有必要改革老年人刑事案件的侦查程序。

针对老年犯罪嫌疑人这个特殊群体的心理特征，在老年人刑事案件的侦查程序上应该做出相应变化。具体体现在以下几方面。

第一，讯问应由年龄较大、较友善、较有耐心的人员进行。由于年龄相近，可能更易了解老年犯罪嫌疑人的行为，年龄较大的司法人员一般不那么冲动，相对稳重，心理状态较好，很容易把握老年人的心态，更能稳定审讯对象的情绪，有效地找到突破口，尽可能地打开老年犯罪嫌疑人的心理防线。讯问人员必须经过适当的培训，才能对涉嫌犯罪的老年人进行讯问，这种培训应包括犯罪心理学、教育学、犯罪学、老年学和老年社会学。同时，审讯人员应根据老年人的生理、心理特点，寻找适当的方式与老年犯罪嫌疑人交谈，准确了解其犯罪动机和目的。考虑到保护老年犯罪嫌疑人的身心特点，应当随时变更讯问时间和地点。

第二，改变审讯方法，对老年犯罪嫌疑人的调查应从以下几个方面加以完善和改进。其一，讯问人员除收集案件事实和证据外，还应当对老年犯罪嫌疑人的背景进行考察，了解老年犯罪嫌疑人的生活环境、生活经历、性格特征、心理状态、社会交往等情况。为了摸清老年犯罪嫌疑人的生活环境、生活经历、性格特征、心理状态、社会交往情况，应制订相应的讯问计划。其二，在讯问内容上，首先，讯问人员应尽量做到冷静、礼貌，使用平实的语言，尽量避免使用夸张的专业语言。其次，要耐心细致地听取其陈述和解释。在仔细审查和研究与案件有关的证据时，要考虑到老年犯罪嫌疑人的情况，运用心理学知识，采取一切可能的措施，消除其恐惧和焦虑心理，消除其抵触情绪，对其进行法制教育，宣传开明宽容的政策，让其明白自己行为的后果、承担的责任。最后，在讯问结束后，对老年犯罪嫌疑人进行安慰，有助于减轻其在讯问过程中产生的紧张和恐惧。

（二）提高取保候审等非羁押强制措施适用率

由于老年人犯罪一般为轻微犯罪，老年人的社会危险性较低，因此在现行法律规定的各种强制措施中，逮捕等剥夺犯罪嫌疑人人身自由的强制措施对老年人来说过于严厉，而且对老年犯罪人的监控成本高。取保候审是一种“不会导致监禁的软执法措施”，是逮捕的替代性措施，有利于保护老年犯罪人，节约司法资源。对于老年犯罪人而言，适用取保候审是一般原则，而适用羁押强制措施为例外。尤其是对于认罪认罚的老年犯罪人，在刑事诉讼过程中，再犯罪、逃跑、串供等可能性较低，采取取保候审足以防止犯罪人再次实施危害社会的行为，没有羁押的必要性，而完全可以适用取保候审或其他非羁押性强制措施。取保候审能有效节约司法资源，是体现人权保障、构建恢复性司法、促进社会和谐的重要制度。

在具体实施过程中，笔者建议，为了提高取保候审的适用率，适用方式应以个人担保为主，老年犯罪人的家庭成员应切实履行担保义务，督促老年犯罪人的教育和改造。也可以发挥基层社会组织的力量，将保证人的范围扩大到相关组织，如社区、村民委员会、企事业单位等，这些单位对老年犯罪人的生活环境、性格特点、道德品质以及社会危害性等情况相对了解，且其内部成员思想政治素质可靠，比自然人做保证人更具有保证优势。对于老年犯罪人来说，其犯罪情节一般轻微、违反取保候审义务的可能性较小，因此允许一些确有监管能力的组织介入可以为无法找到适合的保证人的老年犯罪人提供担保。同时应当强化保证人的责任。如果保证人违反了我国《刑事诉讼法》第 70 条的规定，没有尽到监管义务，应当对保证人进行罚款；如果构成刑事犯罪，应追究其刑事责任。但如果老年犯罪人为独居，或者没有较好的家庭关系，无人为其担保，或者确实没有合适的担保人时，那么财产担保方式也可以适用，但例外情况包括：（1）具有重大人身危险性；（2）地址或身份不明；（3）可能妨碍调查，如逃跑或自杀；（4）涉嫌团伙犯罪、黑社会性质犯罪或涉及严重人身伤害的犯罪；（5）涉嫌危害国家安全的犯罪。总之，例外规定得越详细，越有助于明确操作标准。除老年犯罪人的担保人之外，也要注重发挥社会作用，实行多元监督。对于涉嫌刑事犯罪的取保候审老年人，司法行政机关要及时通知所在社区或村委会，充分发挥居委会（村委会）和居民的作用，对其进行层层监督和控制，确保涉嫌刑事犯罪的老年人履行法律义务。此外，虽然我国《刑事诉讼法》规定，对于采取取保候审强制措施的一般应当在强制措施期限内审结，也就是最长 12 个月，但司法机关不能据此而将案件久拖不决。效率的实现也是实现司法公平正义重要的一个层面，应当切实保障犯罪嫌疑人人身权利，尽量缩短办案期限。

（三）完善指定辩护权

《刑事诉讼法》第 35 条规定了指定辩护的适用范围。2021 年通过的《中华人民共和国法律援助法》扩大了指定辩护的范围，由“盲、聋、哑”扩大为“视力、听力、言语残疾人”，新增了不能完全辨认自己行为的成年人，可能被判处无期徒刑、死刑的人，申请法律援助的死刑复核案件被告人等。法律援助辩护范围的扩充是推动实现刑事辩护全覆盖的必然要求。部分地区为了贯彻刑事辩护全覆盖，继续扩大指定辩护适用范围，如北京市在法院、检察院、看守所、监狱等场所实现法律援助工作站全覆盖，对适用普通程序审理的一审案件、二审案件，按照审判监督程序审理的案件，被告人没有委托辩护人的，法院应当通知法律援助机构指派律师为其提供辩护。海南省除此之外还规定，对于适用简易程序、速裁程序审理的案件，被告人没有委托辩护人的，人民法院应当通知法律援助机构派驻值班律师为其提供法律帮助。北京市和海南省的指定辩护的对象根据审判程序进行全覆盖。

未成年人、“视力、听力、言语残疾人”之所以成为指定辩护的对象，在于其是社会中的弱势群体，无能力自我辩护，为了保障其辩护权，为维护其合法权益而为其指定辩护。但由于自身条件所限，老年犯罪嫌疑人实际上也属于弱势群体。老年犯罪嫌疑人存在年龄越大则诉讼行为能力越弱的趋势，加之老年犯罪嫌疑人普遍文化程度较低，大多没有能力为自己辩护，因此人民法院也应同样保障其诉讼权利。此外，虽然在刑事辩护全覆盖的地区，根据审判程序而做到了全覆盖，其中也包括老年犯罪嫌疑人，但是其仅适用于普通程序审理的案件，对于简易程序和速裁程序审理的案件或者没有包括，或者只是要求值班律师提供法律帮助，而非法律辩护。老年人犯罪往往是轻微犯罪，认罪认罚比例较高，适用简易程序与速裁程序的比例较大，这就导致老年人犯罪中法律援助辩护存在缺位的现象。故而，同未成年人以及“视力、听力、言语残疾人”一样，老年犯罪人也应当成为指定辩护的法定对象之一。因此，建议在我国《刑事诉讼法》中将年满 65 周岁的老年犯罪人纳入法律援助律师帮助范围之中，从而实现老年人涉诉辩护的全面化、制度化，更好地保障老年犯罪人的诉讼权利。

（四）完善审前调查制度

审前调查有学者称之为社会调查、人格调查、判前调查等，是让每个罪犯都被选择合适的处理方式，让法院科学地分析被告人的素质和环境的一种刑事程序，是审前程序的一部分。① 审前调查制度的理念源于 19 世纪末教育刑理论，该理论认为刑罚的目的应是对犯罪人进行再教育，不应违背人性观念。后来，在教育惩罚理论的基础上，形成了再社会化的概念，认为犯罪是犯罪人社会化过程中有缺陷的产物，国家和社会对其进行强制再社会化，以弥补其原有社会化过程中的缺陷。老年罪犯经过长期的社会化过程后仍然犯罪，那么在社会化过程中的某一环节

---

① 〔日〕菊田幸一：《犯罪学》，海沫等译，群众出版社，1989，第 178 页。

一定存在来自外界的问题或理由的刺激，通过审前调查发现其最初基本社会化过程中出现的问题，后期才能提供良好的社会服务，使其适应社会。

教育刑理论的“刑罚个别化”“法官自由裁量权”为有针对性地处理老年人犯罪提供了根据。由于老年罪犯的年龄及体力等存在特殊性，其个案的特征明晰，古典学派放之四海的行为理论应当介入近代学派行为人理论，由演绎研究转向实证研究，从犯罪学的角度个别地审视个案，把触角延伸到具体的案件之中，而非仍然墨守成规地强调对于法律整体的考虑，要具体地审视个案之中的犯罪人，他的家庭、他的性格、他的爱好、他的生活，才能更有针对性地处置老年人犯罪。所以，我们必须将司法实践中的犯罪个别化判断予以制度化，审前调查制度应运而生，它体现了对于个案的关切，刑罚的个别化在审前调查制度的衔接下得以运行于整个司法体系之中。①

在美国法院，法官在量刑前不仅要求证明犯罪事实和证据，而且社区矫正人员需要向法院提供被告人的详细情况，并被征询是否判处其非监禁刑的意见。因此，美国各州的管教人员和缓刑监督人员有义务对辖区内的被告人进行调查，并在宣判前向法院报告被告人的受教育情况、家庭情况、学业情况、警方的反应、犯罪原因、犯罪后的悔罪和反思、精神疾病以及对法院判决的认可等情况。这将使法官在判刑时能够考虑到犯罪的所有情节。根据美国司法部的统计，美国每年都会产生 100 多万份定罪调查报告。② 但目前，我国《刑事诉讼法》没有规定审前调查的程序，也没有为此设立专门的机构和人员。法院在收集被告人信息时，一般注重收集被告人是否存在累犯的证据，而累犯是法定的从重处罚情节，法官在量刑时往往会考虑到法定的从重、从轻处罚情节，但在量刑过程中很少考虑个别情况和自由裁量权，导致在适用刑罚时只注重

① 胡之芳、卢娜：《老年人权利保障的刑事司法之维——以老年被追诉人为视角》，《法律适用》2020 年第 22 期。

② 刘强编著《美国社区矫正的理论与实务》，中国人民公安大学出版社，2003，第 50 页。

行为方面，对犯罪人的关注度相对较低，即只注重惩罚而忽视矫正和改造。

此外，对老年人犯罪，社会调查还处于地方司法机关的试验摸索阶段，在同样为弱势群体的未成年人犯罪案件中，我国已经建立了社会调查制度。2012 年修订《刑事诉讼法》时在“未成年人刑事案件诉讼程序”中明确规定了社会调查制度，“公安机关、人民检察院、人民法院办理未成年人刑事案件，根据情况可以对未成年犯罪嫌疑人、被告人的成长经历、犯罪原因、监护教育等情况进行调查”。未成年人社会调查报告是认定案件量刑事实的重要来源，能够反映未成年人的人身危险性、再犯可能性，对于未成年人量刑有重要影响。未成年人犯罪社会调查旨在为每一名未成年犯罪人都能选择恰当的司法处遇，在刑罚个别化基础上确保量刑公正，使犯罪人更好地回归社会。① 对于未成年犯罪人的这一理念同样适用于老年犯罪人。与其他年龄段的犯罪主体相比，老年犯罪人随着生理、心理机能的退化，其刑事责任能力也有较大程度的降低，他们理所应当与未成年人等弱势群体一样受到社会的关注和同情。而且老年犯罪人虽然身体机能逐渐衰退，生命走向终结，但不能因此而剥夺其重返社会后重新生活的基本权利。建立老年人犯罪案件的社会调查制度，对于提升老年人犯罪案件办理效果、对老年犯罪人进行体系化保护和救助具有重要意义。老年人犯罪社会调查制度不仅体现了司法对老年人的人文关怀，符合国际上的人道主义原则，也是为了贯彻我国《宪法》和《老年人权益保障法》的精神，是法治社会的必然选择。

因此，公安司法机关在办理老年人犯罪案件过程中应当引入社会调查制度，使其在符合《刑事诉讼法》规定的前提下，为法官、辩护律师等提供充分、全面了解被告人情况的资料。为了规范调查对象、节约司法资源，可以由司法人员以外的社区主管机构撰写社会调查报告，并委托社会专业力量参与社会调查。这样一方面可以减轻司法人员在社会

① 周立武：《论未成年人社会调查报告的审查与运用》，《青少年犯罪问题》2018 年第 4 期。

调查方面的辛苦，使他们能够专心致志地进行案件的调查和分析，而且可以避免他们在案件调查之前对老年犯罪嫌疑人有先入为主的看法，从而影响他们的公正判断；另一方面，由于社会调查具有复杂性和专业性，专业人士的参与能够保障社会调查报告的客观真实、准确完整。同时，参与社会调查的人员应具备能够客观公正、廉洁履职的条件，如良好的专业素养、正派的作风和强烈的责任感。在目前的制度框架下，可由社区矫正部门、从事老龄人口工作的专业社会组织，以及具有老年心理学、社会学背景的专业人员进行。在调查过程中，可以会见被调查人，对被调查人进行身体检查、心理测试、精神鉴定，走访询问亲友邻居见证者，换言之，社会调查要求对老年犯罪人的身体、心理、精神状态和性格特点，生活环境、家庭关系等情况，以及导致犯罪发生的各种主客观因素、发展过程进行全面细致的调查。

在审查起诉程序中，社会调查报告是检察院决定是否对老年犯罪人起诉和提出量刑建议的重要参考。检察机关通过考察社会调查报告中的内容，全面评估老年犯罪人的主客观方面，同时结合案件事实、证据材料等情况，决定案件是否属于情节轻微，是否应当对老年犯罪人追究刑事责任，并做出起诉或不起诉的决定。此外，现行刑事诉讼法规则要求检察院提出精准化量刑建议，因此调查报告有利于检察机关全面掌握老年犯罪人的量刑情节特别是酌定量刑情节，从而在充分考量老年犯罪人的再犯可能性和社会危险性的基础上，提出合理的量刑建议。社会调查报告使检察机关提出的量刑建议具有合理明确的根据，从而更易得到人民法院的支持。

检察院向人民法院提起公诉时，应当一并提交社会调查报告，作为案件事实的重要材料之一。社会调查报告在刑事审判中，是作为量刑证据提出的。在刑事诉讼法证据类型中，可归属于鉴定意见。在审理过程中，为了表明社会调查报告的证明力，应当确保社会调查人员出庭接受质询，公诉人、被告人、辩护人和辩护律师可以对社会调查报告的内容发表意见，社会调查人员就提出的疑问进行解答，在确有必要时，也可以要求接受调查人员出庭进行说明。社会调查报告中被审判法官采纳的事实就成为法官量刑时重要的参考依据。社会调查报告作为定案证据是可以反驳的，社会调查对象在法庭上接受质询，法官可以重新审查社会调查报告内容，并决定是否对其从宽处罚。

（五）老年人犯罪的刑事和解

在老年人犯罪案件中，当事人和解或者被告方取得被害方谅解的案件有 1096 件，占比为 21.46%。在审查起诉阶段，达成刑事和解的案件可能有部分案件不被起诉，因此在判决书中所显示的老年人达成刑事和解案件数较少。还有一部分案件会进入审判阶段。在司法实践中，取得被害方谅解是法院考虑对犯罪人酌定量刑的情节，虽然没有被规定在《刑法》中，但以司法解释为依据，仍是刑事和解制度的内容之一。本节主要讨论老年人犯罪中的刑事和解制度。

我国《刑事诉讼法》第 288、第 289、第 290 三条规定了刑事和解①，这三条基本构建了我国当事人和解的公诉案件诉讼程序，即适用刑事和解的案件、适用条件及法律后果等，但没有对刑事和解概念加以阐述。一般认为，刑事和解是指刑事案件中的加害人与被害人之间或通过第三方主持，双方达成谅解，以赔礼道歉、经济赔偿等方式，平等地全部或部分解决已然犯罪的方法。刑事和解有两个层面，包括它的实体

---

① 第 288 条：下列公诉案件，犯罪嫌疑人、被告人真诚悔罪，通过向被害人赔偿损失、赔礼道歉等方式获得被害人谅解，被害人自愿和解的，双方当事人可以和解：（一）因民间纠纷引起，涉嫌刑法分则第四章、第五章规定的犯罪案件，可能判处三年有期徒刑以下刑罚的；（二）除渎职犯罪以外的可能判处七年有期徒刑以下刑罚的过失犯罪案件。犯罪嫌疑人、被告人在五年以内曾经故意犯罪的，不适用本章规定的程序。第 289 条：双方当事人和解的，公安机关、人民检察院、人民法院应当听取当事人和其他有关人员的意见，对和解的自愿性、合法性进行审查，并主持制作和解协议书。第 290 条：对于达成和解协议的案件，公安机关可以向人民检察院提出从宽处理的建议，人民检察院可以向人民法院提出从宽处罚的建议；对于犯罪情节轻微，不需要判处刑罚的，可以作出不起诉的决定。人民法院可以依法对被告人从宽处罚。

性与程序性。实体性是指对已然犯罪人的定罪量刑，程序性是指刑事和解在刑事诉讼中的实现过程。我国《刑法》没有任何关于刑事和解法律后果的专门规定，这一空缺只能通过《刑法》中的相关规定如第37条关于刑事责任承担方式、第61条与第63条关于量刑规定等与《刑事诉讼法》的和解程序相连接来填补[①]，以实现实体与程序的对应。刑事和解对刑事责任承担的影响主要表现在前述量刑的从轻、减轻等，前文已有论述，因此本章主要讨论的是刑事和解制度的程序层面及其背后价值。

刑事和解程序的实现通过三种司法方式，即国家司法、协商性司法和恢复性司法[②]。国家司法是指由国家专门的公诉机关根据《刑法》和《刑事诉讼法》的相关规定追诉那些具有社会危险性、威胁全社会共同利益的犯罪行为，使其受到统一的刑事追诉和刑事处罚的一系列制度体

---

① 第37条：对于犯罪情节轻微不需要判处刑罚的，可以免予刑事处罚，但是可以根据案件的不同情况，予以训诫或者责令具结悔过、赔礼道歉、赔偿损失，或者由主管部门予以行政处罚或者行政处分。

第61条：对于犯罪分子决定刑罚的时候，应当根据犯罪的事实、犯罪的性质、情节和对于社会的危害程度，依照本法的有关规定判处。

第63条：犯罪分子具有本法规定的减轻处罚情节的，应当在法定刑以下判处刑罚；本法规定有数个量刑幅度的，应当在法定量刑幅度的下一个量刑幅度内判处刑罚。2021年6月16日“两高”《关于常见犯罪的量刑指导意见（试行）》（法发〔2021〕21号，自2021年7月1日起实施）二、2、（2）具有多个量刑情节的，一般根据各个量刑情节的调节比例，采用同向相加、逆向相减的方法调节基准刑；具有未成年人犯罪、老年人犯罪、限制行为能力的精神病人犯罪、又聋又哑的人或者盲人犯罪，防卫过当、紧急避险过当、犯罪预备、犯罪未遂、犯罪中止，从犯、协从犯和教唆犯等量刑情节，先适用该量刑情节对基准刑进行调节，在此基础上，再适用其他量刑情节进行调节。三、11、对于积极赔偿被害人经济损失并取得谅解的，综合考虑犯罪性质、赔偿数额、赔偿能力以及认罪悔罪表现等情况，可以减少基准刑的40%以下；积极赔偿但没有取得谅解的，可以减少基准刑的30%以下；尽管没有赔偿，但取得谅解的，可以减少基准刑的20%以下。对抢劫、强奸等严重危害社会治安犯罪的，应从严掌握。12、对于当事人根据刑事诉讼法第二百八十八条达成刑事和解协议的，综合考虑犯罪性质、赔偿数额、赔礼道歉以及真诚悔罪等情况，可以减少基准刑的50%以下；犯罪较轻的，可以减少基准刑的50%以上或者依法免除处罚。17、对于犯罪对象为未成年人、老年人、残疾人、孕妇等弱势人员的，综合考虑犯罪的性质、犯罪的严重程度等情况，可以增加基准刑的20%以下。

② 参见李卫红《刑事司法模式的生成与演进》，中国社会科学出版社，2012，第3页。

系。其是刑事诉讼主要且不可替代的追究犯罪人的方式。协商性司法是以犯罪人与国家追诉机关为主体，通过犯罪人的积极认罪认罚，对其给予一定程度的量刑优惠或程序简化。协商性司法旨在提高刑事诉讼效率，实现效率正义。恢复性司法要求的是通过采取修复性措施，被害方与犯罪人达成协议后，犯罪人不需要进入传统刑事司法程序，也不需要以刑罚的方式对其予以处罚。其目的是通过双方当事人的协商，弥补被害人、恢复被破坏的社会关系，实现解决犯罪过程中的以人为本理念。从被害人与犯罪人之间的关系看，恢复性司法应积极适用于犯罪人与被害人之间存在亲属、相邻、同事等特殊关系的案件；从犯罪人的主体情况看，恢复性司法应积极适用于未成年人犯罪、在校生犯罪、老年人犯罪等案件；从犯罪情节的严重程度看，恢复性司法应积极适用于过失犯罪案件、故意犯罪可能被判处缓刑或短期监禁刑的案件①；从处理犯罪的社会效果看，恢复性司法应适用于刑罚惩治效果有限的案件。刑事和解的程序性即是将上述三种司法模式交融在一起。老年人犯罪案件的公诉程序也体现了上述三种模式的融合。

老年人犯罪案件不管从当事人之间的关系，还是老年犯罪人的特殊主体身份，以及老年人犯罪情节的轻微性，都表明了恢复性司法在老年人犯罪案件中的适用必要性，且老年人犯罪案件也有易于达成和解的条件。在具体操作中，主要包括以下几种和解方式：（1）当事人自行和解模式。案件发生后被报警，当事人双方私下自行达成和解协议之后由公安司法机关予以确认。公安司法机关对和解协议书进行审查，审查其是否符合刑事和解的条件。（2）公安司法人员主持模式。该种模式典型地将国家司法与恢复性司法相结合。公安司法人员在立案、侦查、起诉、审判、执行各个程序先要适用恢复性司法，主持双方当事人进行和解，达成后对老年犯罪人予以撤案、不起诉或作为刑事责任从轻、减轻

① 陈晓明、林勇：《修复性司法——构建和谐社会的一种路径》，《福建公安高等专科学院学报》2007 年第 1 期。

的量刑情节。(3) 非公安司法人员主持的刑事和解模式。该种模式是由公检法机关以外的律师、人民调解员或者其他社会调解员（第三人）主持当事人双方达成刑事和解协议。虽然上述模式中有当事人自行和解或者非公安司法机关的第三方主持和解，但公诉案件的刑事和解是在刑事诉讼过程中实现的，离不开国家司法模式，因此和解协议最后还需要公安司法机关予以审查确认。理论上，老年人犯罪应当适用刑事和解制度，在司法实践中，针对老年人犯罪公安司法机关也会积极促进老年犯罪人与被害人之间的和解。

70 岁的吴某某与 76 岁的陈某某互为邻里，2016 年因自留地产生矛盾，关系逐渐恶化。2017 年 6 月 4 日，陈某某到田间除草，发现菜苗被人连根拔起，怀疑是吴某某所为，遂与其丈夫同去吴某某家责问，两家发生口角，继而升级为打斗。吴某某用木棍击打陈某某胸部，陈某某将吴某某摔倒在地，顺势骑压在吴某某身上。后医院诊断陈某某右侧 3 根肋骨骨折。20 天后吴某某被确诊为 7 根肋骨骨折。经法医鉴定，陈某某构成轻伤二级，吴某某构成轻伤一级。公安机关认为，吴某某与陈某某因邻里纠纷打斗，致对方轻伤，均构成故意伤害罪，遂移送检察院审查起诉。检察院为了促使二人达成和解，利用讯问机会向二人阐明轻伤害案件认罪赔偿可以得到宽大处理的刑事政策，组织村委会领导、村司法调解员以及当事人双方的亲属成立刑事和解团队，对当事人双方耐心劝说。二人最终达成和解协议，同意赔偿对方损失，并签订了和解协议。在审查起诉阶段，检察官认为，该案系邻里纠纷引发，损害的社会关系已经修复，当事人双方已经谅解对方，遂依法对二人做出相对不起诉的决定。

在和解适用条件上，包括以下几个方面：第一，事实要清楚，从逻辑上讲，如果事实不能查清，难以确定犯罪人和被害人的身份，也就不存在刑事和解的可能性。而且协商性司法虽然赋予犯罪人与国家追诉机关协商的权利，但在我国认罪认罚制度中，认罪认罚的前提仍是查清犯罪事实，证据确实充分。第二，老年犯罪人必须认罪，或者至少在一定程度上承认自己的罪行，必须真诚悔过、赔礼道歉。刑事和解的目的之一是为被害人提供一种克服情感障碍的方法；只有对被害人承认犯罪、悔过、真诚道歉，才能满足其心理需求，减轻其愤怒，获得理解。刑事和解的目的是恢复被破坏的社会关系，因此犯罪人必须认识到自己对社会关系造成的破坏。只有真正认识到自己行为的危害性，真正从内心忏悔，真诚接受社区的改造，才能弥补受到损害的社会关系。第三，当事人必须是自愿同意的，和解协议必须是公平、公正的。为保证和解协议的效力，和解应基于双方自愿，充分尊重双方的权益，特别是被害人的处分权，不能采取不公平、不合法的手段来达到和解的目的。

在参与主体上，除了加害人、被害人及其亲属之外，还有第三方组织，包括公检法机关、民间调解组织、援助律师等。公检法机关作为国家权力机关，是为了实现公权力，但在主持刑事和解的过程中，公检法机关就需要处于中立的地位，不能动用国家权力，而只能促成当事人的和解，而不能强制当事人和解。尤其是老年人犯罪中，国家司法机关不能为了实现社会效果而强制被害人和解。民间调解组织包括人民调解委员会、村民委员会、居民委员会等。老年人犯罪案件中，更需要村民委员会和居民委员会的参与。原因在于老年人犯罪案件多为同社区的熟人犯罪，老年人对村民/居民委员会更加熟悉，易产生信任感，而且传统上，村民/居民委员会一直是解决基层矛盾的重要主体，因此村民/居民委员会是老年人犯罪刑事和解程序中不可缺少的主体。由于老年人一般法律知识缺乏，因此法律援助律师在老年人犯罪刑事和解中也起着重要作用。援助律师可以通过提供专业技能保障专业维权，使得老年犯罪人在刑事和解中不致被公权力侵犯。

刑事和解制度在老年人犯罪中的运行，重要意义表现在将“枫桥经验”落实于解决老年人犯罪的司法实践中，使得办案机关不就案办案、机械司法，将矛盾纠纷化解在基层，注重和谐社会的构建，实现法律效果、社会效果与政治效果相统一。首先，对于公安司法机关来说，通过促成犯罪人与被害人的刑事和解，促进复杂案件向简单案件的流转，从而大大提高刑事诉讼案件处理的效率，节约诉讼资源；和解协议的达成也符合刑事诉讼目的的实现，化解被害人与犯罪人之间的矛盾，促进被破坏的社会关系的恢复，实现和谐社会的构建。其次，对于老年被告人来说，一方面，刑事诉讼效率的提高，有助于减少其诉累，较快从刑事纠纷中脱离，恢复正常生活；另一方面，通过在刑事和解中倾听被害人的讲述，犯罪人真正了解被害人因自己的行为造成的伤害而产生的痛苦和创伤，真正反思自己行为的危害性，真正悔过，有利于重新回归社会。再次，对于被害人来说，刑事和解制度也有助于被害人利益的保护。刑事和解重要的意义就在于让被害人成为刑事诉讼的主体，从被动到主动地与公安司法机关共同解决与自己相关的犯罪问题，避免在刑事诉讼中对其正当权利的忽视。被害人也通过作为刑事和解的一方主体，可以要求犯罪人对自己的损失进行及时有效的赔偿。尤其是在老年人犯罪中，因多为熟人犯罪，被害方不愿过度追究犯罪人的刑事责任，经济赔偿或补偿相对于刑事制裁来说对其更具有吸引力。

（六）减少监禁刑适用

尽管我国《监狱法》对犯罪人权利进行了相关立法保护，然而在具体执行过程中犯罪人权利的行使却遭受重重阻碍，对犯罪人采取监禁措施的人性化程度还不够。在监禁刑执行过程中，对老年犯罪人的权利保障不利，从而导致老年犯罪人在监禁过程中的被害化。此外，监禁刑有其自身弊端，主要体现在监狱化，Donald Clemmer 在其著作《监狱社会》（*The Prison Community*）① 中，提出了“监狱化”（prisonization）的概念，用以说明监禁对狱中所监禁的罪犯到底会带来何种影响。按照 Donald Clemmer 的解释，监狱是罪犯个人学习和内化监狱文化的过程。

---

① 参见 J. J. Krebs，“The Older Prisoner：Social，Psychological，and Medical Considerations”，in Max B. Rothman ed.，*Elders，Crime，and the Criminal Justice System：Myth，Perceptions，and Reality in the 21st Century*，New York：Springer Publishing Company，2000，pp. 207 – 228。

通过这一过程，罪犯了解了社会的非正式规则、价值观和习俗，监狱当局制定的正式规则和制度，以及一般的监狱文化。监狱的改造功能有限，老年犯罪人再犯可能性低，且犯罪对象主要是周边的亲朋好友，因一时冲动实施犯罪行为，往往都属于激情犯罪，因此实施监禁刑的改造效果有限。监禁刑有时不仅达不到矫正犯罪人的效果，反而可能因为交叉影响，而犯罪人变得更坏，使得对犯罪人采取监禁措施离它改造犯罪人的初衷越走越远。

还有即是老年人随着年龄的增长，身体健康状况逐渐恶化，不断增加的则是患病的风险。据相关资料，每名老年罪犯基本患有三种以上的疾病。通常而言，监禁机构的生活条件相比正常的生活条件而言一般会更差，老年犯在经历了一段时间的监禁之后，在“内忧外患”的情况下，身体的健康状况肯定是难以维持的。而且由于在狱中无所事事，老年罪犯只会将注意力集中于自己的身体状况，身体机能的老化和健康状况的恶化，给老年犯罪人带来的是巨大的精神压力。有学者研究发现，罪犯的生理年龄要比他们的实际年龄平均老7～10岁。除了身体原因之外，折磨老年罪犯的还包括心理问题。老年罪犯，部分是独居老人，本来就没有亲属探望，还有一部分家属由于其犯罪而蒙羞，不愿探望狱中的老年罪犯，使得老年罪犯饱受孤独之苦，而逐渐产生心理疾病。再加之监狱的特殊环境，老年罪犯在监狱中的时间越长，其心理状态越差。若是不及时干预，心理疾病的产生则很有可能引发罪犯之间的、罪犯与管理人员之间的矛盾或者老年犯罪人的自我伤害。但心理疾病一般情况下是隐性的，若是没有给予老年犯罪人更多的关注则较难发现。老年人的生理、心理因素给监狱带来巨大的压力。监狱要么因为老年犯罪人提供医疗护理、及时干预老年犯罪人的心理状态而提高执行成本和工作强度，要么因没有关注老年犯罪人的身体条件而侵犯老年犯罪人的基本权利，背离其工作职责，或者因疏于关注老年犯罪人的心理状态而致使监狱内部发生恶性事件。

另外，现代科学技术的飞速发展，经济全球化、知识一体化加剧了社会的就业竞争，如果长期处于与社会隔离状态，罪犯出狱后融入社会的难度将加大。对罪犯的偏见和歧视带来的负面影响，以及监禁造成的身心压抑，也会使罪犯更难融入社会。对于老年犯罪人来说，其本来就有被社会隔离之感，感知自己已经无法融入社会，被社会所抛弃，在监禁刑执行结束后则更难回归社会。社会甚至是家庭的疏远，使老年犯罪人老无所依；没有就业机会导致维持基本生活较为困难。这也可能导致老年犯罪人在释放后继续犯罪，寻求“监狱养老”。

老年人作为特殊主体，身体机能衰退，特殊预防的必要性显著降低，众多的弊病体现在监禁刑之中，譬如监狱化和身体情况的恶化等后果。虽然监禁在惩治罪犯的过程中已经并将继续发挥不可或缺的重要作用，但利弊比较后，如果可以非监禁刑代替监禁刑，则会收获全方位的好处。因此，我们必须用更人性化、更恰当的方法来对待老年犯罪人，不仅要惩治他们，还要体现社会的人性和宽容。其实，大众也有正义直觉[①]，一名老年犯罪人，他应当受到什么样的处罚，大众有自己的直觉判断，虽然具有个体的主观性和复杂性，但也有共性，“老吾老以及人之老”，多数人的同情善良心或许会不同程度降低对老年犯罪人刑事处罚的心理预期。因此对于符合刑法规定的确有悔改表现，并且丧失作案能力，没有特殊预防必要性的老年罪犯，应该加大减刑、假释的力度，使监禁刑向非监禁刑转化，如社区矫正。但也不能一放了之，“在接收老年犯罪人后，社区矫正机关应当重视恰当评估老年犯罪人的心理情况、犯罪后所表现的悔罪态度、犯罪人的身体情况、犯罪人人格的社会危险性等，对他们进行进一步的分析，根据评估结果，然后对症下药，使用不同的管理方法来管理不同的老年犯罪人”。[②]“在对老年犯罪人的监督管理等工作之中，提高社区聘请社会工作志愿者的重视程度，会使

① 参见〔美〕保罗·H. 罗宾逊《大众的正义直觉与刑事司法》，载梁根林主编《当代刑法思潮论坛（第三卷）：刑事政策与刑法变迁》，北京大学出版社，2016，第274页。

② 杨鸿台：《预防与矫治准老年人违法犯罪的社会政策制订与立法完善》，《犯罪研究》2014年第3期。

得对于老年犯罪人的监督管理效果得到进一步的强化，同时节约监狱资源。”①

（七）改革监禁刑执行制度

提高老年犯改造质量是预防老年人犯罪的必要措施，由于老年犯罪人的身心特点与其他年龄段犯罪人有所区别，应当根据老年人的身心特点，对老年犯罪人监禁刑进行改革。老年犯罪人往往体弱多病、孤独无依靠、人身危险性小，易被社会、家庭所歧视、抛弃，在监狱内容易自暴自弃，危及监狱安全，而且有不少老年犯罪人为了能在监狱养老，在出狱之后选择故意犯罪再次入狱。

当下我国监禁刑中尚没有对老年犯罪人的待遇做出特殊规定，老年犯罪人与其他年龄段犯罪人混押混管混教。而对老年犯罪人的监禁也对监狱管理提出了挑战。首先，老年罪犯的关押增加医疗需求，导致监狱成本增加。年老容易生病，身体虚弱，加之监狱的医疗设施、医疗水平以及医疗保障远远低于社会水平，这些特殊情况产生的特殊医疗需求增加了监狱的开支和服务成本。其次，老年犯罪人心理健康问题突出，影响监狱的改造效果。最后，老年犯罪人缺乏释放后的安置支持，包括在监狱、社区矫正机构和社区之间缺乏资金、志愿服务提供的协调，老年犯罪人被释放后，面临失去住房、财产的风险，难以融入社会。

具体改革措施主要包括以下几个方面。

第一，建立对老年罪犯的分类制度，对不同类型的老年罪犯采取针对性的教育改造方法。分类制度是指对罪犯进行科学的考察和评价，按照一定的标准将罪犯分为几类，分别对待的一种新制度。分类制度是国外监狱管理制度的基石，是个别化刑罚制度（执行）的体现。罪犯分类制度也是刑罚制度科学研究的必要条件，它是刑罚制度技术含量的体

① 吴宗宪：《老年犯罪人社区矫正论》，《中国司法》2011 年第 8 期。

现。分类制度建构的主要依据就是罪犯调查内容。罪犯调查（有时也称为性格研究）是由专业机构的专业人员运用医学、心理学、教育学、社会学等学科的专业知识和技术对罪犯进行诊断、观察和检查。调查内容包括罪犯的出生情况、性格、身心状态、工作情况、受教育程度、犯罪特征、犯罪史、家庭情况、社会背景、宗教背景、休闲爱好、愿望、新生活动机、新生活计划、职业培训等。调查的依据是所指控的犯罪事实、判刑信息、定罪信息、收监时的测试结果、调查（审判）时获得的信息、心理测试、教育程度测试和智商测试、职业能力测试、从其他机构获取的信息以及工作人员的直接观察。调查结束后，写出调查总结，制定分类计划和具体建议。在对老年犯罪人实行监禁刑时，应更加重视老年犯，建立相关制度，在了解家庭关系和个人生活经历、心理状态的基础上，有针对性地进行矫正和改造。

第二，建立专门的老年犯监狱或者监区，对老病残犯罪人分押分管、分教分助，实施一体化改造。在老年罪犯较多的地区，可以考虑建立专门的监狱供老年罪犯服刑；在老年罪犯较少的地区，可以考虑在一些监狱中建立专门的监区供老年罪犯服刑。上述监狱和监区所关押的罪犯都是老年人，因此在设施、管理、医疗等方面应做特殊的处理。目前，一些国家已经建立了老年罪犯监狱。如德国于 1970 年设立了专门关押 60 岁及以上老年男性罪犯的监狱，环境比普通监狱好，管理制度也比普通监狱宽松得多。在这样的老年罪犯监狱和监区中，监狱建筑、管理制度、医疗条件都应适应老年罪犯的特点和需要。例如，建筑设施应尽可能设计成无障碍的，避免使用双层床，多层牢房应提供电梯。在管理制度上，应让老年罪犯在离家较近的监狱服刑；应实行宽松的管理制度，鼓励老年罪犯自愿劳动，而不是强迫其劳动；应考虑到老年罪犯的生理和心理特点，有劳动能力的可从事轻体力劳动，无劳动能力的可不参加劳动；等等。针对老年罪犯的特点，政府应努力提供较好的医疗设施和医务人员，储备常用的医疗急救设备和药品，鼓励老年犯注意卫生和个人护理，积极预防疾病的发生等。

第三，变通执行方法，重视对老年罪犯的身体照顾、心理矫治、劳动改造，以及通信会见、释放安置问题等。首先，鉴于老年罪犯体弱多病的特点，做好针对老年罪犯的生活卫生工作。具体言之，就是要改善老年罪犯的关押改造条件，增强他们的体质。重点干预、提高处理传染病重大疫情和公共卫生突发事件的能力；探索多元多层次的罪犯医疗保障机制，明确罪犯基本医疗保障的制度和原则，探索符合老年罪犯医疗服务需求的医疗保障制度，提高针对性的医疗保健服务；提供必要的医疗设施，应对老年罪犯突发疾病。其次，应当更多关注老年犯罪人的心态。一是心理异常更易导致老年人犯罪，二是老年犯罪人在羁押期间心理状态较一般成年人更易受到周边环境的影响，进而影响其正常回归社会，因此对老年犯罪人的心理矫治具有极大必要性。心理矫治包括改变犯罪人的犯罪意识、情感，帮助其重新适应社会生活。对于老年犯罪人而言，监禁管理人员应当注重与老年犯罪人沟通，使其明确认识到自己行为的违法性，能够真诚地悔罪，避免再次犯罪；对老年犯罪人出现的异常心理状态应当及时介入，包括寻求专业人员的帮助，有效疏解其不良情绪；帮助老年人建立重新回归社会的信心，使其能够正常复归社会。再次，对老年罪犯的劳动再教育应与其他年龄段罪犯的有所不同。老年罪犯即使在重返社会后，也几乎没有了自食其力的能力，劳动改造、掌握技能不是最重要的任务。有劳动能力的老年罪犯可以从事园艺、保洁、记账等轻体力劳动，而无劳动能力的老年罪犯则不能从事劳动。通过对劳动能力的评估，在计分考核时，对部分老年犯不考核劳动改造表现。最后，强化对老年罪犯释放后的支持救助制度。有不少老年罪犯释放后，由于经济困难，没有生活保障，或者无亲人朋友照顾而再次选择犯罪，因此要关注释放出狱的老年人的保障救助。动员社会主体参与到对老年罪犯的救助保障体系中，如政府部门、司法机关、家庭等各方面要密切配合，把积极老龄观、健康老龄化理念融入经济社会发展全过程，共同关心关爱老年罪犯，努力提高老年罪犯继续社会化的自觉性。通过采取多种积极有效措施，使老年罪犯老有所养、老有所依、老有尊严，使他们幸福安度晚年。

（八）完善老年犯罪人的社区矫正制度

社区矫正是一种不同于监禁刑的非监禁刑罚执行方法，对符合社区矫正条件的犯罪分子，由专门的国家机关在有关社会组织、公民团体和社会志愿者的支持下，在判决、裁定规定的期限内，将其安置在社区，执行非监禁刑罚，对其犯罪心理和犯罪行为的缺点进行矫正，以促进社会的和谐。在具体执行过程中就是积极利用各种社会资源，通过社会各方面的共同努力，使犯罪情节较轻、主观恶性较小、社会危害性较小的罪犯，经过监管改造，有悔改表现，不再对社会构成威胁。社区矫正是刑罚轻缓化、行刑人道化的基本要求。

社区矫正虽然在威慑性上有所不足，但正如贝卡里亚所说，一种正确的刑罚，它的强度只要足以阻止人民犯罪就够了。[①] 社区矫正在适合它的对象上发挥作用，教育矫正罪犯，预防他们重新犯罪，促进其回归社会。从实践来看，适用社区矫正对犯罪人的改造效果较好。在美国，以社区矫正替代短期监禁的失败率为15%，而以社区服务作为赦免条件的失败率仅为6%。社区矫正在美国刑事制裁体系中占有重要地位。中国也应转变观念，结合国情，逐步扩大非监禁刑的适用范围，尤其是对老年犯罪人的适用。除了用刑罚惩罚罪犯外，还应该努力创造有利于老年罪犯重返社会的环境和条件。

完善老年犯罪人的社区矫正制度具有必要性。首先，老年犯罪人是适用社区矫正数量较高的主体之一。社区矫正适用的对象需要满足犯罪情节较轻，人身危险性、社会危险性较低，或者在服刑之后有悔改表现不致危害社会，又或是出现了不适宜在监狱服刑的情况。从《社区矫正法》的规定看，社区矫正对象包括以下四类：被判处管制的罪犯；被宣告缓刑的罪犯；被裁定假释的罪犯；被批准暂予监外执行的罪犯。老年

① 〔意〕切萨雷·贝卡里亚：《论犯罪与刑罚》，黄风译，北京大学出版社，2008，第67页。

罪犯被判处刑罚后，法院判决一般不会对其判处实刑，而交由司法行政部门进行社区矫正。其次，社区矫正是对老年罪犯的适当惩罚。由于健康状况的恶化和发病率的提高，老年罪犯的人身危险性和再犯率逐步降低，只要依法严格实施监督，社区矫正也是对老年罪犯的适当惩罚。出于人道主义的考虑，将老年罪犯置于开放或半开放的社会网络中进行自我反省和自我矫正，可以避免老年罪犯陷于在狱中难以自理的窘境。《社区矫正法》对未成年人社区矫正进行了特别规定，要求对未成年人的社区矫正应当与成年人分别进行。基于老年犯罪人的特殊性，也应当完善关于老年犯罪人的社区矫正制度，针对老年犯罪人进行“精准”社区矫正。

乌兰布统司法所在面对 89 周岁的社区矫正人员时，在成立的社区矫正帮教小组中指定一名“精准社区矫正人员”，由矫正大队向其发放《精准社区矫正人员手册》，由其对社区服刑人员的教育改造负起“精准”责任。在具体操作中，一般是由犯罪人共同生活的家属承担。如上述 89 岁的犯罪人则是由共同生活的女儿承担“精准”矫正责任，帮助该矫正人员正确使用定位手机等监管设备，陪护其到司法所签到或者进行简单的公益劳动，加入司法所建立的社区矫正人员微信群随时反馈矫正人员的情况等，解决老人不会使用手机等职智能设备、与司法所联系不畅通等问题。老人犯罪，部分子女会嫌弃，久而久之，老人会由焦虑不安转化为严重的心理问题，为了让老人有一个良好的改造环境，乌兰布统司法所还通过常入户、深沟通、定责任的办法经常入户与老人的子女谈话，表明成年子女接受、原谅并帮助老年罪犯改正错误的责任如同父母当初教育孩子一样，不能施加精神压力，反而要积极疏导和规劝，由家庭和社会共同完成社区矫正工作。除了参与社区矫正主体的“精准”外，还要求针对老年犯罪人的社区矫正方式具有“精准”性。在矫正过程中，对老年犯罪人应多进行法治教育，减少体力劳动型措施，照顾老年犯罪人的敏感心理。

参与社区矫正的主体除了社区矫正机构、社区矫正对象的家人之外，其他社会主体也应积极参与其中。(1) 居民委员会和村民委员会。在对老年犯罪人的社会危险性和对所居住社区的影响进行调查评估时，居民委员会和村民委员会等组织应当提供必要协助。两组织也可以引导志愿者和社区群众，利用社区资源，采取多种形式，对有特殊困难的老年罪犯进行必要的教育帮扶，不排斥、嫌弃老年矫正对象。（2）民政等其他相关部门。对于“无家可归、无亲可投、生活无着落”的“三无”老年人在执行社区矫正时，社区矫正机构一定要及时与当地民政主管部门进行协调，将他们及时送往福利院或敬老院等相关机构，保障其最基本的生活条件，也利于社区矫正机构的管理。对于已经完全丧失劳动能力，没有经济来源的老年罪犯，社区矫正机构应当协同民政、人力资源和劳动社会保障等相关部门，为符合条件的老年犯罪人申请最低居民生活基本保障补助等，让其享受社会保障资源。（3）其他社会组织。国家鼓励有经验和资源的社会组织开展帮扶交流和示范活动。有地区将社区矫正外包其他社会组织，如上海市司法局将社区矫正对象的教育矫正外包给新航社会组织，并取得良好的效果。对于老年罪犯的调查评估、监督管理以及教育矫正都涉及管理学、心理学、社会科学等多个专业的知识，社区矫正机构人员多缺乏该类全面的知识，因此，通过引入社会工作者参与社区矫正非常有必要。一方面，由社区矫正机构利用经费购买服务，招聘专职的社会工作者。另一方面，采取合同外包的形式，将社区矫正的部分工作外包给专业的社工组织，由专业的社工组织对社区矫正对象进行教育矫正和困难帮扶，减轻社区矫正机构的负担。此外，社区矫正机构也应当对参与社区矫正的社会工作者提供心理学、管理学、法律等方面的专业知识培训，提高其业务水平，保证社会工作者有能力参与社区矫正，实现社区矫正的实施效果。

完善老年罪犯社区矫正的奖励机制。《社区矫正法》中对社区矫正对象的奖励机制只包括表扬和减刑两种方式。表扬因为不具有客观实在意义上的好处而不受社区矫正对象重视，减刑又因限制条件较多、程序复杂而较少适用，因此完善奖励机制是必然要求。一是具体明确社区矫正对象的减刑程序。明确减刑程序，社区矫正机构对矫正对象的减刑才能有法可依，减刑才能落到实处，社区矫正对象也才能产生动力。二是拓宽社区矫正对象的减刑适用范围。社区矫正对象能在符合条件时申请减刑，就可提高矫正对象积极参与矫正的积极性。老年犯罪人相对于一般的成年犯罪人在接受能力和身体机能等方面都处于一定的劣势，且社会危险性和对社会的恶劣影响更小，因此对老年犯罪人应当设计更为宽容的奖励标准。

利用并完善老年犯罪人智慧矫正措施。在大数据、科技发展的信息时代，智慧矫正将会成为社区矫正发展的新趋势，上海、广州、杭州等地已取得较好的运行效果。一是发挥大数据监管功能，一方面利用社区矫正信息管理平台和电子腕带收集定位数据，分析老年犯罪人的活动轨迹，对异常的轨迹进行预警；另一方面，与公安、交通等信息平台互通，禁止老年犯罪人未经允许离开社区矫正执行场所。二是发挥社区矫正手机软件功能。在社区矫正手机软件增加报到、学习功能，对于活动能力受限的老年人允许其线上报到和学习。老年犯罪人也可以通过视频聊天的方式汇报近期思想状况及动态。三在社区矫正机构设立专门的报到、学习办公室，并配备与社区矫正平台相联的报到打卡机、电子屏幕等电子设备，记录老年犯罪人的报到次数和学习时长，社区矫正机构根据每月学习内容制定考核内容，评估矫正效果。

对老年犯罪人的社区矫正应采取分级管理模式。社区矫正机构可以根据老年犯罪人的犯罪类型、危害性程度以及身体因素、心理特点、居住环境等区分不同的管理等级，报到次数与矫正教育时长因等级的不同而有所区别。对于情节轻微、非暴力犯罪的老年人，如果身体素质较差，对其管理可以较为宽松，可以在满足一定条件下免除老年犯罪人的报到，减少其矫正教育时长。对于一些思想顽固、消极对待社区矫正的老年犯罪人也应该严格监管，注重对其的教育矫正。

老年罪犯的社区矫正在实践中也存在执行困难的问题。根据实践调研，对年迈且身体状况不佳的社区矫正对象管理相对困难，社区矫正中的集体劳动或者集中学习往往不能要求其必须参加，即使每月例行的报告、思想汇报很多时候不少老年社区矫正对象也会缺席。有些社区矫正对象确因身体状况不佳而不能参加，但故意消极对待矫正的情况也并不少见。1936 年出生的曹某因非法种植毒品原植物于 2020 年 10 月被当地县法院依法判处有期徒刑 1 年 6 个月，缓刑 2 年，缓刑考验期自 2020 年 10 月 26 日起至 2022 年 10 月 25 日止。因其在外地女儿家中生活，迟迟未至社区矫正机构报到。通常情况下，社区矫正对象逾期一个月不报到应当予以提请收监，但考虑到曹某年事已高，社区矫正机构多方联系查找、劝返 4 个月无果后，于 2021 年 3 月提请县法院对其撤销缓刑，实施收监执行。在收监执行的初审中，当地县检察院认为，曹某年事已高，收监效果甚微，再次经过大量工作后，曹某于 2021 年清明前夕返回，检察机关为曹某组织了听证会，最终决定不予收监执行。[①] 实际上，根据《社区矫正实施办法》，曹某未按规定时间报到超过一个月，应当对其撤销缓刑。检察院虽然也认为曹某符合收监执行的条件，但是从情理的角度认为，不收监更能够体现人道主义。有学者认为对曹某不予以收监执行在法律规定外创造了规则，同时让社区矫正刑罚执行的威慑功能进一步削弱。[②] 本书认为，刑罚的威慑力不是刑罚必然要实现的效果，按照边沁功利主义的观点，对老年人收监执行是否能够实现最大的利益？显然，高龄老年人的收监执行所带来的监禁成本可能远大于最终实现的刑罚效果。但社区矫正的制度管理仍需要践行。有条件的社区矫正机构可以通过每月上门走访的方式确认社区矫正对象的状态。但是由于司法所工作人员紧缺，1 人所、2 人所的情况相当普遍，当同时面对数十名社区矫正对象时难以兼顾，客观上不能做到经常性走访，因此对于没有条件的社区矫正机构，则可以对老年罪犯施加限制。一方面，对与老年犯罪人共同生活的子女加强法治教育，要求其承担共同矫正的担保责任，对不配合、不履行责任的予以训诫，追究其担保人的责任；另一方面，对违反法律规定或者监督管理规定的老年罪犯，视情节依法给予训诫、警告、提请公安机关予以治安管理处罚，同时强化训诫、警告的法律后果。

---

① 云上随县：《随县人民检察院：八旬老妪逾期未报到，公开听证决定不收监》，2021 年 4 月 26 日，http：//www. zgsuixian. gov. cn/zwgk/xxgkml/qtzdgknr/yjsgk_ 14113/hykf/202104/t20210426_ 880892. shtml，访问日期：2023 年 5 月 1 日。

② 赵宇、席辉：《社区矫正收监执行适用困境及对策》，《宜宾学院学报》2022 年第 10 期。

第八章　老年人犯罪的预防

一　预防工作的时代背景

“预防犯罪比惩罚犯罪更高明，这乃是一切优秀立法的主要目的。”① 理论上，在老龄人口急剧增加的背景下，对老年人犯罪的预防工作势必会变得更加困难。当下，我国老年人犯罪，尤其是恶性犯罪案件数量持续增加，但是，我国法学界研究老年人犯罪预防的组织和学者都很少，研究成果更是罕见。与未成年人相比较，老年人犯罪适龄人数是未成年人犯罪适龄人数的 5 倍之多。研究老年人犯罪与研究未成年人犯罪的力量投入不成比例。而且根据犯罪饱和理论，在一定社会下，犯罪是恒定的，就像在一定的液体中，一定的温度下，只能溶化一定的溶质，所以在一定的社会中犯罪不多也不少，因此若是想要完全消灭犯罪是不现实的，而只能通过考察犯罪发生的原因而阻断发生犯罪的条件。老年人犯罪有其特殊的生理、心理和社会原因，因此，应该在考虑这些原因的基础上，从立法、司法、执行以及社会政策等方面对老年人犯罪加以预防和处理，建立打防结合、多途径、多层面的综合治理模式，积

---

① 〔意〕切萨雷·贝卡里亚：《论犯罪与刑罚》，黄风译，北京大学出版社，2008，第 102 页。

极应对老龄化进程中的老年犯罪问题。因而在老年人犯罪治理中，预防工作更为重要，尤其以事前预防为重。

事后预防采取的是事后刑罚惩罚为主，在学术界反映为以社会控制理论为主导的犯罪预防理念。它强调的是自我控制和社会控制对预防和减少犯罪的作用，是一种消极的预防刑事政策。实践表明，消极的刑事政策不仅难以降低社会群体犯罪率，而且与人道化的社会理念不相协调。因此，一种积极的刑事政策就成为必要，即发挥事前预防功能。老年人犯罪不管是全国还是地方大样本数据，数量排名较前的案件主要是故意伤害罪、盗窃罪，以及非法种植毒品原植物罪等。其犯罪的原因大多是经济因素、文化水平因素，或者心理因素，因而针对上述犯罪的事前预防则可以关注老年人的收入情况，保障老年人养老，让老年人老有所依，如对于非法种植毒品原植物罪来说，其事前预防则可以加强法治教育，让老年人尤其是农村老年人了解该行为的刑事违法性。通过事前的有效干预，阻断影响老年人实施犯罪行为的因素，事后的犯罪打击实现一般预防和特殊预防的作用，则老年人犯罪的案件数量必然会有所降低。

下面以在养老机构内发生的恶性案件为例。晚近发生的老年人犯罪，具有一定的社会危害性及人身危险性，因此发现老年人实施暴力犯罪的原因，并对其进行干预，可以有效减少养老院中老年人恶性犯罪。北京老龄法律研究会老年人犯罪预防与辩护专委会专家们研究认为，养老机构中的老人故意伤害他人致死案件频发，这已经是养老机构管理困境中的一大突出问题。

案例一：2020 年 7 月 10 日，央视新闻客户端一则《内蒙古赤峰发生重大故意杀人案致 3 死 4 伤，嫌犯 81 岁》的报道成为当日新闻头条。7 月 10 日，内蒙古自治区赤峰市委宣传部官方微信发布通报称，7 月 9 日 23 时 20 分许，赤峰市红山区桥北悦心老年公寓（民营）发生一起命案，造成 2 人当场死亡，5 人受伤。伤者中

1人抢救无效于10日5时许死亡，其余4人生命体征平稳。嫌疑人王某某（男，81岁），已被公安机关当场抓获。

案例二： 2015年3月发生在敬老院同室居住老人伤害致死案的现场惨不忍睹，经侦查查明：犯罪嫌疑人刘某（男，82岁）于2015年3月24日凌晨，在北京市某镇敬老院三区306室，持械对被害人刘某（男，89岁）进行殴打，致89岁刘某创伤性失血性休克死亡。公安机关认为犯罪嫌疑人刘某的行为涉嫌故意伤害罪，将本案移送北京市人民检察院第一分院审查起诉。后因刘某无受审能力，检察院不受理该刑事案件。

案例三： 2015年8月17日22时20分左右，北京某敬老院老人吴某某在居室内被人用木质拐杖打伤头面部、胸部、双上肢，后被敬老院人员发现。2015年8月18日凌晨1时21分，吴某某之子被敬老院通知到场后报警并将吴某某送至红十字急救中心救治。2015年9月22日吴某某在红十字急救中心死亡，至死亡时住院35天。经法医鉴定，吴某某的上述伤情不低于轻伤；鉴定意见为，吴某某符合外伤后脑梗死、继发肺部感染导致多脏器功能衰竭死亡。另外，经对行为人耿某某在案发时的精神状态及刑事责任能力、目前精神状态及受审能力进行鉴定：耿某某被诊断为器质性精神障碍，表现为幻觉状态、器质性智能损害（痴呆），案发时处于疾病期；耿某某案发时有幻视，凭空看到被害人走来走去、阻止其进门，故生气用拐杖打对方，事后不能回忆、不能认识到自己行为的性质、后果，因此判断耿某某丧失了对违法行为的辨认能力，被评定为无刑事责任能力；受器质性精神障碍、智能损害的影响，耿某某不能有效进行交流，不能回忆案发经过，不能认识到自己行为的性质、后果，不知该如何维护自身合法权益，因此其无受审能力。

老年人住在一起搭伴养老，彰显了和谐美好晚年。但随着年龄的增长，老年人容易出现精神缺陷和失智情况，有的老人变得急躁易怒，情绪波动大，动辄骂人、大打出手，有精神缺陷的老年人在精神病发作时还很可能会给其他老年人带来严重的人身伤害。住养老院的老人之间故意伤害致使一方老人死亡或伤残事件的发生概率虽然较小，却给养老机构带来较大的经营风险。养老院中的房间很多都是两人间或三人间，由于生活习惯的不同，有的住养老人之间还会存在利益摩擦，相处不融洽会导致纠纷，也给伤害事件的发生留下隐患。

对于老年犯罪人的预防应当根据其犯罪类型有针对性地制订措施。比如，在养老院里的老年人犯罪，一般为故意伤害类人身犯罪，多是老年犯罪人存在精神障碍或者是老年犯罪人急躁易怒、一时激愤而导致的。在该种情形下，应加强对老年人的监护，重视对老年人的情感维系等，防止老年人冲动犯罪；对于自救型犯罪，比如因生活困难，无法维系生活而盗窃、诈骗等，则重点应当在社会保障、老年人赡养等层面进行完善。在上文中，我们提出了对老年人犯罪的预防，但刑法的严厉性和最后手段性决定了老年人犯罪预防不能仅仅依赖刑事法律。加之老年人犯罪涉及更多的是社会问题，社会层面的老年人犯罪预防措施占据着极其重要的地位。犯罪现象是社会各种矛盾的综合体现，是一个复杂的社会问题，解决老年人犯罪这个社会问题的根本途径就是要动用社会力量消除犯罪的社会致罪因素。当老年人的养老问题得到解决，当他们衣食无忧、老有所依时，从逻辑上论，老年人的犯罪就会相应地减少。2004 年 4 月，第十届联合国预防犯罪和罪犯待遇大会通过的《关于犯罪与司法：迎接 21 世纪的挑战的维也纳宣言》指出，“我们承认，国际、国家、区域和地方各级综合性预防犯罪战略必须通过各种社会、经济、卫生、教育和司法政策来消除与犯罪和受害有关的根源及风险因素”①。因此，我们全方位地讨论如

① 参见陈味秋、〔加〕杨诚、杨宇冠编《联合国人权公约和刑事司法文献汇编》，中国法制出版社，2000，第 83 页。

何预防老年人犯罪时，其中完善老年人的养老社会政策是当务之急、重中之重。

二　老年人犯罪预防的原则性方向

老年人犯罪，如前文所述，是多种因素作用的结果。从社会因素来说，养老制度的不健全、社会保障制度的不完善，使部分老年人老无所依、老无所养，因经济困难而实施犯罪；另外，时代的发展所带来的手机智能普遍化，让老年人无所适从，感觉到被时代抛弃而更加孤独；从自身因素来说，老年人生理功能和心理功能的衰退表现为“第二个儿童期”，老年人更加自我化，以及生活圈的缩小，导致老年人犯罪多因日常纠纷，多为激情型犯罪。因此，老年人犯罪预防的原则应从时代出发，从老年人犯罪原因入手，消除导致老年人犯罪的因素，从而实现减少犯罪的目的。

在预防老年人犯罪上究竟应该采取何种原则性方向，我国犯罪学界并未达成一致意见。针对这一问题的争论反映了不同学者对老年人犯罪的基本态度。总体说来，学界在原则性方向的把握上有三种观点。①

积极主动说认为，之所以要预防老年人犯罪，其根本依归是要帮助老年人重新融入社会生活，帮助他们找到曾经熟悉的社会融入感。因此，预防老年人犯罪的过程应当特别注重引导老年人重新获得“第二次职业生活”，让老年人重新在社会中找到自己可以接受的定位。如理论所主张的老年“充权”制度。所谓老年“充权”制度，是指有助于增加老年弱势群体的话语权和社会参与度，并提高老年人解决新兴问题的能力的制度安排。具体而言就是，可以考虑安排老年人进入社区，从事

① 〔德〕汉斯·约阿希姆·施奈德：《犯罪学》，吴鑫涛、马君玉译，中国人民公安大学出版社，1990，第774～775页。

力所能及的服务活动。一方面，可以帮助老年人减少社会疏离感，另一方面，也可以加强老年人与社区之间的联系，改变社区居民对待老年人的态度，促进代际的沟通与交流，建立起和谐的社区关系，从而从根本上消灭老年人犯罪的温床。

分离排斥说的观点则与积极主动说完全相反。这种观点认为，想要预防老年人犯罪，就必须让老年人彻底接受自己社会角色转变的事实，在这种观点看来，尝试让老年人重新找回社会融入感的努力都是徒劳的。生理和心理机能的衰退决定了这种努力是绝对不可能成功的。因此，在预防措施的选择上，应当有计划、有步骤地让老年人逐渐适应对原先社会生活的脱离。比如，通过隔离年龄相仿、经历相似的老年人之间的互动交流，来增加老年人对社会角色转换带来的落差的容忍力。[①] 同时，应当尽量减少老年人与年轻人之间的竞争性接触，避免老年人的心态失衡从而诱发老年人犯罪。

第三种学说是继续参与社会说，这种观点认为，应当尽量延长老年人身处他们曾经熟悉的社会环境的时间，让老年人在缓慢的变化中逐渐适应，避免因为转变过于剧烈老年人一时间难以接受。同时，持这种观点的学者还认为，可以给老年人提供参加刑事司法活动的机会，比如利用老年人的生活经验与知识帮助司法机关监控犯罪。总而言之，预防老年犯罪的核心要义是给老年人提供更多的支持，放缓而不是尝试对抗老年人疏离社会生活的步骤，以此让老年人逐渐顺利地适应自己的衰老，从而有效地预防老年人犯罪。

上述三种理论从不同角度提出了老年人犯罪预防策略。从现实情况来说，分离排斥说的效果并不明显，典型如养老机构犯罪。在人身伤害类犯罪中，老年人之间的犯罪量多于老年人与其他年龄段之间的犯罪。因此，肯定老年人的社会性，鼓励老年人再次融入、参与社会，才能更

---

① 杨逊：《轻缓化刑事政策下的犯罪弱势群体问题研究——以社会管理创新为视角》，《求索》2012 年第 11 期。

为有效地预防老年人犯罪。

具体来说，预防老年人犯罪需要遵循以下原则。

（一）引导优先的原则

这一原则表明，应更加强调通过引导而不是禁止来预防老年人犯罪。老年人实施犯罪行为是社会因素、生理因素和心理因素综合作用的结果；其犯罪的主观恶性一般较低，或者没有意识到所实施行为的违法性。因此老年人犯罪中事前的引导比事后的打击更为重要。为了让老年人了解自身和社会发生的变化，树立适当的、社会可接受的态度和观念，设计适应社会环境的生活方式，需要从犯罪学、社会学和心理学的角度研究和了解老年人犯罪的原因。① 政府应寻求机制构建，充分满足老年人的思想、情感和合法需求，预防引导性的老年人犯罪，从立法、司法和社会政策角度寻求构建引导老年人合法生活的最佳机制。在预防和处理老年人犯罪的过程中，引导原则的适用应符合老年人的特点和中国的文化传统与人道主义精神。

（二）关注和努力满足老年人合理需求原则

进入老年期后，老年人特殊的身体、心理状态以及经济状况、家庭关系等都导致老年人有许多不同于其他年龄段人群的独特需求，这些需求会对老年人的生活和行为产生重大影响。当老年人的养老等问题得不到解决，就可能促使其通过非法途径自我解决。因此在老龄化社会中，全社会应在各个方面认真关注和努力满足老年人的合理需求。这不仅能够帮助老年人安度晚年，增加生活幸福感，也能避免老年人走上犯罪的道路，或者多次反复犯罪。

---

① 梅传强主编《犯罪心理学》，中国法制出版社，2003，第 263 页。

（三）多主体应对老年人犯罪的原则

老年人犯罪作为一种社会现象，不仅有行为人的主观原因，还有其他社会原因，许多复杂的主客观因素交织在一起，才不可避免地呈现出老年人犯罪现象。一般来说，他们既是犯罪人，同时又是社会问题的受害者。因此，单靠任何一种服务或个人的教育手段，都不能有效地预防老年人犯罪。必须动员全社会的力量，通过法律、政治、经济、社会、行政、教育、文化等手段来预防和打击涉老犯罪。国家和全社会以及社区、家庭要积极关心老年人的身心健康，正确认识老年人犯罪问题，保护老年人的合法权益，为老年人安度晚年贡献力量。

比如，在家庭层面，家庭成员对老年人给予足够的关注，主动沟通，注重情感交流，履行好自己的赡养义务。在社区层面，可以在社区范围内安装一些文化娱乐设施，开辟文化娱乐活动场地，让老年人有机会在节假日参加文娱活动，增加彼此之间的交流，从而使得老年人对社区产生归属感，降低老年人的失落感，满足老年人的精神需求。在社会层面，建立公益性的养老院服务中心，为没有亲人赡养的老年人提供帮助。在国家层面，应该大力发展老年教育事业，一方面是帮助老年人形成牢固的法治意识，同时督促老年人子女履行自己的赡养义务，保证老年人老有所养，另一方面也要给老年人提供更加丰富的文化生活。在发展老年教育事业时，必须充分把握老年人的实际需求和身心特点，增强教育的针对性与实效性。在发展的措施上，需要政府各部门协力配合，依托各类成人教育单位以及老年大学、老年活动中心等，建立起学校教育与社会教育相融合的教育格局，让老年人在获得精神充足的同时保证自己拥有社会融入能力，减少被社会抛离的落寞感。

三　社会层面的老年人犯罪预防

犯罪是社会现象，是社会各个因素与条件综合作用下导致的。随着现代社会的分工不断细化，社会已经成为一个有机团结的整体。[①] 因此，通过法律来预防老年人犯罪的研究就不能将视野局限于刑事法律。毕竟，法律是调整社会关系的工具之一，而不同的社会关系需要由不同的部门法来调整。而且刑事法是次位法，刑事打击只是最后的手段，对于老年人犯罪治理来说最好的手段应该是提前预防，为老年人提供良好的外部环境。社会政策是老年人犯罪事前预防的一个重要层面，社会政策的不合理和社会结构的缺陷是促使犯罪行为发生的一个重要诱因。成熟完善的社会政策可以使社会财富实现公平合理的二次分配，从而有效减少社会分配中不公平、不合理现象，使人民安居乐业而没有后顾之忧。如果社会政策不健全不完善，或者某项关系国计民生的政策缺失，有可能使社会中的一部分人失去保障，迫使他们通过非正常途径甚至是犯罪行为的实施来获得生产生活的机会，成为社会的不稳定因素。[②] 对于劳动能力下降、与社会脱节的老年人来说，部分人很难通过正常途径去获得正常生产生活的机会，贫困促使一部分人迫于生存的压力实施犯罪行为。只有制定良好的社会政策，才会产生老年人犯罪数量降低的效果。

2016 年 5 月 27 日，习近平总书记在十八届中央政治局第三十二次集体学习时强调，“人口老龄化是个世界性的问题。我国是世界上人口老龄化程度比较高的国家之一，老年人口数量最多，老龄化的速度最快，因而人口老龄化的任务最重，妥善解决人口老龄化带来的社会问题，事关国家发展的全局，事关百姓的福祉，需要我们下大气力来应对”。本节尝试探究在社会层面如何预防老年人犯罪。

（一）与预防老年人犯罪相关的社会保障制度

老年人犯罪中财产犯罪较多、部分人身侵害等犯罪行为也是由经济

① 参见〔法〕埃米尔·涂尔干《社会分工论》，渠敬东译，生活·读书·新知三联书店，2017，第 278 页。

② 李卫红：《刑事政策学》（第二版），北京大学出版社，2018，第 188 页。

纠纷所引起，良好的社会保障能够有效避免老年人因生活困难而走上犯罪道路或者重新犯罪。解决老年人的养老问题，让老年人老有所依、老有所养，提升老年人社会参与感，促进老年人自我价值的实现，消解其被家庭和社会孤立所带来的负面情绪，就可在很大程度上预防大部分老年人犯罪的发生。老年人的犯罪预防最根本的是解决老年人的养老问题。具体包括养老保障、医疗保障以及老年救助制度。

1. 养老保障

（1）发挥家庭养老的基础作用

一个完整的“老有所养”的概念应包含经济支持、生活保健和精神慰藉①，因此只有家庭的有效参与才能保证老年人的生活质量得到真正改善，进而有效减少老年人犯罪。我国目前在短时间内较难建立覆盖全民的社会养老保险制度，家庭养老不仅在过去，在现在甚至将来都会在养老体系，尤其是农村养老体系中发挥重要作用。如前文数据所示，目前不管是城市地区还是农村地区，老年人收入主要来源中其他家庭成员的供养都占据较大比例，城市地区老年人主要收入来源于其他家庭成员供养的比例有17%，农村地区的比例则高达42%。发挥好家庭养老体系的功能，主要可从以下几个方面着力。

第一，完善家庭养老的法律制度设计。在现代社会，家庭结构向核心化转变，子女与父母多是分开生活，独立居住，对于父母的赡养已经很难做到“侍奉不离”，家庭养老的观念逐渐淡薄，因此家庭养老应该由社会伦理的约束转化为更加强调法律的强制性，注重家庭养老的法律制度建设。当前，我国《宪法》《刑法》《民法》《老年人权益保障法》等法律法规都对老年人的赡养问题做了原则性的规定，已经建立相对完善的法律体系。但原则性的规定对实践只具有宏观的指导作用，相关部门还应当制定可操作性强的实施细则，比如对子女承

① 于勇、胡扬名、江维国：《乡村振兴战略下中国农村老年人社会保障研究》，中国社会科学出版社，2018，第235页。

担具体责任的界定，明确未尽赡养义务的具体处罚措施，提倡男女平等，鼓励女儿参与养老，开发新的家庭养老资源。《老年人权益保障法》规定，家庭成员应当关心老年人的精神需求，不得忽视、冷落老年人。与老年人分开居住的家庭成员，应当经常看望或者问候老年人，社会公众将其称为“常回家看看”入法。但由于该条款在本质上没有增加新的法律义务，对那些忽视、冷落父母的子女也暂无任何惩罚措施，所以只是一个倡导性的行为规范，不存在强制执行落实的问题。法律条款的“空心化”，并不利于真正落实“常回家看看”，也无法保证子女赡养义务的履行。

第二，为了减轻家庭养老的负担，保护和维持家庭的赡养功能，政府可以向有赡养压力的家庭提供经济补贴。目前，《个人所得税专项附加扣除暂行办法》规定，对于需要赡养一位及以上被赡养人的赡养人，可以按照每月不超过2000元的标准定额扣除，该规定对较高工资收入的群体给予一定的税收减免优惠，能够适当缓减其赡养压力。但对于工资较低的子女来说，税收减免优惠并不实际。因此除税收减免优惠之外，政府还可予以一定的财政补贴。比如在新加坡，国家为需要赡养老人的低收入家庭提供养老支持和医疗津贴。我国也可借鉴相关经验，为赡养老人的低收入家庭，尤其是没有养老金等额外收入的农村家庭提供经济补贴。

第三，弘扬传统尊老、重老的“孝道”文化。“孝道”是中国传统文化中不可忽视的重要文化渊源之一，应该在全社会开展家庭养老的宣传与教育，让社会公众认识到赡养老人不仅是道德责任，更是法律义务，拒绝赡养老人会受到法律的惩处。法律义务由硬性的法律责任约束，而道德责任的约束需要社会舆论支持才能发挥作用。因此，相关政府部门要加强对尊老、重老的“孝道”文化宣传，向社会公开正面和负面的养老典型事迹，营造尊老、敬老、养老、助老的社会氛围，揭露和谴责子女不承担赡养责任的行为。同时，社区以及相关职能部门，应建立健全老年人的法律援助机制，为老年人提供法律支持，切实维护老年人的合法权益。

（2）政府主导完善社会养老体系

除家庭养老之外，在社会层面还应当开拓其他渠道养老方式，如医养结合模式和社会机构养老模式。

医养结合模式通过医疗服务与养老保障相结合，将养老院的生活照料、康复护理与医院的医疗服务功能结合，实现“有病治病、无病疗养”，为健康和患病的老年人提供全面和综合的支持。我国目前已经形成了四种相对成熟的医养结合服务模式，即医疗卫生机构与养老机构签约合作、医疗卫生机构开展养老服务、养老机构依法开展医疗卫生服务、医疗卫生服务延伸到社区和家庭。截至 2020 年底，全国共有两证齐全的医养结合机构 5857 家，比 2017 年底增加了 59.4%，医疗卫生机构与养老服务机构建立签约合作关系的有 7.2 万对，是 2017 年底的 6.1 倍，两证齐全的医养结合机构床位数达到 158.5 万张，超过 90% 的养老机构都能够以不同形式为入住的老年人提供医疗卫生服务。[①] 而在北京，2020 年底养老机构医疗服务覆盖率已实现 100%。由于老年人特殊的身体状况，医养结合模式已成为社会养老体系中的重要组成部分。具体实践中，首先，发挥政府的积极领导作用。一是建立和完善对综合卫生服务的法律、法规和政策支持，从一体化医疗模式的目标定位出发，明确服务类型、服务对象、服务范围、设施设置标准、医生引进标准以及吸引社会力量参与投资等。二是各级政府要根据本地实际情况制定支持计划，将建立医养结合服务模式纳入本地区老龄化发展规范。三是相关部门应履行各自职责，共同营造有利的外部环境，如卫生部门应积极制定综合医疗设施和老年护理服务的标准，规范综合医疗和老年人护理服务的市场行为。其次，相关部门应积极研究建立社会力量参与机制。为了完善医养结合养老模式，有必要动用各种积极因素，将政府、营利

① 熊建：《全国两证齐全医养结合机构 5857 家》，中华人民共和国中央人民政府网站，http：//www.gov.cn/xinwen/2021－04/09/content_5598546.htm，最后访问日期：2022 年 9 月 21 日。

组织和非营利组织有机地整合起来，以满足不断增长的需求，如鼓励保险机构开展老年人长期护理保险，积极探索多元保险筹资模式，保障老年人长期护理服务需求。

社会机构养老已是相对成熟的养老方式，但鉴于在养老机构频发的人身、财产犯罪，需要对社会养老机构管理进一步完善。首先，必须提高养老机构管理质量。如前文所述，在养老机构中，关于老年人针对老年人的犯罪并不少见，如老年护理人员虐待、伤害受照顾的老年人，或者入住老年人之间的故意杀害或伤害行为。因此，提高养老机构管理质量能够有效预防老年人犯罪的发生。具体而言，一要加强对护理人员责任感的培养。在养老机构中，由于被照顾对象为老年人，而且较多为失能或半失能的老年人，工作负担较重，愿意从事护理工作的也多为年龄较大的女性，而且由于招聘较为困难，养老机构在招聘时如果没有对招聘人员进行严格的资格筛查，当护理人员责任感意识较差时，就可能伤害、虐待甚至故意杀害老年人。二是要提高护理人员的专业能力。入住养老机构的老年人由于长期居住在一起，加之老年人心理的自我中心化，或者患有精神疾病，老年人之间更容易产生矛盾，因此可能发生因发泄自己不满而引发的老年人之间故意伤害或故意杀人案件。盗窃案件也是养老机构老年人犯罪中的频发案件。为了预防上述老年人犯罪的发生，养老机构应当提高护理人员门槛，强化护理人员的职业道德教育，加强日常监督工作，及时发现老年人之间可能存在的矛盾，定期检查老年人身体和心理状况，发现老年人之间存在矛盾要尽早疏解或者采取措施进行隔离，若是老年人存在精神障碍的，要与医疗机构积极联系，日常护理过程中也要加强对该类型老年人的照顾；多与老年人及其家属沟通，将老年人的问题及时向其家属反馈。三要丰富老年人在养老机构的生活，避免因远离家人的陪伴而产生隔离感。首先是建构休闲娱乐学习体系。休闲娱乐功能将帮助老年人找到对灵魂的归属感，并在精神上获得最大的放松和欢乐，也能缓解老年人住在养老机构的压力负担。例如，开设形式多样的俱乐部、各种文化学习班甚至是与老年大学合作，鼓励老年人参与老年大学的活动。老年人通过参与这些活动，增加了与人交流的机会，也因为积极地参与而使心境更为开明乐观，使得逐渐失去人生方向的老年人可以重新获得自尊并获得更多的慰藉与人文关怀。其次是要加强养老机构与外部的沟通。设立养老机构开放日，鼓励家属在日常探访之外，有专门机会与老年人交流，也可以面向社会志愿者群体，邀请社会志愿者进入养老机构与老年人交流。

2. 医疗保障

进入老年期后，医疗费用是老年人支出较大比例的部分，有老年人家庭可能因病致贫或因病返贫，从而成为社会不稳定因素。有研究表明，患病老年人的疾病诊疗和购买营养品的消费明显高于健康老年人，老年人人均医疗费用是国民平均医疗费用的 2 ~ 3 倍，医药费用支出已成为仅次于老年人食品支出的第二大日常消费支出。[①] 我国目前的医疗保障体系仍有待完善的空间，包括医疗保障覆盖范围有限，城乡之间医疗保障水平存在较大差距等。因此，应完善老年人的医疗保障，确保老年人生活不会因为疾病治疗而产生困难。如针对患有慢性疾病的老年人较多、医疗费用和长期护理费用较高，可以建立多层次的医疗保险制度以解决长期费用支出而导致压力较大的问题，包括在慢性病医疗保障、大病医疗保险的基础上，建立稳定的长期护理保险基金；完善针对老年人的医疗救助制度，对于生活困难的患病老年人，免费为其提供救助服务。

3. 老年救助

在人口老龄化背景下，老年贫困是未来发展不可避免的问题之一，日本和韩国的少子老龄化已经带来了严重的老年贫困问题。少子老龄化是我国人口发展的趋势，积极应对人口老龄化已上升为国家战略。虽然脱贫攻坚战的胜利消除了绝对贫困，但相对贫困仍将存在较长一段时

---

① 苗红军：《城市老年人口反贫困的政策取向研究——基于老年贫困形成的机制视角》，《辽宁大学学报》（哲学社会科学版），2017 年第 2 期。

间，老年贫困也会以相对贫困的形式显现。① 我国已经建立了包括最低生活保障、受灾人员救助、特困人员供养、医疗救助、就业救助、教育救助和临时救助等在内的综合性社会救助体系，但在应对老年人贫困风险时，仍有不足，如救助水平偏低，覆盖人数有限，那些未被低保覆盖的困难老年人的生活可能非常拮据；城乡之间待遇存在明显差异，农村明显落后于城市；边缘贫困群体获得专项救助的机会很小。

为了应对老年人贫困问题，就要强化对老年人社会救助的兜底保障功能。具体言之，一是要在物质保障的基础上，注重提供各种发展型措施帮助困难老年人解决疾病、孤独和信息时代带来的隔离等问题，促进其更好地融入社会。二是要完善老年救助体系，包括提高低保和特困人员供养待遇水平，对老年弱势群体实施分类救助，进一步完善医疗救助，增加心理救助、智能技术救助等服务救助项目，帮助老年人解决失能、孤独和技术隔离等问题，并且要增进老年人社会救助的公平性，进一步缩小城乡差距。三要动员社会力量参与社会救助，拓宽资金和人员来源。一方面，大力推动关爱困难老年人的公益慈善事业，引导慈善组织加大老年人社会救助方面的支出；另一方面，积极引入社会工作，通过开发岗位、购买服务和政策引导等多种方式，鼓励社会工作者介入老年人社会救助项目，扩充老年人救助服务人员来源。以日本为例，2019年，65岁以上老年人占22%，较30年前增长约10倍，其中老年人盗窃和暴力犯罪较为突出，且二次犯罪者较多。在过去10年间，日本警察逮捕老年人的比例，从2009年的6.1%上升到2020年的10.6%。截至2019年10月1日，日本65岁以上的人口达3589万人，占总人口的比例为28.4%，75岁以上人口达1849万人，占总人口比例达14.7%②。日本为了应对老年人犯罪，采取了多项措施，对老年人的救

① 张浩淼：《人口老龄化、老年贫困风险和老年社会救助》，《武汉科技大学学报》（社会科学版）2022年第5期。

② ［令和2年版高齢社会白書（全体版）］、内閣府ホームページ。https：//www8.cao.go.jp/kourei/whitepaper/w－2020/zenbun/02pdf_ index.html，最后访问日期：2020年10月14日。

助包含了基本生活救助及心理救助，参与人员包括政府、社会志愿者及其他民间团体，符合对老年人的救助是全社会责任的原则。日本新潟县于2003年设立了“地区茶室——我的家”，从儿童到老年人都能去茶室进行交流，吃便饭，一般收很少费用；2009年日本横滨市建立了“支援护理志愿者制度”，为需要护理的人（主要是老年人）提供陪聊、陪进午餐、陪散步等服务。政府对志愿者实施积分制度，可以将积分兑换成钱或者直接捐赠。同时，由日本更生保护法人、社会福利法人、NPO法人等民间团体运营的“更生保护设施”主要帮助一些出狱后不能自力更生的老年人。工作人员会定期到监狱为那些即将出狱的老年人开办讲座，谈心交流，帮助他们寻找出狱后的去处。另外，还为他们提供暂时食宿的地方，帮助他们自立，并与社区的医疗、福利、教育等机构联手进行各种社会技能训练。日本歌都道府县还成立了“扎根社区生活援助中心”，工作人员经常与服刑中或出狱后的老年人谈心，提供各种心理辅导，努力减少老年人犯罪行为的发生。①

（二）预防老年人犯罪的其他社会举措

1. 建立老年人再教育体系

再教育功能不仅有助于挖掘老年人的潜能，促使老年人强化认知能力，鼓励老年人积极参与社会活动，实现老年人的全面发展；还有助于扩大老年人的社会交际网络，增强老年人的社会适应能力，消除其感觉被社会隔离的负面情绪。此外，也有学者指出，老年教育一定程度上也能提升老年人的幸福感。一方面，较高的文化水平是应对压力的一种“资源”，文化水平高、知识面广，自然懂得运用资源，维持身心健康，老年人拥有丰富的人生阅历，在接受再教育的基础上，对人性能更透彻地理解，更好地掌控自己的身体，活得更通透；另一方面，就高龄女性

① 参见丁英顺《日本老年人犯罪现状及其应对措施》，《东北亚学刊》2018年第2期。

而言，能有机会上学接受教育，相对而言社会地位会较高，其家庭对女性的态度也更正面，而这种良好的家庭环境也能促进家庭成员身心健康的平衡发展。[①] 上述老年人接受再教育所带来的全方位的提升效果也能有效减少老年人犯罪的发生。有一些老年人实施犯罪的原因就是其自身文化水平较低，法律意识较为淡薄，或者没有正确的兴趣和爱好，而沉溺于不良嗜好不能自拔，因此，通过对老年人再教育，既可以提高老年人的文化水平，也可以合理安排老年人的空闲时间，帮助他们排解内心的孤寂。

在具体实践中，国家层面鼓励老年人接受终身教育，让老年人在接受再教育的过程中再社会化，促进老年人的社会参与和人际交往，展现自身的价值；同时完善老年大学制度，以使更多的老年人能够参与其中。社会层面可利用社区优势，发展老年人喜闻乐见、通俗易懂、起点较低的教育形式。在社区开展老年教育活动，既便于老年人就近学习，又因为老人们彼此熟悉，更方便开展活动。再教育的形式可以多样化，在留守老年人口较多的农村地区，开设有关自助养老、互助养老和生活照料等课程；针对空巢老人、独居老人，开设心理疏导和人际交往等课程。[②] 社区可以提供一定的财政经费，以降低老年人接受再教育的成本，从而也使得再教育更具有普及性和平民性。此外，随着互联网的发展，可以开展老年网络教育，扩展老年人获取信息和学习的渠道。

2. 鼓励独身老年人重建家庭

老年人性犯罪实施主体一般为丧偶或者离异的独居老年人。这些老年人由于社会、子女压力或者其他原因不敢、不好意思或者无能力再婚，就会选择其他途径解决其生理需求。此外，独身老年人由于长期一

---

① 梅锦荣：《老人主观幸福感的社会性因素》，《中国心理卫生杂志》1999 年第 2 期，第 87 页。

② 郭晓红：《老龄社会背景下老年犯罪的社会预防》，《武汉大学学报》（哲学社会科学版），2011 年第 5 期，第 101 页。

人生活，其性格可能更加自我化，以自我为中心，易与他人发生冲突。对于老年人来说，夫妻之间的关怀照顾是维持老年人身体健康，增进老年人幸福感的重要方面。因此，应重视老年人由于独身而导致的负面情绪，甚至引发犯罪行为，鼓励独身老年人再婚，重建家庭也是有效预防老年人犯罪的一个重要策略。

根据第七次全国人口普查结果，我国60周岁及以上老年人口独居者有3058054人，在60周岁及以上人口中占比11.98%。60周岁及以上老年人口未婚的有421981人，离婚的有337462人，丧偶的有5566781人，丧偶老年人在60周岁及以上老年人口中占较高比例，为21.81%。60周岁及以上未婚、离婚或丧偶的老年人，不健康且生活不能自理的有292093人；不健康但生活能自理的有1158754人，不健康的老年人在未婚、离婚和丧偶的老年人中占比22.93%。独居老年人身体不健康且生活不能自理的为49737人；身体不健康但能生活自理的有497655人，在独居老年人中占17.9%。城市中独居的老年人，身体不健康且生活不能自理的有62506人；身体不健康但生活能自理的有95336人；乡镇独居的老年人，身体不健康且生活不能自理的有34911人；身体不健康但生活能自理的有402319人。从上述数据可以看出，身体不健康的老年人在未婚、离婚和丧偶的老年人中以及独居的老年人中占有一定比例。在子女无法完全依靠时，配偶的相互扶养就成为老年人养老的一个关键。中国家庭功能基本上区分为生产职能、生育职能、性生活职能、抚养、扶养和赡养职能、教育职能和娱乐职能。随着时间的推移，在老年人生活的家庭组织里，生产职能、生育职能、性生活职能、教育职能和娱乐职能逐渐衰减消失，最终只剩下养老职能，包括子女的赡养和配偶之间的扶养。当赡养职能存在缺陷时，配偶之间的扶养就成为老年人家庭组织中唯一的功能。此外，本书所指的老年人再婚并非单指法律意义上的婚姻，即老年人需要进行婚姻登记，还包括同居的范畴，即“搭伴养老”。搭伴养老是指老年男女双方不进行婚姻登记而生活在一起，实现晚年相互照料的一种老年“再婚”生活方式。[①] 因此，为了有效解决独身老年人的社会问题，应当从社会政策上对老年人再婚予以支持。

首先，相关机构和老年人所在社区、村委组织应当积极开展宣传活动，结合当地老年人再婚可能遇到的各种阻力与障碍，有针对性地进行法律宣传，帮助老年人及其子女正确理解再婚问题，减少思想观念带来的阻碍。

其次，完善社会助婚工程。随着年龄的增长，老年人社会交往的欲望会逐渐减弱，遇到异性的概率自然也会降低。因此，可以鼓励社会各方面建立起帮助老年人再婚的体系，如建立提供再婚服务的婚姻事务所、组织老年人交流活动等。

再次，老年人再婚的一个阻碍还在于财产、赡养问题。老年人一般有一定的财产积累，在结婚之前分属于两个家庭，而这又往往涉及继承问题。此外，再婚老年人的子女还担心承担额外的责任，如自己的父亲或母亲去世后，对于继母或继父是否还要承担照顾责任。因此在婚前或同居前，老年人之间可签订协议，包括财产、子女关系等方面的内容。对于一方老年人去世后的照顾问题，可由政府出台鼓励政策，引导保险公司开发针对老年再婚家庭的保险项目，保险对象为一方去世后的生活困难补助。政府和保险公司可对投保人予以一定支持。

3. 强化老年人法治教育

老年人犯罪多因法治观念淡薄，比如顺手牵羊型犯罪，老年人根本没有意识到自己的行为具有刑事违法性。此外，因为贪利，老年人为了获得报酬而极易受人引诱参与犯罪。青岛的一起电信诈骗案中[②]，有 9 名老年人因给电信网络诈骗犯罪人提供自己的银行卡涉嫌帮助信

---

① 姜向群：《“搭伴养老”现象与老年人再婚难问题》，《人口研究》2004 年第 3 期，第 94 页。

② 史静、谷朝明、蒋凯：《太糊涂！9 名老人涉嫌犯罪被抓！青岛警方一查，他们都常去这类地方……》，《青岛都市报》2023 年 4 月 21 日。

息网络犯罪活动罪被采取刑事拘留措施，其中，年龄最大的68周岁，最小的62周岁。上述老年人参与到该类犯罪之中，主要是法律知识薄弱，认为自己只是帮忙走流水，但不知道若是没有自己行为的参与，电信网络诈骗犯罪的犯罪结果就不能实现。因此，对于老年人犯罪，首先应当加强法治教育宣传，让老年人了解常见犯罪尤其是法定犯的犯罪构成，明晰自己的何种行为可能构成犯罪。同时，应当注重法治教育、宣传的效果，挖掘老年人感兴趣的宣传方式。如对于老年人的法治宣传，不应只是单纯地宣讲法律条文，而是以典型案例为主体；不应以书面文字为主体，而以视频、情景演绎等方式让老年人看得明白。此外，也可通过大数据研究，针对有犯罪风险的老年人精准投放宣传资料。

4. 助力老年人价值的再实现

老年人具有大量促进其对自身及社会发展的正面资源，因此应制定针对老年人的相关政策，发挥老年人的潜能，激发老年人参与社会活动的热情，积极帮助老年人消除生活中的沮丧、不安和孤独感，改善老年人的生活质量，避免让其认为自己只是家庭和社会的负担。在具体实施中，可加强老年人和社区、社会之间的联系，安排老年人在社区或社会活动中从事力所能及的事务。让老年人从事有偿或者无偿的工作，一方面可发挥老年人的价值，继续为社会做贡献，促进其继续社会化，避免老年人因无所事事或孤单寂寞而实施犯罪行为；另一方面，可以密切老年人与社会的联系，改变社会，尤其是年轻一代对老年人的态度，促进代际接触、交流和沟通，让老年人老有所为、老有所乐。

四　家庭层面的老年人犯罪预防

上述发挥家庭养老的基础作用主要是从国家制度保障角度进行讨论。本部分所讨论的是家庭成员在老年人犯罪预防中的责任。

（一）履行赡养责任

如前所述，家庭赡养是老年人养老体系的基础，而且赡养是子女的法律责任，家庭应当承担老年人的养老责任。赡养责任包括物质支持、生活照料和精神关怀。

1. 物质支持

物质支持是赡养责任的重心。对老年人给予物质支持，可以有效减少老年人犯罪，财产犯罪是老年人犯罪中数量较多的犯罪类型，而财产犯罪多是因为老年人经济困难。如前所述，在城市地区，家庭供养是老年人收入来源的第二位，而在乡村地区，家庭供养是老年人收入来源的第一位。当子女没有履行赡养责任或者赡养费给付不足时，尤其是对于几乎完全依赖子女供养的老年人在无其他收入来源时，就可能通过其他违法犯罪途径获取收入，也可能对其他家庭成员产生怨怼，从而导致夫妻之间、父母与子女之间出现冲突。因此，家庭成员应当关注老年人的经济状况，自觉履行其赡养责任，避免老年人陷入生活困难。

2. 生活照料

对老年人日常生活予以照料，有利于减少老年人被社会隔离的感觉，促进代际和谐，减少因家庭内部冲突引发的犯罪。当代社会，核心家庭成为家庭结构的主流，子女成婚之后，老年人与子女多分开居住，老年家庭空巢化。社会学中的“代际倾斜”现象显著，即成年子女更关注自己后代的成长、教育问题，将有限的时间、精力和财力都投给自己的子女，产生了“重幼轻老现象”，这对老年父母的生理健康和实际的生活质量都产生了负面影响，特别是目前城市老年人生活照料的问题比较突出。

时代发展下，要求成年子女陪伴老年人左右的传统侍奉模式已然不可行，“分而不离”成为现代家庭养老方式的主要模式。一方面，老年人经济上不完全依赖子女的支持，城市老年人有养老金或退休金收入，农村老年人有养老金以及劳动收入，老年人有可以独立生活的经济基础。此外，老年人与子女分开居住，也能有效避免老年人与子女因生活习惯不同而产生的家庭矛盾。如杨某某故意伤害一案中[①]，被告人因其儿子打开其卧室阳台的门拿扫把打扫泥土一事而发生争吵，在争执激烈之时，被告人拿水果刀捅在被害人的左胳膊及其他要害部位，致被害人死亡。但另一方面，老年人生理功能的退化需要子女的日常照顾，子女应当经常回家看望、陪伴老年人，对其生活质量予以关注。

3. 精神关怀

精神关怀也是赡养内容之一，家庭注重和老年人的情感交流，可以消除老年人的孤寂感。在予以物质支持外，应当同时关注老年人的不良情绪，避免家庭内部矛盾不断升级恶化，从而避免家庭内部纷争，以及由此导致的种种犯罪行为。但现代社会，子女由于生活、工作的压力以及家庭结构的核心化，无暇陪伴老年人，老年人与子女之间的代际感情有所淡化，且相对于精神关怀来说，子女更重视经济支持。老年人心理的孤独感无法在子女这里得到排解，从而导致老年人精神状态欠佳。对于高龄老年人来说，心理上的痛苦往往比生理上的病痛更令人难受。因此，在履行赡养责任时，子女应该注重和老年人的情感交流，消除老年人的孤独感，及时排解老年人的不良情绪，避免老年人因孤独感或被忽视等消极情绪而产生人际冲突，导致犯罪行为的发生。

（二）承担监督责任

老年人因法律意识淡薄，容易受骗，易于受人引诱而参与犯罪，或者根本不知道自己的行为违法。因此在日常生活中，家庭成员应当及时关注老年人的生活动态，比如交往人员、消费方式、参与活动等，对于

---

① 广西壮族自治区桂林市中级人民法院（2020）桂03刑初62号。

可能引起犯罪行为发生的及时劝阻。如在前述提及的老年人参与的电信网络诈骗一案中，涉案老年人均是在参与养生课、保健课时认识了其他犯罪人，受其引诱而参与犯罪。老年人犯罪后，家庭成员也要承担监督责任，避免老年人重新犯罪。在社区矫正过程中，家庭成员应当主动帮助社区矫正人员完成老年罪犯社区矫正义务，家庭成员不能因老年人犯罪而对其产生排斥心理，甚至放任不管。

五　个人层面的老年人犯罪预防

自我预防是犯罪预防的重要层面。老年人可通过积极参与社会活动、促进继续社会化及关注自身心理状况、积极对外寻求帮助等减少致罪因素，有效预防犯罪的发生。

（一）积极参与社会活动，促进自身继续社会化

老年人由于被社会发展所隔离，社会适应产生障碍，消极情绪滋生，而这种消极情绪若是得不到疏解，到了一定程度就会通过某种形式爆发出来，如果爆发的途径不合理，就可能产生违法犯罪行为。

第一，老年人应当积极参与社会活动，及时有效排解自己负面情绪，让自身晚年生活丰富多彩。老年人积极促进自身的社会参与，一方面对于其自身来说，能够维持较好的身体和精神状态，从而减轻国家、社会以及家庭的照顾负担，而且从单纯的消费主体转变为生产和消费统一体，增加了社会的整体利益；另一方面也能够促进代际关系的和谐，消除社会排斥，实现社会融合。加拿大某大学对 1001 名退休老人展开为期 5 年的跟踪调查，他们将这些人分为 3 组：每周参加至少 1 小时志愿活动者、偶尔参加志愿活动者和从不参加志愿活动者。结果显示，第三种患失智症的风险比第一种高 2.4 倍，偶尔参加者则无助于降低患失智症的风险。参加志愿活动的老年人在回馈社会的同时获得较大的满足

感。老年人的生活得到满足，是预防其犯罪的最好方法。大多知足状态下的人会享受当下，而不会走上犯罪的道路；心理缺失、不满足现有生活的人总要想方设法通过其他路径去让自己满足，而这些路径有可能就是犯罪之路。

第二，老年人应当通过各种途径继续社会化，尽快从不适应社会的状态中转变过来，加强自我犯罪预防。继续社会化是指已经掌握社会基本技能，在基本社会化的基础上进一步发展，适应社会新角色，不断学习新技能、新知识，建立新的社会关系。老年人的继续社会化就是要使老年人能够适应变化的日常社会生活要求，和社会上其他成员正常交往，按照新的环境的社会规范安排生活，并满足自己、家庭和社会的需要。在如今信息时代中，比如扫码等问题已经对老年人日常生活造成了较大障碍，老年人必须要适应信息时代带来的新的生活方式。因此，除了社会和家庭为老年人参与社会活动积极创造外部条件之外，老年人自身也应该主动参与学习，接受再教育，充分利用国家和社会提供的再教育机会，并寻求多种途径积极参与社会活动和社会经济文化建设。格丽特·米德在《文化与承诺》一书中提到了“前谕文化时代”，即前辈教导后辈；与此相并列的是“并谕文化时代”，即向同辈人学习；还有“后谕文化时代”，也即后辈教导前辈。当下，年轻人甚至儿童可以教老年人使用各种新的技能，如抖音小视频的制作、下载App等智能手机的用法，帮助老年人用支付宝，应对电子诈骗的各种骗术，等等。在这样一个时代，对于老年人来说，应当转换长久以来维持的“大家长”身份，积极向年轻一代寻求帮助，对于新技术不要产生畏惧心理，要主动学习。当老年人生活非常自如，融入当代社会生活，没有被社会抛弃的孤独感，每天有事做而不空虚烦闷，日子过得充实而快乐、是享受而不是负担时，他们就没有时间产生想入非非的反社会想法从而实施犯罪行为。在接受再教育之后，老年人也应积极主动参加社区活动，将所学知识用于社区、社会，促进其更好地融入社区、社会，丰富自己的生活。在不断参与社会活动中，老年人也重新找到了自己在社会中的位置，再次实现自身价值，心情也变得更加舒畅，从而避免了因孤寂等不良心理而导致的人际冲突。

（二）关注自身心理状况，积极寻求帮助

老年人犯罪除了物质原因之外，也有不少是因心理问题而导致的。因此，在物质条件不断提高之后，老年人的心理健康也应当引起重视。

1. 重视心理健康，保持心态的积极向上

进入老年期后，老年人主要成为消费群体，可能被认为是家庭和社会的负担，这种社会歧视给老年人带来更大的负面影响。因此，老年人应当主动调节其心理状态，积极应对老年期的种种问题。首先，老年人应该正确认识生命的历程，理性接受自身的衰老过程，培养良好的心态，以积极乐观的态度应对衰老，热爱生活，对生活充满兴趣，树立健康向上的生活观念，努力维护生理健康和心理健康，从而不断提高老年生活质量。其次，老年人也要积极主动实现自我，了解自身的价值体现和对社会的作用，从而寻找适合价值再实现的可行性道路。在日常生活中应积极主动适应社会、服务社会，通过参与社会而提高自尊心、自信心和独立性。当然心理疾病的引起具有复杂性，解决老年人的心理问题需要多方主体长期共同努力。老年人在面对心理压抑等问题时，要积极对外寻求帮助，如向家庭成员、同龄人等倾诉。

2. 培养广泛的兴趣爱好

培养广泛的兴趣爱好，有利于老年人保持身心健康。老年人不能因被社会发展所隔离而选择自我放弃，消极适应社会，而应该通过各种方式重新参与社会，保持与他人的交往，从社会中寻找精神寄托；培养正向的兴趣爱好，远离赌博、毒品等不良嗜好。此外，老年人应树立终身学习意识，利用网络、社区、老年学校等，积极学习自身感兴趣的知识，既可以结交朋友，又可以消除自身的孤独感和老来无用感。

总之，老年人应该强化自我犯罪预防意识，践行健康生活方式，发展积极心理，克服消极心理，警惕犯罪心理，在积极参与社会过程中实现自身价值。遇到冲击和挫折时，自我调节或者寻求他人帮助加以克服，避免将不良的心理需求变成犯罪动机和目的，进而在一定条件刺激下转变为违法犯罪行为。

参考文献

一　著作类

〔美〕阿瑟·奥肯:《平等与效率》，王奔洲等译，华夏出版社，1999。

〔美〕埃米尔·涂尔干:《社会分工论》，渠敬东译，生活·读书·新知三联书店，2017。

〔美〕爱伦·豪切斯泰勒·斯黛丽、〔美〕南希·弗兰克:《美国刑事法院诉讼程序》，陈卫东、徐美君译，中国人民大学出版社，2002。

〔英〕安德鲁·瑞格比:《暴力之后的正义与和解》，刘成译，译林出版社，2003。

〔美〕保罗·H. 罗宾逊:《大众的正义直觉与刑事司法》，载梁根林主编《当代刑法思潮论坛：刑事政策与刑法变迁》（第三卷），北京大学出版社，2016。

〔法〕保罗·帕伊亚:《老龄化与老年人》，杨爱芬译，商务印书馆，1999。

〔美〕伯尔曼:《法律与宗教》，梁治平译，中国政法大学出版社，2003。

〔美〕博西格诺等:《法律之门》，邓子滨译，华夏出版社，2004。

〔斯洛文尼亚〕卜思天·M. 儒攀基奇:《刑法——刑罚理念批判》，

何慧新等译，中国政法大学出版社，2002。

蔡国芹：《刑事调解制度研究》，中国人民公安大学出版社，2010。

陈光中：《陈光中法学文集》，中国法制出版社，2000。

陈光中等：《中国司法制度的基础理论问题研究》，经济科学出版社，2010。

陈光中主编《刑事诉讼法》(第五版)，北京大学出版社，2013。

陈光中主编《刑事再审程序与人权保障》，北京大学出版社，2005。

陈兴良：《本体刑法学》，商务印书馆，2001。

陈兴良：《刑法哲学》，中国政法大学出版社，2000。

陈兴良主编《法治的言说》，法律出版社，2004。

陈兴良主编《中国刑事政策检讨：以严打刑事政策为视角》，中国检察出版社，2004。

陈忠林：《意大利刑法纲要》，中国人民大学出版社，1999。

储槐植：《刑事一体化论要》，北京大学出版社，2007。

慈继伟：《正义的两面》，生活·读书·新知三联书店，2001。

〔日〕大谷实：《刑事政策学》，黎宏译，法律出版社，2000。

〔美〕大卫·D. 弗里德曼：《经济学语境下的法律规则》，杨欣欣译，法律出版社，2004。

〔美〕戴维·波普诺：《社会学》，李强等译，中国人民大学出版社，1999。

〔南非〕德斯蒙德·图图：《没有宽恕就没有未来》，江红译，上海文艺出版社，2002。

邓正来：《市民社会理论的研究》，中国政法大学出版社，2002。

(宋) 窦仪等：《宋刑统·明例律老幼疾·及妇人犯罪》(卷四)，吴翊如点校，中华书局，1984。

〔意〕杜里奥·帕多瓦尼：《意大利刑法学原理》，陈忠林译，法律出版社，1998。

〔德〕恩格斯：《家庭、私有制和国家的起源》，中共中央马恩列斯著作编译局译，人民出版社，1999。

〔意〕恩里科·菲利：《实证派犯罪学》，郭建安译，中国人民公安大学出版社，2004。

范忠信：《中国法律传统的基本精神》，山东人民出版社，2001。

费孝通：《乡土中国·生育制度》，北京大学出版社，1998。

冯卫国：《行刑社会化研究——开放社会中的刑罚趋向》，北京大学出版社，2003。

冯象：《政法笔记》，北京大学出版社，2012。

冯友兰：《中国哲学简史》，赵复三译，新世界出版社，2004。

〔美〕E. A. 霍贝尔：《初民的法律——法的动态比较研究》，周勇译，中国社会科学出版社，1993。

〔美〕E. 博登海默：《法理学法律哲学与法律方法》，邓正来译，中国政法大学出版社，1999。

〔英〕F. A. 哈耶克：《致命的自负》，冯克力、胡晋华等译，中国社会科学出版社，2000。

〔德〕弗兰茨·冯·李斯特：《德国刑法教科书》，徐久生译，法律出版社，2000。

〔英〕弗里德里希·奥古斯特·哈耶克：《通往奴役之路》，王明毅、冯兴元等译，中国社会科学出版社，1997。

〔英〕弗里德里希·奥古斯特·哈耶克：《自由宪章》，杨玉生、冯兴元、陈茅等译，中国社会科学出版社，2012。

〔英〕弗里德里希·冯·哈耶克：《法律、立法与自由》（第二、三卷），邓正来等译，中国大百科全书出版社，2000。

〔英〕弗里德里希·冯·哈耶克：《自由秩序原理》，邓正来译，生活·读书·新知三联书店，1997。

高铭暄、马克昌主编《刑法学》（第六版），北京大学出版社，2014。

〔英〕格里·约翰斯通主编《恢复性司法：理念、价值与争议》，郝方昉译，中国人民公安大学出版社，2011。

葛琳：《刑事和解研究》，中国人民公安大学出版社，2008。

龚群：《道德乌托邦的重构——哈贝马斯交往伦理思想研究》，商务印书馆，2003。

顾培东：《社会冲突与诉讼机制》，法律出版社，2004。

郭建安、郑霞泽主编《社区矫正通论》，法律出版社，2004。

郭建安主编《犯罪被害人学》，北京大学出版社，1997。

〔英〕H. L. A. 哈特：《法律的概念》，许家馨、李冠宜译，法律出版社，2011。

〔德〕哈贝马斯：《在事实与规范之间：关于法律和民主法治国的商谈理论》，童世骏译，生活·读书·新知三联书店，2014。

〔美〕哈罗德·J·伯尔曼：《法律与革命——西方法律传统的形成》，贺卫方等译，中国大百科全书出版社，1993。

韩延龙、常兆儒编《中国新民主主义革命时期根据地法制文献选编》（第三卷），中国社会科学出版社，1981。

〔德〕汉斯·海因里希·耶赛克、〔德〕托马斯·魏根特：《德国刑法教科书》，徐久生译，中国法制出版社，2017。

〔德〕汉斯·约阿希姆·施奈德：《犯罪学》，吴鑫涛、马君玉译，中国人民公安大学出版社，1990。

何增科主编《公民社会与第三部门》，社会科学文献出版社，2000。

〔美〕赫伯特·西蒙：《现代决策理论的基石》，杨砺、徐立译，北京经济学院出版社，1989。

〔德〕黑格尔：《法哲学原理》，邓安庆译，人民出版社，2016。

〔德〕黑格尔：《法哲学原理》，范扬、张企泰译，商务印书馆，1961。

〔德〕黑格尔：《逻辑学》（下卷），商务印书馆，1981。

侯宏林：《刑事政策的价值分析》，中国政法大学出版社，2005。

胡兴东：《中国古代死刑制度史》，法律出版社，2008。

黄丁全：《刑事责任能力研究》，中国方正出版社，2000。

黄京平、甄贞主编《和谐社会语境下的刑事和解》，清华大学出版社，2007。

黄宗智：《清代的法律、社会与文化：民法的表达与实践》，上海书店出版社，2001。

〔英〕吉米·边沁：《立法理论——刑法典原理》，孙力等译，中国人民公安大学出版社，1993。

〔意〕加罗法洛：《犯罪学》，耿伟、王新译，中国大百科全书出版社，1996。

〔美〕贾雷德·戴蒙德：《枪炮、病菌与钢铁》，谢延光译，上海译文出版社，2016。

〔日〕兼子一、〔日〕竹下守夫：《民事诉讼法》（新版），白绿铉译，法律出版社，1995。

江礼华、〔加拿大〕杨诚主编《外国刑事诉讼制度探微》，法律出版社，2000。

姜德珍等：《延缓衰老的奥秘——老年心理学漫谈》，中国经济出版社，2000。

〔新西兰〕杰里米·沃尔德伦：《法律：七堂法治通识课》，季筏哲译，北京大学出版社，2015。

〔日〕菊田幸一：《犯罪学》，海沫等译，群众出版社，1989。

〔澳〕卡罗琳·亨德里克斯：《公民社会与协商民主》，郝文杰等译，载陈家刚选编《协商民主》，上海三联书店，2004。

〔法〕卡斯东·斯特法尼等：《法国刑法总论精义》，罗结珍译，中国政法大学出版社，1998。

〔德〕康德：《道德形而上学原理》，苗力田译，上海人民出版社，1986。

〔德〕康德：《法的形而上学原理》，沈叔平译，商务印书馆，1997。

康树华：《当代中国犯罪主体》，群众出版社，2005。

康树华主编《犯罪学通论》，北京大学出版社，1996。

〔美〕L. 科塞：《社会冲突的功能》，孙立平等译，华夏出版社，1989。

〔美〕劳伦斯·M. 弗里德曼：《法律制度》，李琼英、林欣译，中国政法大学出版社，1994。

李立众：《刑法一本通》（第11版），法律出版社，2015。

李明、杨广学：《叙事心理治疗导论》，山东人民出版社，2005。

李楯：《法律社会学》，中国政法大学出版社，1999。

李卫红：《刑事司法模式的生成与演进》，中国社会科学出版社，2012。

李卫红：《刑事政策学（第二版）》，北京大学出版社，2018。

李学军主编《美国刑事诉讼规则》，中国检察出版社，2003。

〔美〕理查德·A. 波斯纳：《超越法律》，苏力译，中国政法大学出版社，2001。

〔美〕理查德·A. 波斯纳：《法理学问题》，苏力译，中国政法大学出版社，1994。

〔美〕理查德·A. 波斯纳：《衰老与老龄》，周云译，中国政法大学出版社，2002。

〔美〕理查德·扎克斯：《西方文明的另类历史：被我们忽略的真实故事》，李斯译，海南出版社，2002。

梁漱溟：《中国文化要义》，学林出版社，1987。

林山田等：《犯罪学》（第四版），台湾三民书局，2007。

林钰雄：《刑事诉讼法》（下册·各论编），元照出版有限公司，2004。

刘路阳：《中外刑事和解之辩》，中国检察出版社，2013。

刘强编著《美国社区矫正的理论与实务》，中国人民公安大学出版社，2003。

刘强主编《社区矫正制度研究》，法律出版社，2007。

卢建平：《刑事政策与刑法》，中国人民公安大学出版社，2004。

〔德〕卢曼：《社会的法律》，郑伊倩译，人民出版社，2009。

陆心国：《晋书·刑法志注释》，群众出版社，1986。

〔法〕路易·迪蒙：《论个体主义——人类学视野中的现代意识形态》，桂裕芳译，译林出版社，2014。

〔美〕路易斯·亨利·摩尔根：《古代社会》（上册），杨东莼、马雍、马巨译，商务印书馆，1977。

〔美〕路易丝·谢利：《犯罪与现代化——工业化与城市化对犯罪的影响》，何秉松译，群众出版社，1986。

〔美〕罗伯特·C. 埃里克森：《无需法律的秩序——邻人如何解决纠纷》，苏力译，中国政法大学出版社，2003。

〔美〕罗伯特·D. 考特、〔美〕托马斯·S. 尤伦：《法和经济学》（第三版），施少华译，上海财经大学出版社，2002。

〔英〕罗吉尔·胡德：《死刑的全球考察》，刘仁文、周振杰译，中国人民公安大学出版社，2005。

〔美〕罗纳德·德沃金：《至上的美德：平等的理论与实践》，冯克利译，江苏人民出版社，2008。

吕世伦、文正邦主编《法哲学论》，中国人民大学出版社，1999。

马长生主编《国际公约与刑法若干问题研究》，北京大学出版社，2004。

马克昌主编《刑罚通论》，武汉大学出版社，2001。

〔英〕马林诺夫斯基：《原始社会的犯罪与习俗》，原江译，云南人民出版社，2002。

〔美〕迈克尔·D. 贝勒斯：《程序正义——向个人的分配》，邓海平译，高等教育出版社，2005。

梅传强主编《犯罪心理学》，法律出版社，2003。

〔美〕米尔·伊安·R. 达玛什卡：《司法和国家权力的多种面孔——比较视野中的法律程序》，郑戈译，中国政法大学出版社，2003。

〔美〕米尔伊安·R. 达玛什卡：《司法和国家权力的多种面孔》（修订版），郑戈译，中国政法大学出版社，2015。

〔法〕米海依尔·戴尔玛斯－马蒂：《刑事政策的主要体系》，卢建平译，法律出版社，2000。

〔法〕米歇尔·福柯：《规训与惩罚》，刘北成、杨远婴译，生活·读书·新知三联书店，2019。

〔法〕米歇尔·福柯：《监狱的“替代方案”》，柏颖婷、吴樾译，上海三联书店，2021。

〔美〕P. 诺内特、〔美〕P. 塞尔兹尼克：《转变中的法律与社会——迈向回应型法》，张志铭译，中国政法大学出版社，1994。

〔日〕棚濑孝雄：《纠纷的解决与审判制度》，王亚新译，中国政法大学出版社，1994。

〔法〕皮埃尔·勒鲁：《论平等》，王允道译，商务印书馆，1988。

〔美〕乔·萨托利：《民主新论》，冯克利、阎克文译，东方出版社，1998。

〔美〕乔治·费希尔：《辩诉交易的胜利——美国辩诉交易史》，郭志媛译，中国政法大学出版社，2012。

〔意〕切萨雷·贝卡里亚：《论犯罪与刑罚》，黄风译，北京大学出版社，2008。

〔意〕切萨雷·龙勃罗梭：《犯罪人论》，黄风译，中国法制出版社，2000。

邱兴隆：《罪与罚讲演录》，中国检察出版社，2000。

〔法〕让·雅克·卢梭：《社会契约论》，何兆武译，红旗出版社，1997。

〔法〕让·雅克·卢梭：《卢梭文集——论人类不平等的起源》，吕卓译，九州出版社，2007。

〔日〕森本益之等：《刑事政策学》，戴波等译，中国人民公安大学出版社，2000。

沙莲香等：《社会学家的沉思：中国社会文化心理》，中国社会出版社，1998。

石慧芬主编《科学认知犯罪》，江苏人民出版社，2014。

〔美〕斯科特·普劳斯：《决策与判断》，施俊琦、王星译，人民邮电出版社，2004。

宋朝武等：《调解立法研究》，中国政法大学出版社，2008。

宋英辉：《刑事和解实证研究》，北京大学出版社，2010。

宋英辉：《刑事诉讼目的论》，中国人民公安大学出版社，1995。

宋英辉、李忠诚主编《刑事程序法功能研究》，中国人民公安大学出版社，2004。

宋英辉、孙长永、刘新魁等：《外国刑事诉讼法》，法律出版社，2006。

宋英辉、袁金彪主编《我国刑事和解的理论与实践》，北京大学出版社，2009。

宋英辉主编《刑事诉讼原理》，法律出版社，2003。

苏宏章：《利益论》，辽宁大学出版社，1991。

苏力：《法治及其本土资源》（第三版），北京大学出版社，2015。

孙万怀：《刑事法治的人道主义路径》，北京大学出版社，2006。

〔法〕托克维尔：《论美国的民主》（上、下卷），董果良译，商务印书馆，1988。

〔英〕托马斯·霍布斯：《利维坦》，黎思复、黎廷弼译，商务印书馆，1995。

〔德〕托马斯·魏根特：《德国刑事诉讼程序》，岳礼玲、温小洁译，中国政法大学出版社，2004。

王觐：《中华刑法论》，中国方正出版社，2005。

王琦、包晓霞、冯乐安主编《甘肃蓝皮书：甘肃社会发展分析与预测（2020）》，社会科学文献出版社，2020。

（明）王守仁：《王阳明全集》（第3册），红旗出版社，1996。

王义军：《从主体性原则到实践哲学》，中国社会科学出版社，2002。

王震：《老年人犯罪刑事责任研究》，经济管理出版社，2021。

〔德〕威廉·冯·洪堡：《论国家的作用》，林荣远、冯兴元译，中国社会科学出版社，1998。

〔英〕维克托·迈尔-舍恩伯格、〔英〕肯尼思·库克耶：《大数据时代：生活、工作与思维的大变革》，盛杨燕、周涛译，浙江人民出版社，2013。

魏东等：《中国缓刑的实证考察与完善建议》，载李希慧、刘宪权主编《中国刑法学年会文集》（第一卷），中国人民公安大学出版社，2005。

吴鹏森编著《犯罪社会学》，中国审计出版社、中国社会出版社，2001。

吴宗宪：《西方犯罪学》，法律出版社，1999。

吴宗宪：《西方犯罪学史》，警官教育出版社，1997。

吴宗宪、曹健主编《老年犯罪》，中国社会出版社，2010。

吴宗宪主编《社区矫正导论》，中国人民大学出版社，2011。

〔日〕西原春夫：《刑法的根基与哲学》，顾肖荣等译，法律出版社，2004。

谢晖：《价值重建与规范选择——中国法制现代化沉思》，山东人民出版社，1999。

谢佑平：《刑事司法程序的一般理论》，复旦大学出版社，2003。

辛子牛：《汉书·刑法志注释》，群众出版社，1984。

熊秉元：《正义的成本：当法律遇上经济学》，东方出版社，2014。

徐久生：《德语国家的犯罪学研究》，中国法制出版社，1999。

（清）徐松：《宋会要辑稿·刑法六之五一》，中华书局，1957。

徐昕：《论私力救济》，中国政法大学出版社，2005。

许春金：《修复式正义的理论与实践——参与式刑事司法》，载《刑事法学之理想与探索——甘添贵教授六秩祝寿论文集》（第四卷），学林文化实业有限公司，2002。

许福生：《刑事政策学》，中国民主法制出版社，2006。

许章润主编《犯罪学》，法律出版社，2004。

杨震：《法价值哲学导论》，中国社会科学出版社，2004。

〔德〕尤尔根·哈贝马斯：《交往行为理论》，曹卫东译，上海人民出版社，2004。

〔以色列〕尤瓦尔·赫拉利：《未来简史》，林俊宏译，中信出版集团，2017。

〔日〕有田秀穗：《减压脑科学》，陈梓萱译，国际文化出版公司，2021。

于立深：《契约方法论——以公法哲学为背景的思考》，北京大学出版社，2007。

袁登明：《行刑社会化研究》，中国人民公安大学出版社，2005。

〔美〕约翰·W. 斯特龙主编《麦考密克论证据》（第五版），汤维建等译，中国政法大学出版社，2004。

〔英〕约翰·亨利·梅利曼：《大陆法系》（第二版），顾培东、禄正平译，法律出版社，2004。

〔美〕约翰·罗尔斯：《正义论》，何怀宏、何包钢、廖申白译，中国社会科学出版社，1988。

〔英〕约翰·洛克：《政府论》，叶启芳、瞿菊农译，商务印书馆，1964。

曾宪义、马小红主编《礼与法：中国传统法律文化总论》，中国人民大学出版社，2012。

张峰、连春亮：《行刑与罪犯矫治社会化研究》，群众出版社，2007。

张桂林：《西方政治哲学——从古希腊到当代》，中国政法大学出版社，1999。

张明楷：《刑法的私塾》，北京大学出版社，2014。

张明楷：《刑法学》（第四版），法律出版社，2015。

张文显：《二十世纪西方法哲学思潮研究》，法律出版社，1996。

赵秉志：《犯罪主体论》，中国人民大学出版社，1990。

赵可等：《一个被轻视的社会群体——犯罪被害人》，上海人民出版社，2004。

中华人民共和国司法部编《亚太地区矫正现状与展望》，工商出版社，2000。

周长龄：《法律的起源》，中国人民公安大学出版社，1997。

周天游：《古代复仇面面观》，陕西人民出版社，1992。

卓泽渊：《法的价值论》，法律出版社，1997。

二 论文类

白建军:《从中国犯罪率数据看罪因、罪行与刑罚的关系》,《中国社会学》2010 年第 2 期。

白建军:《大数据对法学研究的些许影响》,《中外法学》2015 年第 1 期。

曹化:《检察视野下老年人犯罪案件社会调查问题研究》,《云南大学学报》(社会科学版) 2020 年第 2 期。

陈光中、刘林呐:《尊重和保障人权:不仅仅是一项基本原则》,《检察日报》2012 年 3 月 19 日。

陈兴良:《宽严相济刑事政策研究》,《法学杂志》2006 年第 2 期。

陈永革、李缨:《老年人犯罪的刑罚问题刍议》,《西南民族大学学报》(人文社会科学版) 2003 年第 12 期。

程金华:《科学化与法学知识体系——兼议大数据实证研究超越"规范 vs. 事实"鸿沟的可能》,《中国法律评论》2020 年第 4 期。

储槐植、闫雨:《论刑罚结构的调整对宪法人权原则的回应》,《河北法学》2013 年第 4 期。

邓勇:《论中国古代法律生活中的"情理场"——从〈名公书判清明集〉出发》,《法制与社会发展》2004 年第 5 期。

邓仲华、李志芳:《科学研究范式的演化——大数据时代的科学研究第四范式》,《情报资料工作》2013 年第 4 期。

丁春燕:《大数据时代法学研究的新趋势》,《政法学刊》2015 年第 6 期。

丁英顺:《日本老年人犯罪现状及其应对措施》,《东北亚学刊》2018 年第 2 期。

董纯朴:《世界老年犯罪研究特点综述》,《犯罪研究》2013 年第 6 期。

杜雄柏、王广聪：《日本老年人犯罪的现状及启示》，《犯罪研究》2009年第4期。

敦宁：《宽严相济刑事政策视阈下的自由刑改革问题》，《刑法论丛》2014年第2期。

傅宏：《宽恕心理学：理论蕴涵与发展前瞻》，《南京师大学报》（社会科学版）2003年第6期。

高铭暄、陈冉：《论社会管理创新中的刑事法治问题》，《中国法学》2012年第2期。

郭建安：《刑罚的历史趋势呼唤行刑体制改革》，《犯罪与改造研究》2000年第10期。

胡凌：《大数据兴起对法律实践与理论研究的影响》，《新疆师范大学学报》（哲学社会科学版）2015年第4期。

胡之芳、卢娜：《老年人权利保障的刑事司法之维——以老年被追诉人为视角》，《法律适用》2020年第22期。

李芳晓：《老年人犯罪从宽处罚的合理性探析》，《政法论坛》2011年第5期。

李卫红：《刑事和解的实体性与程序性》，《政法论坛》2017年第2期。

李益明、朱雪平、郭林将、王君：《宽严相济刑事政策视野下老年人犯罪研究》，《河北公安警察职业学院学报》2008年第1期。

刘静坤：《裁判文书上网与普通案例的参考功能——以刑事案例为立足点的分析》，《法律适用》2014年第6期。

刘凌梅：《西方国家刑事和解理论与实践介评》，《现代法学》2001年第1期。

刘仁文：《宽严相济的刑事政策研究》，《当代法学》2008年第1期。

刘仁文：《论刑事政策的评估》，《政法论坛》2002年第4期。

刘燕舞：《农村老人自杀现象的平静与惨烈》，《中国青年报》2014年7月30日，第9版。

罗圣荣、邓小军、陈竹：《老年人违法犯罪问题研究》，《云南警官学院学报》2008 年第 5 期。

马柳颖：《对老年人刑事责任能力的探讨》，《政法学刊》2009 年第 2 期。

孟建柱：《深入推进社会治理创新　切实提高维护公共安全能力水平——学习贯彻习近平总书记关于公共安全工作重要批示》，《求是》2015 年第 21 期。

聂晶：《降低我国监狱行刑成本初探》，《犯罪与改造研究》2009 年第 12 期。

钱宁峰：《走向“计算法学”：大数据时代法学研究的选择》，《东南大学学报》（哲学社会科学版）2017 年第 2 期。

孙光宁、李莉：《老年人犯罪从宽处理制度研究——以〈刑法修正案（八）〉为背景》，《湖北社会科学》2012 年第 5 期。

田兴洪、刘师群：《轻罪刑事政策论纲》，《法学杂志》2010 年第 4 期。

王登辉：《大数据研究方法应用于刑事法学的冷思考》，《西南政法大学学报》2016 年第 6 期。

王恩海：《老年人犯罪：域外考察与借鉴》，《检察风云》2013 年第 10 期。

王昆润：《老年精神病昼间住院部》，《中国社会医学杂志》1991 年第 4 期。

王群：《老龄犯罪治理反思：在刑罚和预防之间》，《宁夏社会科学》2018 年第 2 期。

王顺安：《宽严相济的刑事政策之我见》，《法学杂志》2007 年第 1 期。

王学博、范海鹰：《老年人犯罪问题研究》，《法治论丛（上海政法学院学报）》2009 年第 6 期。

王勇、徐留成：《从宽严相济刑事政策谈老年人刑罚制度的完善》，

《人民司法》2006 年第 10 期。

王震、沙云飞、顾静薇：《老年人犯罪的概念与刑事责任年龄上限关联性研究》，《政治与法律》2012 年第 7 期。

王震、王鼎：《论退休对老年人犯罪的影响——以马林恰克的经典理论为视角》，《三峡大学学报》（人文社会科学版）2012 年第 5 期。

王震：《老年犯罪人监禁处遇问题研究》，《学术论坛》2011 年第 8 期。

王震：《老年人犯罪类型分布特点分析》，《河北公安警察职业学院学报》2012 年第 2 期。

王子伟、徐海：《论现行刑事立法对传统法律文化精华的继承——以现行〈刑法〉对几类特定犯罪人的立法疏漏为视角》，《法律适用》2011 年第 9 期。

吴宗宪：《恢复性司法述评》，《江苏公安专科学校学报》2002 年第 3 期。

吴宗宪：《试论非监禁刑及其执行体制的改革》，《中国法学》2002 年第 6 期。

吴宗宪、曹健、郭平、郭晓红、彭玉伟：《完善老年福利体系视角：中国老年犯罪状况研究》，《社会福利》（理论版）2012 年第 3 期。

吴宗宪：《老年犯罪人社区矫正论》，《中国司法》2011 年第 8 期。

徐光华：《老年人犯罪立法的宽容度度衡》，《求索》2010 年第 2 期。

杨成洲、李明纯：《台湾地区老年经济安全保障体系：演变、成效与挑战》，《现代台湾研究》2020 年第 2 期。

杨宏亮：《老年人犯罪情况调查与法律机制完善研究》，《犯罪研究》2009 年第 4 期。

杨鸿台：《预防与矫治准老年人违法犯罪的社会政策制订与立法完善》，《犯罪研究》2014 年第 3 期。

杨金晶、覃慧、何海波：《裁判文书上网公开的中国实践——进展、问题与完善》，《中国法律评论》2019 年第 6 期。

杨逊：《轻缓化刑事政策下的犯罪弱势群体问题研究——以社会管理创新为视角》，《求索》2012年第11期。

喻晓玲、郭晓红：《老年人刑事责任疏议》，《江西财经大学学报》2005年第4期。

袁彬：《论老年人犯罪从宽暨免死的年龄标准与立法模式——以〈刑法修正案（八）〉为视角》，《西北大学学报》（哲学社会科学版）2012年第2期。

张欢：《预防老年人犯罪促进和谐社会构建》，《四川警官高等专科学校学报》2007年第4期。

张吉豫：《大数据时代中国司法面临的主要挑战与机遇——兼论大数据时代司法对法学研究及人才培养的需求》，《法制与社会发展》2016年第6期。

张昱：《试论社区矫正的理念》，《法治论丛（上海政法学院学报）》2005年第1期。

张秋：《老年人犯罪从宽处罚原则探析》，《人民论坛》2012年第2期。

张先昌、刘新媛：《中国传统法中老龄犯罪宽宥的考察》，《法学》2011年第11期。

张应立：《人口老年化进程中的老年犯罪问题初探——以浙江省老年人犯罪为例》，《吉林公安高等专科学校学报》2008年第1期。

赵秉志：《中国古代法律中关于老年人犯罪从宽处罚的规范》，《刑法论丛》2010年第4期。

赵秉志：《论老年人犯罪的刑事责任问题》，《法律学习与研究》1988年第2期。

赵秉志：《中国死刑立法改革新思考——以〈刑法修正案（九）（草案）〉为主要视角》，《吉林大学社会科学学报》2015年第1期。

赵灿：《老年人犯罪从宽处罚的法理基础》，《人民检察》2011年第3期。

赵静：《从我国古代赦免制度谈老年人刑事责任》，《江苏警官学院学报》2004 年第 3 期。

赵星、薛振环:《在我国未成年人诉讼中引入刑事和解制度的理论基础及其合理性研究——以未成年犯作为特殊被害人为视角》,《河北法学》2008 年第 11 期。

朱大凤:《精神疾病患者违法犯罪 150 例案例分析》,《中国民康医学》2011 年第 18 期。

朱明霞:《老年人犯罪与精神障碍的相关因素分析——附 39 例司法精神医学鉴定资料》,《法律与医学杂志》2003 年第 1 期。

左卫民、王婵媛:《基于裁判文书网的大数据法律研究:反思与前瞻》,《华东政法大学学报》2020 年第 2 期。

后 记

本书是笔者2018年申报并获批的中国社会科学院大学卓越学者支持项目“老年人犯罪一体化研究——以大数据为主要研究方法”的研究成果，2018年8月29日立项，当时预计2021年8月底结项，结果因申请出版资助拖延了半年时间。

世界性的老龄化正在到来，我国也在其中，伴随无法回避的老年人犯罪，学者应当更多地关注这一现象，虽然“最好的社会政策就是最好的刑事政策”，制定好老年人的社会政策，让他们老有所依、衣食无忧、医疗有保障、心理健康等，就可大幅度地减少老年人犯罪的发生，但这只是理论上的演绎，现实是否如此，以及如何预防、解决老年人犯罪问题依然严峻地摆在我们面前，而当下学术界对此问题的研究甚少。笔者以大样本数据为研究方法，以刑事一体化理论为立论依托，完成了本书。

本书的理论框架、每一章的题目及主要内容和论证方法都由本人统筹确定，并撰写13万余字，独立完成引言、后记，其余章节是我与其他三位作者合作，第二作者王芹芹，撰写第二章、第三章、第七章、第八章部分内容，完成3万余字，第三作者龚宇，撰写第一章、第五章部分内容，完成1万余字，第四作者许振宇，撰写第四章、第六章部分内容，完成近1万字。吴学家同学为确定课题题目、孙天林同学为课题的论证做出了贡献；北京华宇元典信息服务有限公司为许振宇同学查阅材料、王芹芹同学获取数据提供了帮助；北京市怀柔区人民检察院李国超检察官为本书贡献了相关资料及分析；中国社会科学院大学新时代法治创新高等研究院提供了本书的出版资助；社会科学文献出版社陈颖、郭瑞萍编辑为本书出版提出很多真知灼见，她们的敬业精神和专业水准令我极其钦佩。

本书稿是我将其交出版社以后修改时间最长的一部，历时 1 年 2 个月，我和本书责任编辑陈颖无数次交流、切磋、修改、完善，寻找所抓取的数据漏洞的原因。由于当下大数据研究方法的局限性，无法准确地获得 65 周岁及以上老年人犯罪的种种数据，结合立法规定及公开的刑事判决，我们采纳编辑建议，只抓取以 75 周岁及以上为主老年人犯罪的相关大样本数据进行研究，力求做到客观真实，为此拖延了出版时间。

感谢为本书出版付出心血的所有人！谢意单薄，感激无限！

李卫红

2021 年 11 月 3 日于良乡富禧良嘉园完成初稿

2022 年 1 月 22 日于石景山熙山府修改完成二稿

2022 年 9 月 10 日于良乡富禧良嘉园再修改完成三稿

2023 年 3 月 22 日于石景山熙山府又修改完成四稿

2023 年 5 月 5 日于石景山熙山府五修后定稿

图书在版编目（CIP）数据

老年人犯罪防治研究：以大样本数据视角 / 李卫红等著. -- 北京：社会科学文献出版社，2023.6

（中国社会科学院大学文库）

ISBN 978 - 7 - 5228 - 1216 - 8

Ⅰ. ①老… Ⅱ. ①李… Ⅲ. ①老年人 - 预防犯罪 - 研究 - 中国 Ⅳ. ①D924.114

中国版本图书馆 CIP 数据核字（2022）第 254584 号

中国社会科学院大学文库

老年人犯罪防治研究

——以大样本数据视角

著　　者 / 李卫红 等

出 版 人 / 王利民

责任编辑 / 陈　颖　郭瑞萍

责任印制 / 王京美

出　　版 / 社会科学文献出版社 · 皮书出版分社（010）59367127

地址：北京市北三环中路甲 29 号院华龙大厦　邮编：100029

网址：www.ssap.com.cn

发　　行 / 社会科学文献出版社（010）59367028

印　　装 / 三河市龙林印务有限公司

规　　格 / 开　本：787mm × 1092mm　1/16

印　张：16.25　字　数：231 千字

版　　次 / 2023 年 6 月第 1 版　2023 年 6 月第 1 次印刷

书　　号 / ISBN 978 - 7 - 5228 - 1216 - 8

定　　价 / 118.00 元

读者服务电话：4008918866